Werner Maser

Hitlers Briefe und Notizen

Sein Weltbild in handschriftlichen Dokumenten

Droste

Unveränderter Nachdruck der im Econ Verlag erschienenen 2. Ausgabe 1973

CIP-Titelaufnahme der Deutschen Bibliothek

Hitler, Adolf:
[Briefe und Notizen]
Hitlers Briefe und Notizen: sein Weltbild in handschriftl.
Dokumenten/Werner Maser. – Unveränd. Nachdr. d. im
Econ Verl. erschienen 2. Ausg. 1973. – Düsseldorf: Droste 1988
ISBN 3-7700-0772-7
NE: Maser, Werner [Hrsg.]; Hitler, Adolf: [Sammlung]

Schutzumschlagentwurf: Helmut Schwanen/Foto: Zeitgeschichtliches Archiv
Gesamtherstellung: Clausen & Bosse, Leck
ISBN 3-7700-0772-7

Inhalt

Vorwort

Die erste Auflage dieses Titels leitete ich 1973 mit einem Vorwort ein, das so wenig korrigiert zu werden braucht wie der Inhalt des Buches. Geändert hat sich seitdem nur eine Zahl. 1973 existierten rund 100000 Titel über den Zweiten Weltkrieg. Bis 1988 hat sich der Katalog ungefähr verdreifacht.

Das Vorwort von 1973:

»Der Titel dieses Buches hätte eigentlich ›Hitlers Hitler‹ lauten müssen, denn im Gegensatz zu den ungezählten Publikationen, die sich seit Jahr und Tag mit Hitler, dem Nationalsozialismus, der NSDAP und dem Dritten Reich befassen, von denen allein über 100000 Titel den Zweiten Weltkrieg zum Gegenstand haben, wird Hitler hier nicht von außen her gedeutet, sondern tritt selbst aus handschriftlichen und diktierten Briefen und Notizen hervor, die sowohl der breiten Öffentlichkeit als auch der Fachwelt zum größten Teil unbekannt geblieben sind. Hitler wird gezeigt, wie er sich selbst gab. Nirgendwo sonst hat er so unmittelbar wie beispielsweise in seinen Briefen überliefert, was er empfand und dachte, wenn er nicht die Absicht hatte, seine Umwelt zu beeinflussen.

Nachdem ich im Herbst 1971 meine Hitler-Biographie veröffentlichte, erhielt ich aus dem In- und Ausland zahlreiche Hitler-Briefe und Hitler-Notizen von so ungewöhnlicher Bedeutung, daß ich mich um der Forschung und Geschichte willen dazu entschloß, eine charakteristische Auswahl und einschlägige Dokumente des Bundesarchivs, des Instituts für Zeitgeschichte, des US-Document Center, des Nationalarchivs in Washington und zahlreicher privater Sammlungen zusammen mit den entsprechenden Zeugnissen von Hitlers Hand zu veröffentlichen, die ich im Laufe meiner rund 20jährigen Forschungsarbeit ausschließlich über Hitler zusammengetragen habe.

Ich muß gestehen, daß mir die Dokumente und die Arbeit an diesem Buch Überraschungen bescherten, mit denen ich nicht gerechnet hatte.«

Der ungewöhnliche Erfolg des Buches, in dem unter anderem erstmals der gravierende Wandel der Antisemitismus- und Kriegsinterpretationen Hitlers vor der Niederschrift von »Mein Kampf« nachgewiesen worden ist, wirkte stimulierend – vor allem unter Historikern. Einige meinten, daß nun eine lückenlose Katalogisierung Hitlerscher Aufzeichnungen vorgenommen werden müsse. 1980 nahm einer von ihnen in Anspruch, sämtliche schriftlichen Hinterlassenschaften Adolf Hitlers aus der Zeit von 1905 bis 1924 zusammengetragen und kommentiert zu haben. Anspruch und Leistung deckten einander nicht. Rund 80 Seiten enthielten plumpe Fälschungen und entsprechende Kommentare. Eine deutsche Illustrierte publizierte 1983 Falsifikate eines Fälschers, der schon für die 1980 erschienene Veröffentlichung seinen »Beitrag« geleistet hatte. Nach meiner unmittelbaren Erklärung im Zweiten Deutschen Fernsehen (ZDF), daß die Illustrierte mit primitiven Fälschungen Hochstapelei betriebe, gestand er schließlich vor Gericht, die in »Hitlers Briefe und Notizen« veröffentlichten Hitler-Dokumente als Vorlagen für seine Machenschaften benutzt zu haben. Nicht die von dem Publikationsorgan apodiktisch und vermessen prophezeite »Umschreibung der Geschichte« und eine »Neubewertung Hitlers« waren die Folgen, sondern Prestigeverlust, Spott, Scham, materielle Einbußen und mehrjährige Gefängnisstrafen.

»Hitlers Briefe und Notizen« indes haben zeitlose Gültigkeit. Die hier vorgelegten Dokumente und Kommentare, denen der Droste Verlag ein neues »Gesicht« gegeben hat, sind – ohne Ausnahme – sachlich unanfechtbar geblieben.

Speyer und Düsseldorf — Werner Maser
30. Mai 1988

I. TEIL
BRIEFE UND NACHLÄSSE

1. Kapitel

Der Schüler, Kunststudent und Wehrdienstflüchtling

„Wenn man in einem wohlunterhaltenen . . . Briefwechsel bleiben will“, belehrte Otto von Bismarck seine Schwester am 22. Februar 1845, „darf man sich nicht auf den Fuß setzen, jedes Mal eine Art von geistigem Sonntagsrock zum Briefschreiben anzuziehen, ich meine, daß man sich nicht genirt, einander gewöhnliche, unbedeutende Sachen, alltägliche Briefe zu schreiben. Wenn man sich lieb hat . . . ist es ein Vergnügen überhaupt nur in Verbindung zu sein. Ist man geistig angeregt, so schreibt man einen witzigen, ist man niedergeschlagen, einen sentimentalen Brief; hat man den Magen verdorben, hypochonder, und hat man gelandwirtschaftet . . . trocken und kurz. Ich habe heut den ganzen Tag gerechnet und wußte bei Gott nicht, was ich Dir schreiben möchte; wäre es nicht wegen Grosvenor gewesen, so hätte ich es aufgeschoben (so leicht verfalle ich selbst in den Fehler, den ich tadle), und nun habe ich doch 3 Seiten voll geschrieben, ich weiß nicht wovon, und verlange von Dir als schwesterliche Pflicht und Schuldigkeit, daß Du sie lesen sollst. Ebenso mußt Du . . . dazu beitragen, uns auf dem ungenirten Plauderfuß zu erhalten; schreibe Du mir, in welcher Stimmung Du willst – auch in der wirthschaftlichsten von der Welt, Du machst mir immer eine sehr große Freude; Dein Brief mag kurz oder lang, frankirt oder unfrankirt sein, er mag Dir uninteressant vorkommen, für mich ist er immer das Gegentheil[1].“

Adolf Hitler, der nicht nur die Korrespondenz Bismarcks, Peter des Großen, Friedrich des Großen, Napoleons und Kaiser Wilhelm II. kannte und als Politiker daraus gelernt zu haben wähnte[2], wie er nicht selten ausdrücklich betonte, verfaßte Briefe solcher Art grundsätzlich nicht. Er meinte schon als junger Mensch, stets mit etwas ganz Besonderem über sich selbst „aufwarten“* zu müssen. Daß er zwischen 1906 und 1943 dennoch relativ zahlreiche Briefe und Postkarten schrieb, ist für seine Selbsteinschätzung viel bezeichnender als die meisten seiner Selbstdarstellungen anderer Art.

* Vgl. u. a. S. 22 und S. 25.
Zur besseren Überschaubarkeit der Fußnotenhinweise wird nach jeder durch drei * bezeichneten Fußnote erneut mit einem * begonnen.

Wenn Hitler seit 1906 Briefe oder Karten schrieb, suchte er nicht den Kontakt zu Partnern, deren Antworten, Mitteilungen, Vorstellungen, Gefühle und Schicksale ihn interessierten, wie es bei Bismarck der Fall war, sondern zu Menschen, die seine autobiographischen Reflexionen widerspruchslos akzeptierten. Nur einmal, am 29. April 1921, hielt er für geboten, ausdrücklich darauf hinzuweisen, daß er nur über sich selbst reden und dem Empfänger mit seinem Lebenslauf „einen kurzen Abriß" über seine „Person . . . geben"* werde. Nahezu ausnahmslos hatten seine Briefe und Karten autobiographischen Charakter, auch wenn sie sehr wahrscheinlich nicht so gedacht waren. Auf die Interessen und Wünsche der Korrespondenzpartner ging Hitler nur ein, wenn er sich für Geschenke und Glückwünsche bedankte, wenn er politische Fragen beantworten zu müssen meinte oder um etwas gebeten wurde, was sein persönliches Engagement erforderte und ihn entweder herausstellte** oder seine „Freiheit" einschränkte***. So bleiben die Briefpartner Hitlers und deren Probleme denn auch meist farblos im Dunkel, blasse Schattenbilder hinter den in Hitlers Korrespondenz gewöhnlich nur stichwortartig wiederholten Fragen. Gleichgültig, ob er auf die Frage antwortete, welche Autos die Parteigenossen kaufen sollten*, oder ob er einem Kirchenfürsten erklärte, wieso er dies oder jenes duldete oder unterband: immer gab er sich als Souverän aus eigener Vollmacht. Nachdem ein nicht namentlich genannter Kardinal ihn in einem Brief offensichtlich kritisiert hatte, Alfred Rosenbergs kirchenfeindliches Buch „Der Mythus des 20. Jahrhunderts" erscheinen lassen zu haben, fing Hitler ihn in einem Brief vom 20. Mai 1931 kurzerhand mit der Rechtfertigung ab, daß es auch „dem Staatsminister Goethe freistand, als Dichter kirchengegnerisch zu betrachtende Ansprüche zu schreiben und er dennoch nicht mit dem Großherzog in Konflikt geriet – und solche Fälle ließen sich zu Dutzenden auch bei anderen Schriftstellern, die gleichzeitig politischen Rang hatten, nachweisen[3]."

Wenn Hitler Briefe oder Karten schrieb, sah er sich nicht von den Adressaten gedrängt, womöglich Widersprüche erdulden und Fragen beantworten zu müssen, wie es in Gesprächen zwangsläufig der Fall ist. Darüber hinaus konnte er seine Vorstellungen und Selbstdarstellungen in der Reihenfolge und Weise ausdrücken, die er jeweils für geboten hielt, konnte vom unmittelbaren „Wege" abschweifen und Gedankensprünge machen, wenn immer es ihm paßte. Selten fragte er, suchte er eine Antwort von außen zu hören. Herzliche – und zum Teil selbst intellektuelle – Teilnahme war ihm fremd. Adolf Hitler, der die große Masse beispiellos zu dirigieren

* Vgl. S. 117.
** So z.B. durch Ehrenbürgerschaften, die ihm sehr früh schon von Städten angetragen wurden.
*** Vgl. z.B. den Brief Hitlers an die Frau des mit ihm befreundeten Komponisten, S. 123ff.
* Vgl. S. 129f.

und zu ahnen vermochte, was sie empfand, war nicht daran interessiert, was die einzelnen als Individuen dachten und fühlten. Nicht einmal die Gedanken und Gefühle der Leute, die sich als seine Freunde bezeichneten, interessierten ihn, was exemplarisch aus den Kartengrüßen deutlich wird, die er zwischen 1906 und 1908 als jugendlicher Bohemien[4] dem Musikschüler August Kubizek sandte*, der zunächst im väterlichen Tapeziergeschäft in Linz gearbeitet hatte, auf Hitlers Betreiben seit Februar 1908 am Wiener Konservatorium der Gesellschaft der Musikfreunde studierte und sich Jahrzehnte später rühmte, von 1904 bis 1908 Hitlers einziger Jugendfreund gewesen zu sein[5].

Sehr spät begriff Kubizek, wen er sich zum Freunde auserkoren hatte. „Naturgemäß", schrieb er 1953, „bedeutete ich Adolf viel weniger, als er mir bedeutet hat. Daß ich aus seiner Heimat mit ihm nach Wien gezogen war, erinnerte ihn vielleicht ganz gegen seinen Willen immer wieder an seine eigenen, so schwierigen familiären Verhältnisse und die äußere Trostlosigkeit seiner Jugend**. Freilich erinnerte ihn meine Gegenwart auch an seine Liebe zu Stefanie. Vor allem aber hatte mich Adolf als willigen Zuhörer schätzen gelernt. Er konnte sich gar kein besseres Publikum denken, denn ich stimmte ihm auf Grund seiner suggestiven Überredungsgabe auch in solchen Fällen zu, bei denen ich an sich durchaus anderer Meinung war wie er. Aber für ihn und das, was er vorhatte, blieben meine Ansichten ganz belanglos. Er brauchte mich ja bloß, um zu sich selbst sprechen zu können, denn er konnte doch nicht auf der alten Steinbank in Schönbrunn laute Selbstgespräche führen. Wenn er von einer Idee so erfüllt war, daß er sich entladen mußte, brauchte er mich etwa so, wie ein Solist ein Instrument braucht, um seinem Empfinden Ausdruck zu verleihen. Dieser, wenn ich so sagen darf, ‚instrumentale Charakter' unserer Freundschaft machte mich für ihn wertvoller, als es meinen eigenen bescheidenen Anlagen entsprach[6]."

Die Karten, die Hitler an Kubizek schrieb***, wenn sie voneinander getrennt waren, bedürfen nach dieser Einführung kaum noch eines Kommentars. Sowohl ihr Inhalt als auch die Form sind beredt genug. So schrieb er am 7. Mai 1906, als er nach zweijähriger Bekanntschaft erstmals ohne Kubizek dastand und allein in Wien weilte[7], wo er, anstatt sich um Aufnahme zum Studium an der Akademie der Bildenden Künste zu bemühen, die Museen und anderen Sehenswürdigkeiten der Stadt besichtigte:

* August Kubizek war vor dem Ersten Weltkrieg Kapellmeister am Stadt-Theater in Marburg in Österreich und seit 1920 Gemeindesekretär in Eferding in Österreich. 1956 starb er.

** Hier wiederholt Kubizek ahnungslos die jahrzehntelang kolportierte wahrheitswidrige Behauptung, daß Hitler eine „trostlose" Jugend verlebt habe. Vgl. Maser, *Die Frühgeschichte der NSDAP. Hitlers Weg bis 1924*. Frankfurt und Bonn 1965, u. a. S. 45 ff., und Maser, *Adolf Hitler. Legende – Mythos – Wirklichkeit*, München und Esslingen 1971, S. 51 ff. Fortan zit. als Maser, *Adolf Hitler* . . .

*** Hitlers Schriftstücke werden stets zitiert wie sie im Original vorliegen. Falls der Autor Fehler im Text korrigierte, wird an entsprechender Stelle darauf hingewiesen.

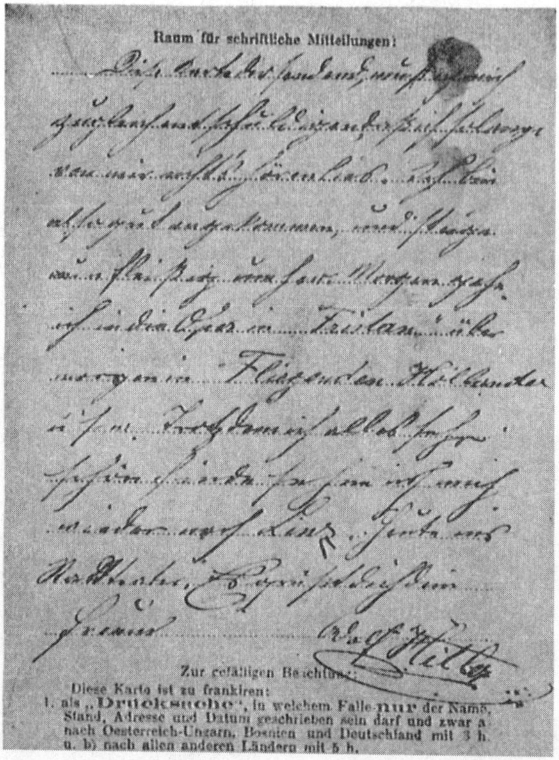

Diese Karte Dir sendend, muß ich mich zugleich entschuldigen, daß ich solange von mir nichts hören lies. Ich bin also gut angekommen, und steige nun fleißig umher. Morgen gehe ich in die Oper in Tristan" über morgen in Fliegenden Holländer' usw. Trotzdem ich alles sehr schön finde sehne ich mich wieder nach Linz. Heute ins Stadtteater. Es grüßt Dich Dein
Freund Adolf Hitler

Beschauer andeutete, wie er es auf einer Karte (vermutlich ebenfalls vom 7. Mai 1906) tat, auf der er die Wiener Hofoper beschrieb:

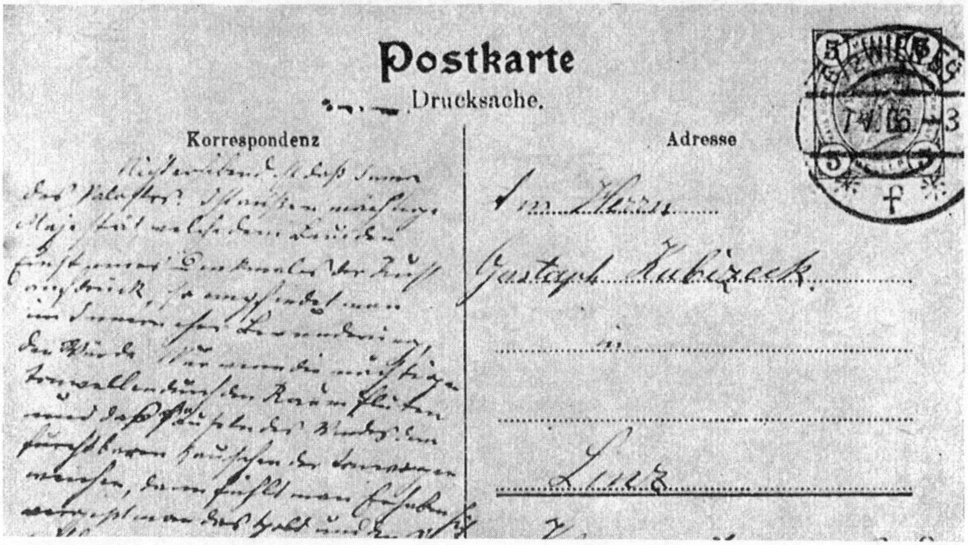

Nicht erhebend ist das Innere
des Palastes. Ist außen mächtige
Majestät, welche dem Bau den
Ernst eines Denkmals der Kunst
aufdrücken, so empfindet man
im Innern eher Bewunderung,
die Würde. Nur wenn die mächtigen
Tonwellen durch den Raum fluten
und das Säuseln des Windes dem
furchtbaren Rauschen der Tonwogen
weichen, dann fühlt man Erhabenheit
vergißt man das Gold und den Samt
mit dem das Innere überladen ist.
Adolf Hitler

An Herrn

Gustaph Kubizeck

in

Linz

Klammstraße N. 9

Zwar dankte Hitler seinem Freunde gelegentlich für dessen Post; aber er ging dann meist nur mit einer Floskel auf sie ein, die den Dank zu einer „Empfangsbestätigung“ machte. Ihn interessierten die architektonischen Abbildungen auf den Postkarten Kubizeks mehr als das, was als Mitteilung an ihn gerichtet war. So äußerte er sich beispielsweise am 15. Juli 1908 nicht über den Inhalt der Kubizek-Post, sondern über den auf der Ansichtskarte gezeigten Brunnen des Linzer Volksgartens, den eine Plastik des – von Hitler nicht gerade besonders geschätzten – Bildhauers Hanak mit dem „prosaischen“ Titel „Freude am Schönen“ krönte.

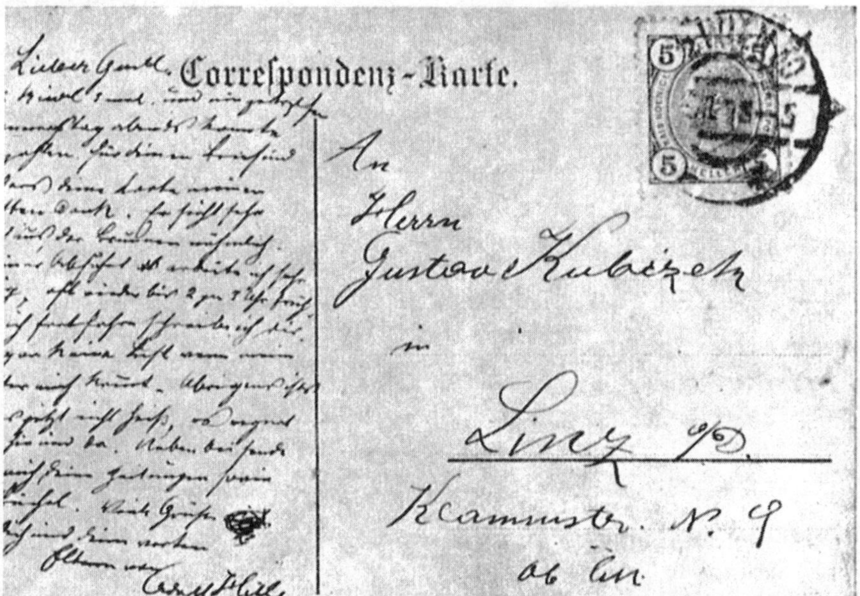

Lieber Gustl.

War bei Riedl 3 mal, und nie getrofen
erst Donnerstag abends konnte
ich ihn zahlen. Für Deinen Brief und
besonders Deine Worte meinen
herzlichsten Dank. Er sieht sehr
prosaisch aus der Brunnen nähmlich.
Seit Deiner Abfahrt arbeite ich sehr
fleißig, oft wieder bis 2 gen 3 Uhr früh.

An
Herrn
Gustav Kubizek
in

Linz a/D.

Klammstr. N. 9

Ob Östr.

Wenn ich fortfahre schreibe ich Dir.
Habe gar keine Lust, wenn meine Schwester auch kommt.
Übrigens ists bei uns jetzt nicht heiß. es regnet sogar
hie und da. Neben bei sende
ich Dir auch Deine Zeitungen sowie
das Büchel. Viele Grüße
an Dich und Deine werten Adolf Hitler*
Eltern von

Wohlerzogen und artig, wie Hitler sich zeitlebens in Briefen zu geben pflegte, grüßte er – wie auf einer Karte vom 8. Mai 1906 an Kubizek – die Eltern seines Freundes; aber das blieb – wie später auch – stets eine reine Förmlichkeit ohne persönliches Engagement. Immer wieder drängte er seinen Briefpartnern nur seine Empfindungen und Fragen auf und erwartete, daß auch sie seine Probleme zum Angelpunkt ihres eigenen Daseins machten.

Empfindungen und Fragen auf und erwartete, daß auch sie seine Probleme zum Angelpunkt ihres eigenen Daseins machten.

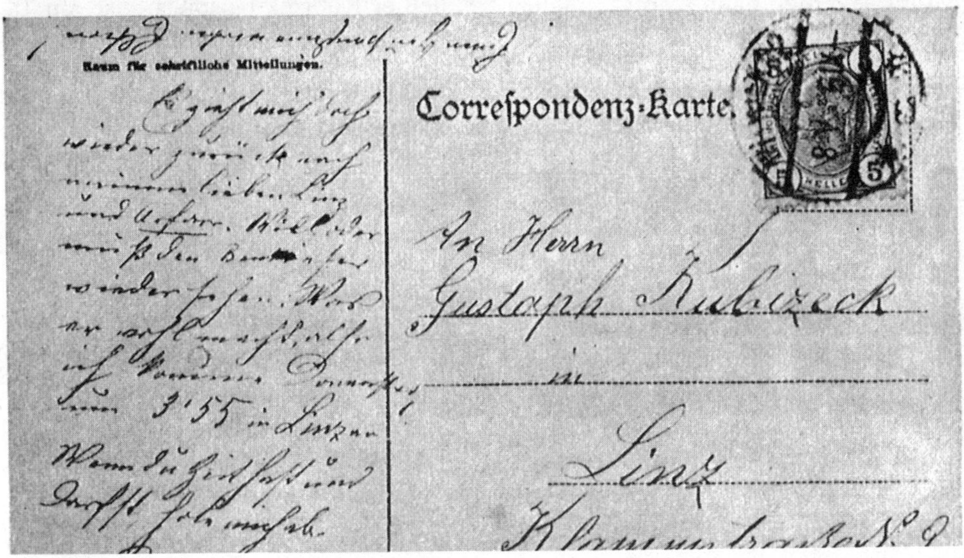
Raum für schriftliche Mitteilungen.
Correspondenz-Karte.
An Herrn
Gustaph Kubizek
Linz

* Riedl war der Kassierer des Musikverbandes, dem Kubizek angehörte. Mit der Wendung „konnte ich ihn zahlen" meinte Hitler den Mitgliedsbeitrag, den Kubizek dem Verband schuldete, mit „Deine Zeitungen" die Verbandszeitschriften (vgl. Kubizek, S. 306) und mit „meine Schwester" seine mit einem Zollbeamten verheiratete Halbschwester Angela Raubal, deren Tochter Angela („Geli") sich seinetwegen, angeblich von ihm schwanger, im September 1931 das Leben nahm. Vgl. Maser, *Adolf Hitler* . . ., S. 23, 36, 59, 62, 66, 305, 312, 313, 315, 316, 318, 320, 321, 323–326, 363, 369, 389, 448 und 479.

Einen Gruß an Deine werten Eltern!

Es zieht mich doch
wieder zurück nach
meinem lieben Linz
und Urfar. Will oder
muß den Benkieser*
wiedersehen. Was
er wohl macht, also
ich komme Donnerstag,
um 3,55 in Linz an.
Wenn Du Zeit hast und
darfst, hole mich ab.

Dein Freund Adolf Hitler

An Herrn

Gustaph Kubizeck

in

Linz

Klammstraße N. 9

Wann immer Hitler sich um die Anliegen des Freundes bemühte, geschah es nicht teilnehmend, sondern herrschsüchtig befehlend. „Also, wie gesagt, erst bleibst Du bei mir. Werden dann schon . . . sehen“**, ließ er Kubizek beispielsweise am 18. Februar 1908 wissen und erklärte ihm: „Klaviere bekommt man hier.“

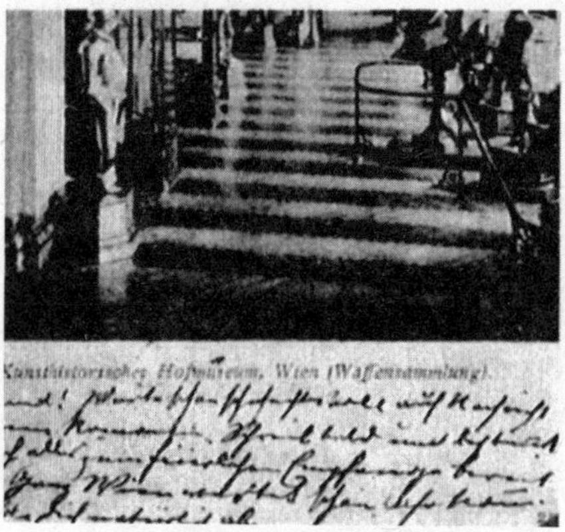

Li
sehr
von
Schı
dam
Emp
Wieı
bald

Lieber Freund! Warte schon
sehnsuchtsvoll auf Nachricht
von Deinem Kommen.
Schreib bald und bestimmt
damit ich alles zum feierlichen
Empfange bereit mache. Ganz
Wien wartet schon. Also komm
bald. Hole Dich natürlich ab.

* Urfahr war ein Linzer Vorort. „Benkieser“, wie ein Linzer Realschüler (Benkieser Ritter von . . .) hieß, ein zwischen Hitler und Kubizek für die Korrespondenz vereinbarter Deckname für eine hübsche Primanerin namens „Stefanie“, für die Hitler schwärmte, ohne sie je anzusprechen. Er schrieb ihr lediglich einen (nicht mehr erhaltenen) Brief, in dem er sich als ein sie verehrender Student vorstellte, der nach abgeschlossenem Studium um ihre Hand anhalten wolle. Vgl. Maser, *Adolf Hitler* . . ., S. 305f., 320 und 477.

** Hitlers Interpunktion wurde hier vom Autor korrigiert. Vgl. die Abbildung des Briefes.

Jetzt beginnt hier ein wenig
schönes Wetter. Hoffentlich
ändert es sich bis dort
hin. Also wie gesagt erst
bleibst Du bei mir. Werden
dann schon beide sehen. Klaviere
bekommt man hier im
sogenannten Dorotheum"
schon wirklich um 50–60 Gl. (Gulden)
Also viele Grüße an Dich sowie
Deine werten Eltern

von
Deinem Freund
Adolf Hitler

Bitte nochmals komm bald!

An
Herrn

Gustav Kubizek

stud.
in
Linz

Klammstraße N. 9

Ob. Öst.

Ob dem Freund, dem er am 18. Januar 1908 witzigerweise mitteilte, daß ganz Wien seiner bereits harre, an einer Begegnung überhaupt gelegen war, spielte für Hitler keine Rolle. Ich „warte schon sehnsuchtsvoll", schrieb er und ließ es damit genug sein.

„Du schreibst, daß Ihr ein so herrliches Wetter habt, das tut mir fast leid"*, formulierte Hitler in einem Brief, den er seinem während der Osterferien bei den Eltern in Linz weilenden Freund – vermutlich am 18. oder 19. April 1908 – schrieb, und gab unbeabsichtigt zu, daß er das Wohlergehen selbst derjenigen, die sich seine besten Freunde nannten, seinen eigenen Wünschen grundsätzlich nachordnete. Dieser Brief ist auch insofern aufschlußreich, als er ein Beispiel des grimmigen Humors bietet, den Hitler bereits in seiner Jugend andere Leute herzlos fühlen ließ. Kubizek hatte ihm mitgeteilt, daß er wegen einer Bindehautentzündung künftig wahrscheinlich eine Brille tragen müsse. In seiner Antwort trieb Hitler makabren Scherz mit dem Freund und machte sich über sein Augenleiden lustig.

Lieber Gustl!

Nachdem ich Dir vorerst für Deinen lieben
Brief danke, drücke ich anbei auch gleich
meine Freude darüber aus, daß Dein
lieber Vater wirklich mit Dir nach Wien
kommt. Vorausgesetzt daß Du und
Dein Herr Vater dagegen nichts einzu-
wenden habt, werde ich Donnerstag 11 h
am Bahnhof warten. Du schreibst daß
Ihr ein so herrliches Wetter habt, das
tut mir fast leid, übrigens wenns
bei uns nicht regnen täte wärs ja
auch schön, nicht nur in Linz. Es hat
mich auch sehr gefreut daß Du richtig
eine Viola auch mitbringst. Am
Dienstag kaufe ich mir um 2 Kr(onen) Baumwoll-
Watte und 20 Kerzenkleister, für meine
Ohren natürlich.

* Hitlers Interpunktion wurde vom Autor korrigiert. Vgl. die Abbildung des Hitler-Briefes.

Lieber Gustl!

Nachdem ich Dir vorerst für Deinen lieben
Brief danke, drücke ich hiebei auch gleich
meine Freude darüber aus, daß dein
lieber Vater wirklich mit Dir nach Wien
kommt. Vorausgesetzt daß du und
Dein Herr Vater dagegen nichts einzu-
wenden habt, werde ich Donnerstag 11 h
am Bahnhof warten. Du schreibst daß
Ihr ein so herrliches Wetter habt, das
tut mir fast leid, übrigens wenns
bei uns nicht regnen täte wärs hier
auch schön, nicht nur in Linz. Es hat
mich auch sehr gefreut daß du richtig
eine Viola auch mitbringst. Am
Dienstag kaufe ich mir um 2 Kr. Baumwolle-
Watta und 20 kreuzer Pflaster, für meine
Ohren natürlich.

Daß du nun auch noch erblinden wirst
hat mich mit tiefer Trauer erfüllt;
da wirst du nun auch noch immer mehr
daneben greifen die Noten falsch
lesen. da wirst du blind und ich noch
mit der Zeit dann törrisch. Auch!

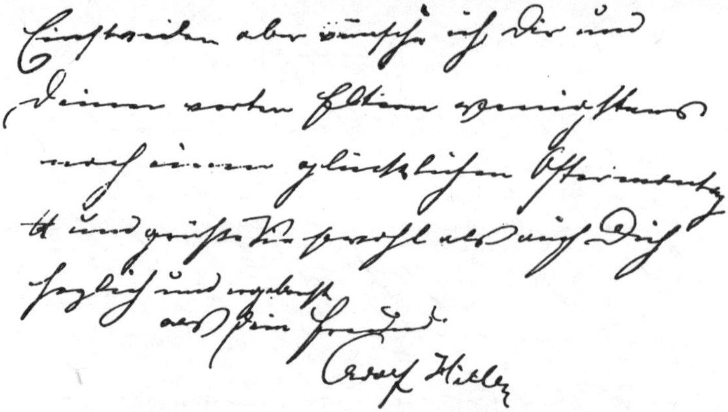

Daß du nun auch noch erblinden wirst
hat mich mit tiefer Trauer erfüllt;
da wirst Du nun auch noch immer mehr
daneben greifen die Noten falsch
lesen. Da wirst Du blind und ich noch
mit der Zeit dann törrisch*. Oweh!
Einstweilen aber wünsche ich Dir und
Deinen werten Eltern wenigstens
noch einen glücklichen Ostermontag
und grüße Sie sowohl als auch Dich
herzlichst und ergebenst

als Dein Freund
Adolf Hitler

„Ich wüßte nichts, womit ich Dir hätte aufwarten können", schrieb Hitler, dem infolge seiner Einstellung und Haltung niemals bewußt war, daß er ohnehin stets nur über sich selbst redete und dabei als selbstverständlich voraussetzte, daß seine Briefpartner daran interessiert seien, am 17. Juli 1908:

* Österreichische Dialektform für „taub".

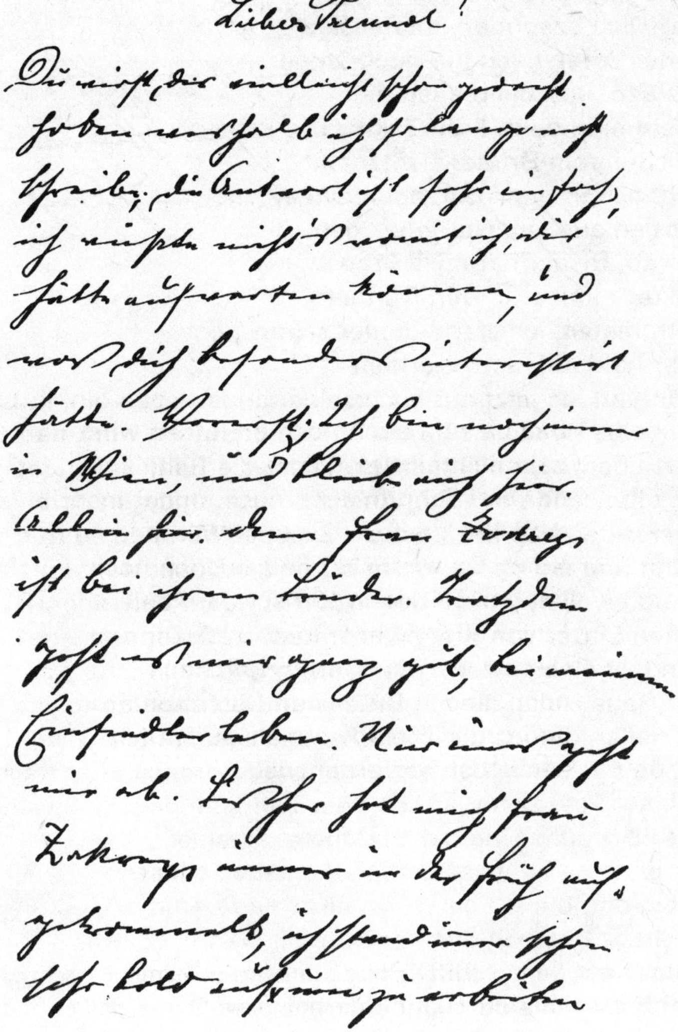

Lieber Freund!

Du wirst, Dir vielleicht schon gedacht
haben weshalb ich solange nicht
schreibe. Die Antwort ist sehr einfach,
ich wußte nicht's womit ich, Dir

hätte aufwarten können, und
was Dich besonders interessiert
hätte. Vorerst. Ich bin noch immer
in Wien, und bleib auch hier.
Allein hier, denn Frau Zakreys*
ist bei ihrem Bruder. Trotzdem
geht es mir ganz gut, bei meinem
Einsiedlerleben. Nur eines geht
mir ab. Bisher hat mich Frau
Zakreys immer in der Früh auf-
getrommelt, ich stand immer schon
sehr bald auf, um zu arbeiten**.
Während ich jetzt auf mich selber angewiesen bin. In Linz
ist nichts Neues los? Vom Theaterbauverein hört man
jetzt überhaupt nichts mehr. Wenn die Bank vollendet
ist, bitte sende mir eine Ansichtskarte. Und nun noch
zwei Bitten hab ich für dich. Erstens: Wenn du so gut
wärst und mir den „Führer durch die Donaustadt Linz"
kaufen wolltest, nicht den Wöhrl sondern den eigent-
lichen Linzer von Krakowitzer herausgegebenen. Am Ein-
band ist eine Linzerin, der Untergrund stellt Linz von
der Donauseite dar mit Brücke und Schloss. Er kostet
60 Heller, die ich dir in Marken beilege. Ich bitte dich
sende mir denselben soffort entweder franco oder Nach-
nahme. Passe aber auf daß der Fahrplan der Dampfschiffahrt-
gesellschaft, sowie der Stadtplan dabei ist.
Ich brauche ein paar Zahlen die ich vergessen
habe, und die ich im Wöhrl nicht finde. Und
zweitens bitte ich dich, daß du mir wenn, du
wieder mit dem Schiff fährst mir eine solchen
mitnimmst, wie du heuer einen hattest***.
Das „nach Belieben" werde
ich Dir zahlen. Also bitte, du
bist so gut, nicht wahr. Neues
weiß ich gar nichts sonst,
höchstens daß ich heute Vormittag

* Zimmervermieterin.
** Hier endet die zeilengetreue Übertragung, da ein Teil des Originalbriefes nicht mehr vorliegt.
*** Von hier ab beginnt wieder die dem Original entsprechende Zeilenlänge.

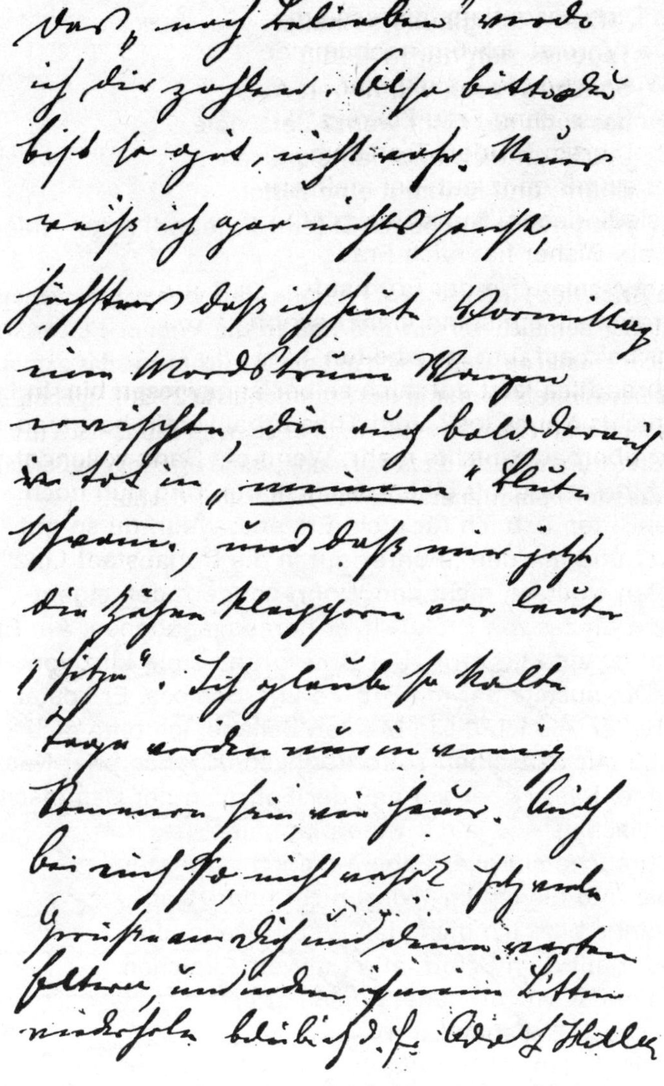

eine Mordstrum Wanzen
erwischte, die auch bald darauf
tot in „meinem" Blute
schwamm, und daß mir jetzt

die Zähne klappern vor lauter
„Hitze". Ich glaube so kalte
Tage werden nur in wenig
Sommern sein, wie heuer. Auch
bei euch so, nicht wahr? Jetz viele
Grüße an dich und deine werten
Eltern, und indem meine Bitten
wiederhole bleibe ich D.(ein) Fr.(eund) Adolf Hitler

Im letzten Brief, den Hitler seinem Freunde schrieb, bevor er wegen seiner Wehrdienstentziehung heimlich verschwand und in die Wiener Felbertstraße 22 zog*, deutete er nicht einmal an, daß er sich mit der Absicht trug, das gemeinsam von ihm und Kubizek bewohnte Zimmer in der Stumpergasse 29 aufzugeben. Der Gedanke, daß Kubizek darunter leiden könnte, wenn er seinen Freund nach der Rückkehr von seiner Wehrdienstübung nicht mehr vorfände, stand offenbar außerhalb der Überlegungen Hitlers, der immer zuerst nur an sich selbst dachte.

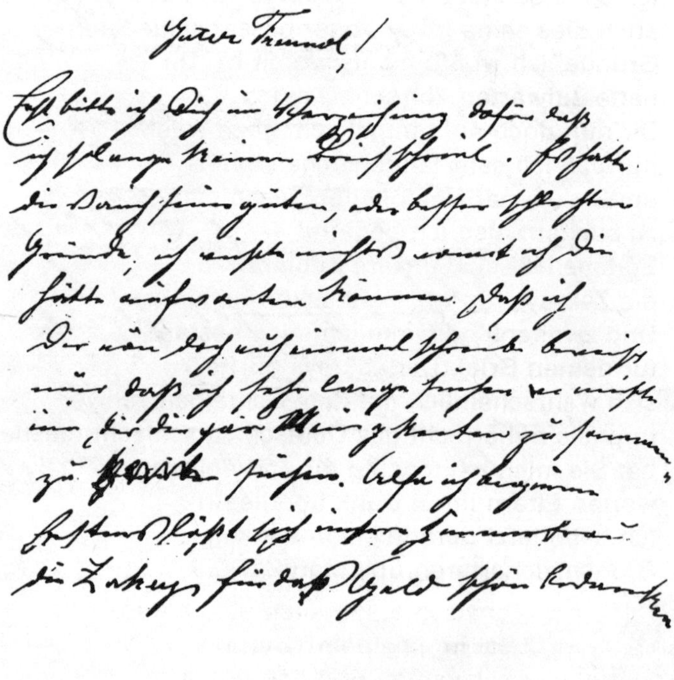
Guter Freund!

* Vgl. S. 47.

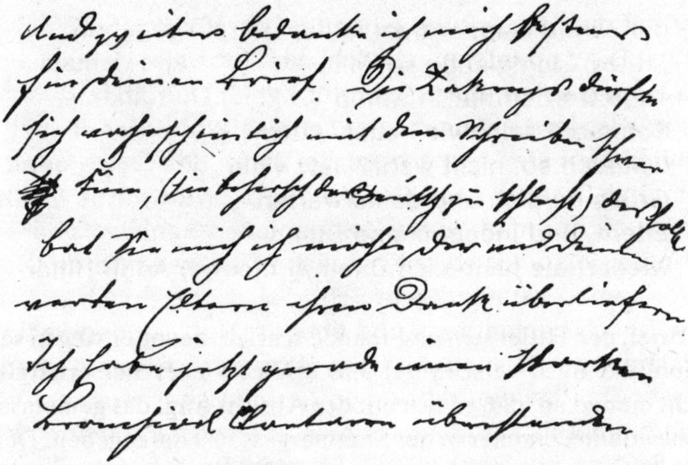
Und zweitens bedanke ich mich bestens
für deinen Brief. Die Zakreys dürfte
sich wahrscheinlich mit dem Schreiben schwer
tun, (sie beherrscht das Deutsch zu schlecht) deshalb
bat Sie mich ich möchte dir und deinen
werten Eltern ihren Dank überliefern
Ich habe jetzt gerade einen starken
Bronchial Chartaren überstanden

Guter Freund!

Erst bitte ich Dich um Verzeihung dafür daß
ich solange keinen Brief schrieb. Es hatte
auch dies seine guten, oder besser schlechten
Gründe, ich wußte nichts womit ich Dir
hätte aufwarten können. Daß ich
Dir nun doch auf einmal schreibe beweist
nur daß ich sehr lange suchen mußte
um Dir die par Neuigkeiten zusammen-
zu suchen. Also ich beginne
Erstens läßt sich unsere Zimmerfrau
die Zakreys für das Geld schön bedanken
Und zweitens bedanke ich mich bestens
für deinen Brief. Die Zakreys dürfte
sich wahrscheinlich mit dem Schreiben schwer
tun, (sie beherrscht das Deutsch zu schlecht) deshalb
bat Sie mich ich möchte dir und deinen
werten Eltern ihren Dank überliefern.
Ich habe jetzt gerade einen starken
Bronchialchartaren überstanden . . .*

* Ende der zeilengetreuen Übertragung, da der Text für die nächsten 22 Druckzeilen nicht mehr im Original vorliegt.

W~r hat den die Zeitung eigentlich herausgegeben die ich Dir zum letzten mal schickte. Ich hatte damals den Betrag schon längst gezahlt. Weißt Du näheres. Bei uns ist jetzt schönes angenehmes Wetter; es regnet nämlich sehr stark. Und heuer im Jahre der Backofenhitze ist daß wahrhaftig des Himmels Segen. Nun werde ich Ihn aber auch nur mehr kurze Zeit genießen Samstag oder Sonntag dürfte ich wahrscheinlich fortfahren. Werde Dich davon genau verständigen. Schreibe jetzt ziemlich viel, gewöhnlich nachmittags und abends. Hast Du den letzten Entscheid des Gemeinderats in Bezug des neuen Teaters gelesen. Mir scheint die wollen gar den alten Krempel noch einmal flicken. Es geht dies aber so nicht mehr weil Sie von der Behörde die Erlaubniß nicht mehr bekämen. – Jedenfalls zeigt die ganze Phrasenreiterei das diese hochwohlgeborenen und alle maßgebensten Faktoren vom Bau eines Teaters gerade soviel Idee haben, wie ein Nilpferd vom Violinspielen. Wenn mein Handbuch der Architektur nicht schon so miserablich ausschaun täte, möchte ich es sehr gern einpacken und mit nachfolgender Teater-Gründungsvereinsentwurfsbauausführungs-

„Vom dort allseitigen hochwohlgeborenen gestrengen erlöblichen Comitorium zur strengen Beachtung und allfälligen Entschließung
-- - - - - ------ - ------ - - -"

Und damit schließe ich und grüße dich und deine werten Eltern einmal und verbleibe dein Freund

Adolf Hitler

komitesgemäßer Adreße versenden
„An das alhierige hochwohlgeborene
gestrenge allöbliche
Comitoria zur Etwaigen
Erbauung und allfallige Ausstattungen

Und damit schließe ich nun.
Grüß Dich und Deine werten
Eltern vielmals
und verbleibe Dein
Freund Adolf Hitler

Diese Post an Kubizek zeigt, daß der junge Hitler es weder mit der Orthographie noch mit der Interpunktion genau nahm. Sein Verhältnis zur Rechtschreibung war, wie bei sehr vielen – auch akademisch gebildeten – Kunstmalern und Architekten allerdings, die nicht selten sowohl die Zeichensetzung als auch die Orthographie unbewußt von der bildlichen Erscheinung her bestimmen, ungetrübt und inkonsequent. So schrieb er, der von 1904 bis 1908 nahezu täglich das Wiener Theater besuchte, „Theater" meistens ohne h, „nähmlich" statt nämlich, „dan" statt dann, „daß" statt das, „gieng" statt ging und „lies" statt ließ. Aber auch zehn Jahre später noch, beispielsweise im Rahmen der Hunderte Seiten umfassenden Notizen, die er jeweils als Vorbereitung für seine Reden auf Hunderten von Seiten niederschrieb, schrieb er falsch, was er richtig schreiben konnte. „Bolschewismuß", „Sozialismuß", „Liberalismuß", „Zarismuß", „Darwinismuß", „Erkenntniß", „Schiksal", „Urecht", „Koruption", „Verzeichniß", und „umso mehr" gehören zu den immer wieder vorkommenden Fehlern, was allerdings gelegentlich auch – wie zum Beispiel bei „umso mehr" – auf Kosten sowohl der offiziellen österreichischen Schreibweise als auch der deutschen Rechtschreibung des 19. Jahrhunderts ganz allgemein ging. Daß er bereits während seiner Wiener Zeit von 1908 bis 1913 orthographisch fehlerfrei schreiben konnte, wenn er dies wollte, beweisen zahlreiche Beispiele. Wenn es ihm beispielsweise darauf ankam, einen guten Eindruck zu hinterlassen oder andere positive Reaktionen auszulösen, machte er keine orthographischen Fehler. Sein Schriftbild zeigte allerdings meist schon auf den ersten Blick, wie er engagiert war. Schrieb er „schön", das heißt, hatte er die Buchstaben sorgfältig zu Papier gebracht, hatte er richtig geschrieben, was er richtig schreiben konnte. War dies nicht der Fall, machte er Fehler wider besseres Wissen. Wieso er dies tat, ist nicht eindeutig zu beantworten. Ob dahinter Nachlässigkeit oder der unbewußte Wille stand, gegen Regeln aufzubegehren, die er als eine nicht von ihm selbst bestimmte Ordnung begreifen mußte, oder die Absicht, bestimmte Adressaten seine ungebundene Existenz spüren zu lassen, ist schwer zu entscheiden. Daß sein persönliches Engagement eine maßgebliche Rolle spielte, beweist nicht zuletzt auch die Tatsache, daß seine Feldpost aus dem Ersten Weltkrieg* trotz ihres zuweilen ungewöhnlichen Umfanges weniger orthographische Fehler als seine meist nur knapp gehaltene Vorkriegspost an Kubizek enthielt, obwohl er während des Krieges zahlreiche Fremdwörter, nicht nur französische Ortsnamen, neue Begriffe, Namen und Formulierungen verwendete und an der Front über Handbücher zur Rechtschreibung mit Sicherheit nicht verfügte.

Nachdem Hitlers Versuch, im September 1907 an der Allgemeinen Malerschule der Akademie der Bildenden Künste in Wien mit dem Studium zu beginnen, zu seiner großen Enttäuschung gescheitert und auch seine Bemühungen nicht von Erfolg gekrönt worden waren, an der Architekturschule der Akademie studieren zu können[8], da er die Schule ohne Abitur verlassen hatte, akzeptierte er fremde Hilfe und bewies auch, daß er die Rechtschreibung durchaus „schon" beherrschte**. Er nahm das Protektionsangebot wahr, das ihm die Besitzerin des Hauses antrug, in dem er in Linz auch nach dem Tode seiner Mutter (21. Dezember 1907) noch wohnte. Die Hausbesitzerin hatte ihm Anfang 1908 versprochen, ihre Mutter um Hilfe zu bitten, die mit dem zu der Zeit berühmten Bühnenbildner Alfred Roller von der Wiener Kunstgewerbeschule (heute: Akademie für Angewandte Kunst) persönlich bekannt war. Nachdem die alte Dame der Bitte der Tochter entsprochen und Roller Hitler empfangen hatte, bedankte Hitler sich sehr höflich und bescheiden bei der alten Dame für ihre Fürsprache und schrieb:

> Hochverehrte gnädige Frau!
>
> Drücke Ihnen hiermit, hochverehrte gnädige Frau,
> für Ihre Bemühungen, mir Zutritt zum großen Meister
> der Bühnendekoration, Prof. Roller, zu verschaffen,
> meinen innigsten Dank aus. Es war wohl etwas unverschämt von mir, Ihre Güte, gnädigste Frau, so stark
> in Anspruch zu nehmen, wo Sie dies doch einem für Sie
> ganz Fremden tun mußten. Umso mehr aber bitte ich
> auch meinen innigsten Dank für Ihre Schritte, die von
> solchen Erfolgen begleitet waren, sowie für die Karte,

* Vgl. S. 53ff.
** Orthographisch falsch ist in dem im folgenden zitierten Brief lediglich „ehrerbietig". Zu „Umso mehr" vgl. S. 29.

welche mir gnädige Frau so liebenswürdig zur Verfügung stellten, entgegennehmen zu wollen. Ich werde von der glücklichen Möglichkeit sofort Gebrauch machen.

Also nochmals meinen tiefgefühltesten Dank, und ich

zeichne mit

ehrerbitigem Handkuß
Adolf Hitler

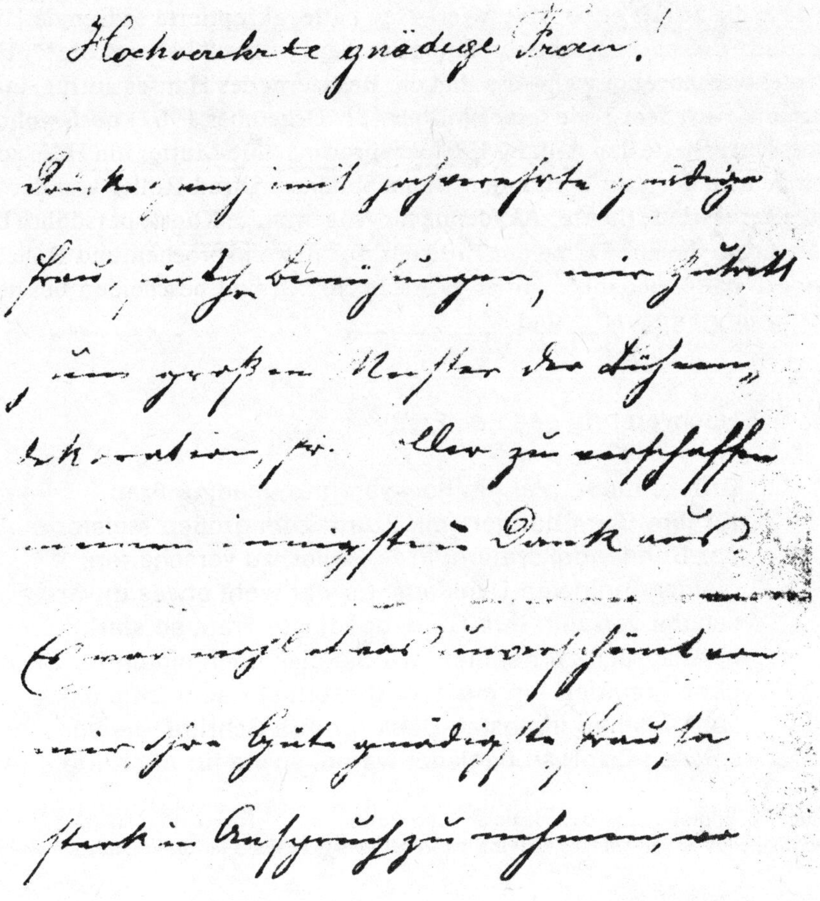
Hochverehrte gnädige Frau!

Sie die doch einem für Sie ganz Fremden
tun mußten. Umsomehr aber bitte
ich auch meinen innigsten Dank
für Ihre Schritte, die von solchem Erfolge
begleitet waren, sowie für die Karte
welche mir gnädige Frau so liebenswürdig
zur Verfügung stellten entgegennehmen
zu wollen. Ich werde von der glücklichen Mög-
lichkeit sofort Gebrauch machen.
Also nochmals meinen tiefgefühltesten
Dank und ich zeichne mit
ehrerbietigem Handkuß

Adolf Hitler

Urfahr den 10/II 09.*

* Am unteren Bildrand links steht handschriftlich fälschlich: „Urfahr, den 10/II 09." Zwischen der Unterschrift „Adolf Hitler" und der Ortsangabe wurde der Zwischenraum aus graphischen Gründen verkleinert.

Aus dem Briefwechsel* der beiden Damen geht hervor, wie unzureichend die offenbar nicht nur recht kunstbeflissene, sondern auch aufgeschlossene Hauswirtin über Hitler informiert war, obwohl sie, wie sie ihrer Mutter berichtete, ausführliche Gespräche mit dem 19jährigen Adolf führte, den sie als sehr höflich und bürgerlich vornehm, strebsam, begabt, gebildet, zurückhaltend schüchtern und kultiviert beschrieb. Sie „wußte" lediglich, was Hitler immer nur betont stilisierend hatte „durchblicken" lassen. So wirkt ihre Beschreibung des jungen Hitler denn zuletzt auch wie der Versuch eines teilnehmend wachen Beobachters, der sich erfolglos bemüht, die Gedanken, Erwartungen und Gefühle derjenigen zu analysieren und zu ergründen, die ihm zufällig einmal begegnen.

Wie fremd und geheimnisvoll Hitler seiner Umgebung schon in der Jugendzeit war und wie wenig auch Kubizek seinen Freund wirklich kannte**, bezeugen sowohl seine Korrespondenz als besonders auch die Tatsache, daß Kubizek zeit seines Lebens nicht einmal ahnte, wie es mit den wirtschaftlichen Verhältnissen Hitlers während der gemeinsamen Jahre in Linz und Wien bestellt gewesen ist. So schrieb er 1953: „Ich hatte meiner Mutter erzählt, wie schlecht es meinem Freunde erginge und daß er oftmals hungere[10]." Hitlers Karte vom 19. Juli 1908, in der es unter anderem heißt, „Meinen besten Dank für Deine Liebenswürdigkeit. Butter und Käse brauchst du mir jetzt nicht zu senden. Ich danke, dir aber herzlich für den guten Willen"[11], hatte er falsch verstanden, was auch seine ausgesprochen literarisch formulierte Feststellung beweist: „Er wollte keinen Grund mehr haben, weil er sich der eigenen Not schämte. Allein und einsam wollte er seinen Weg gehen . . . Es war der Weg in die Einsamkeit, in die Wüste, in das Nichts"[12]. Niemals, nicht einmal in seinen extrem egozentrisch ausgerichteten Selbstbespiegelungen in Briefen und Karten hat Hitler offenbart, wie es ihm in wirtschaftlicher Hinsicht ging. Er manipulierte die diesbezüglichen Tatsachen nicht nur, als er 16 Jahre später in „Mein Kampf" schrieb, „Not und harte Wirklichkeit zwangen mich nun, einen schnellen Entschluß zu fassen. Die geringen väterlichen Mittel waren durch die schwere Krankheit der Mutter zum großen Teil verbraucht worden, die mir zukommende Waisenpension genügte nicht, um auch nur leben zu können, also war ich nun angewiesen, mir irgendwie mein Brot selber zu verdienen"[13]. Es stimmt nämlich nicht, daß die väterlichen Mittel „zum großen Teile" aufgebraucht waren, als der junge Hitler 1908 nach Wien ging. Daß er 1908, im letzten Jahr seiner Freundschaft mit Kubizek, auch aus dem Nachlaß seiner Mutter noch mit einer erklecklichen Summe bedacht worden ist, hat er niemals erwähnt. Im Juni 1905, zweieinhalb Jahre vor ihrem Tode, hatte Klara Hitler das

* Eine Kopie der Korrespondenz befindet sich im Besitz des Autors.
** Vgl. dazu auch S. 13.

Leondinger Haus für 10000 Kronen verkauft[14], wobei der Käufer allerdings nur 7480 Kronen an sie zu zahlen brauchte, da das Gehöft noch vom Vorgänger mit einer Hypothek von 2520 Kronen belastet war. 1304 Kronen waren als Erbteil für Adolf und Paula abzurechnen[15], so daß Adolfs Mutter der immer noch erhebliche Betrag von 5500 Kronen verblieb. Darüber hinaus hatte sie seit 1903 eine jährliche Witwenpension von 1200 Kronen erhalten, wozu seit 1905 jährlich mindestens 220 Kronen kamen, die sie als Zinsen allein für das Bargeld aus dem Hausverkauf erhielt, so daß sie ohne Schmälerung des Barvermögens über mehr Geld verfügte, als sie, Adolf und Paula, verbrauchten. Alois Hitler hatte vor seiner Pensionierung ein Jahresgehalt von 2600 Kronen und danach eine Pension von 2196 Kronen bezogen. Frau Hitler und ihren Kindern Adolf und Paula standen (neben dem Barvermögen aus dem Verkauf des Hauses) monatlich rund 120 Kronen zur Verfügung, wozu nennenswerte Zinsen aus einem Erbe von ihrer kinderlos und vermögend verstorbenen Tante Walburga Hitler aus Spital hinzugekommen sein dürften[16], denn sie hatte in einem von einem Gerichtsschreiber aus Weitra im Waldviertel handschriftlich verfaßten und vom Autor im August 1969 identifizierten Testament[17] verfügt, daß ihre 1830 geborene Schwester Johanna nach ihrem Tode ihr gesamtes Vermögen erbe. Für den Fall, daß diese Schwester vor ihr verstürbe, sollten deren Töchter Klara, Johanna und Theresia* erbberechtigt sein. Johanna, die Universalerbin Walburgas, starb am 8. Februar 1906, womit das Vermögen auf ihre drei Töchter überging, von denen Klara, Adolf Hitlers Mutter, bereits im Dezember 1907 verschied, so daß dieser Teil des Erbes ausschließlich an Adolf und Paula Hitler fiel, die monatlich jeweils zusätzlich 58 Kronen aus dem väterlichen Erbteil erhielten, wozu aufgrund einer Bestimmung des österreichischen Gehaltsgesetzes von 1896 25 Kronen Waisenrente kamen.

Die sehr hohen Beträge aus den (Walburga-Hitler-)Erbschaften, die ihm über seine Tante Johanna Pölzl (die 3800 Kronen hinterließ) und seine Mutter zufielen, machten ihn zu einem ausgesprochen vermögenden Mann.

Für seine Zimmer, die Hitler in Wien bewohnte, zahlte er durchschnittlich monatlich 10 Kronen Miete. Ein Jurist bekam nach einer einjährigen Tätigkeit am Gericht monatlich 70 Kronen, ein junger Lehrer in den ersten 5 Dienstjahren monatlich 66 Kronen, ein Postangestellter 60 Kronen. Ein k.u.k. Supplent (Assessor) an einer Wiener Realschule erhielt vor 1914 ein Monatsgehalt von 82 Kronen[18]. Das „harte Schicksal“, von dem Hitler im Zusammenhang mit seiner Wiener Zeit gern sprach, hatte mit wirtschaftlicher Not nichts zu tun.

* Walburga Hitlers Testament befindet sich, soweit es sich um dieses Erbteil handelt, in den Händen des Theresia-Sohnes Anton Schmidt, der es dem Autor 1969 zur Auswertung zur Verfügung stellte.

Am 10. Februar 1908 schrieb Hitler an die Linzer Finanzdirektion und bat um die Gewährung der Waisenrente für sich und seine Schwester Paula, die er – vorsätzlich oder irrtümlich – zwei Jahre jünger machte.

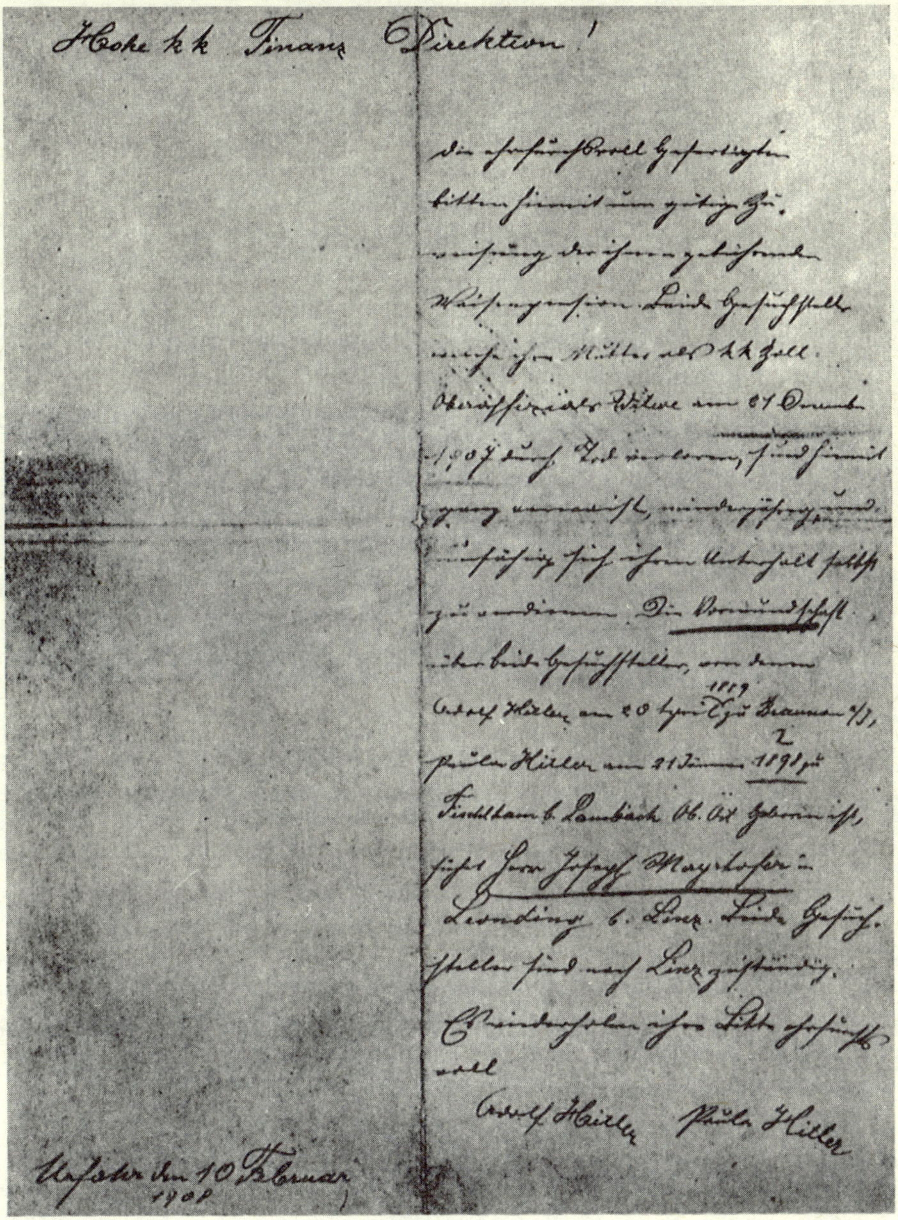

Hohe k.k. Finanz Direktion!

Die gehorsamst Gefertigten
bitten hiermit um gütige Zu-
weisung der ihnen gebührenden
Waisenpension. Beide Gesuchsteller
haben ihre Mutter als k.k. Zoll-
Oberoffizials-Witwe am 21 Dezemb.
1907 durch Tod verloren, sind hiemit
ganz verwaist, minderjährig und
unfähig sich ihren Unterhalt selbst
zu verdienen. Die Vormundschaft
über beide Gesuchsteller, von denen
Adolf Hitler am 20 April 1889 zu Braunau a/I,
Paula Hitler am 21 Jänner 1898 zu
Fischlham b. Lambach Ob. Öst geboren ist,
führt Herr Josef Mayrhofer in
Leonding b. Linz. Beide Gesuch-
steller sind nach Linz zuständig.
Wiederholen ihre Bitte gehorsamst
voll

Adolf Hitler Paula Hitler

Urfahr den 10 Februar
1908

Hohe kk Finanz Direktion!

Die ehrfurchtsvoll Gefertigten bitten hiermit um gütige Zuweisung der ihnen gebührenden Waisenpension. Beide Gesuchsteller welche ihre Mutter als kk Zoll-Oberoffizials Witwe am 21. Dezember 1907 durch Tod verloren, sind hiermit ganz verwaist, minderjährig und unfähig sich ihren Unterhalt selbst zu verdienen. Die Vormundschaft über beide Gesuchsteller, von denen Adolf Hitler am 20. April 1889 zu Braunau a/I., Paula Hitler am 21. Jänner 1898 zu Fischlham bei Lambach Ob. Öst. geboren ist, führt Herr Joseph Mayrhofer in Leonding b. Linz. Beide Gesuchsteller sind nach Linz zuständig.
Es wiederholen ihre Bitte ehrfurchtsvoll

Adolf Hitler   Paula Hitler

Urfahr, den 10. Februar
1908

Anfang 1911 verzichtete der 22jährige Hitler, dem die Waisenrente gesetzlich bis zum 19. April 1913 zustand, beim Linzer Bezirksgericht freiwillig auf seinen Anteil von monatlich 25 Kronen zugunsten seiner Schwester Paula und erklärte, daß „er sich selbst erhalten“[19] könne, wobei er nur den Verdienst aus dem Verkauf seiner Bilder meinte, die der Landstreicher Reinhold Hanisch vertrieb, den er während seines kurzen Aufenthalts im Obdachlosenasyl kennengelernt hatte. Allerdings kann dieser Verzicht ihm nicht schwergefallen sein; denn im März 1911 war seine unverheiratete Tante Johanna Pölzl verstorben, die ihm – als ihrem Liebling – eine erhebliche Erbschaft hinterlassen hatte*.

* Vgl. S. 34.

Zwei Bilder von Hitlers Hand dokumentieren eine Zäsur in seinem Leben besonders deutlich: eine „Wallenstein"-Zeichnung aus der Zeit kurz vor dem Abschluß der 5. Klasse der Volksschule in Leonding und eine Karikatur, die er einige Monate später in der 1. Klasse der Realschule in Linz von einem seiner Lehrer zeichnete. Sie spiegeln das Verhältnis des jungen Hitler zu den jeweiligen Schultypen wider und decken sich wesenhaft mit den vielfach abgebildeten Hitler-Fotos aus jener Zeit, die ihn als Schüler der 4. Klasse der von ihm geliebten Leondinger Volksschule und als Schüler der 1. Klasse der Linzer Realschule zeigen, die er nur sehr widerwillig besuchte[9].

Diese „Wallenstein"-Darstellung des 11jährigen Hitler vom 26. März 1900 drückt deutlich aus, daß der Junge noch keine wesentlichen Probleme hat. Noch ist er mit sich und der Welt zufrieden. Anders verhält es sich dagegen mit der Karikatur, die einen seiner Realschullehrer zeigt.

Nicht schwer ist aus dieser Zeichnung herauszulesen, was in Hitler vorging. Sowohl sein Widerwille gegenüber der Oberschule als auch die Verachtung, die er den Lehrern entgegenbrachte, sind hier in wirkungsvoll kraß schwarzweiß malender Manier ausgedrückt. Der finster arrogant und überheblich dreinblickende Lehrer mit verächtlich nach unten gezogenen Mundwinkeln hat die Stirn in Falten gelegt, die kalten, „seelenlosen" kleinen Augen zusammengekniffen und bietet ein Abbild der Unnahbarkeit, was nicht zuletzt auch seine korrekte Kleidung mit dem übergroßen Stehkragen unterstreichen soll. Wie instinktsicher und „werbewirksam" der 11jährige Hitler bereits bildhaft darzustellen vermochte, was er empfand, wird besonders dadurch deutlich, daß er dem Lehrer zwischen die affektiert gespreizten Finger eine Tüte mit Speiseeis „steckte", die er zweifellos als Sinnbild von Infantilität wählte.

Hitlers letzter Brief vom Sommer 1908 an Kubizek ist zugleich auch der letzte private Brief überhaupt, der (im Gegensatz zu zahlreichen Aquarellen, Zeichnungen, Skizzen und Ölbildern) aus der Zeit vor 1914 von Hitler erhalten geblieben ist. Seinen Linzer und Spitaler Verwandten[22] schrieb er erst während des Ersten Weltkrieges wieder, und mit seinen Schulkameraden Jakob Weiß, Fritz Seidl und Fritz Lauböck, die sich nach 1918 an ihn gewandt hatten, nachdem er bereits ein bekannter Mann geworden war, begann er sogar erst in den zwanziger Jahren zu korrespondieren. Er hatte triftige Gründe, sich nirgendwo zu melden; denn die österreichischen Behörden fahndeten nach ihm. Im Herbst 1909 hätte er nach dem Gesetz-Blatt Nr. 41 des österreichischen Wehrgesetzes vom 11. April 1889 zur sogenannten „Verzeichnung" und im Frühjahr 1910 zur „Hauptstellung" erscheinen müssen, was er vorsätzlich ebensowenig tat, wie er den letzten Termin im Frühjahr 1912 wahrnahm. Er entzog sich sowohl der „Verzeichnung" und „Hauptstellung" als auch der dann zwangsläufig folgenden „Nachstellung" und galt in seinem Vaterland daher als „Stellungsflüchtling". In „Mein Kampf" gab er an, daß er dies getan habe, weil er infolge seiner alldeutschen Weltanschauung nicht bereit gewesen sei, in einem Heer zu „fechten", in dem ein bunter Reigen von k.u.k. Völkerschaften gemeinsam mit Juden gedient habe.

Die effektvolle Feststellung Hitlers, der sich zwischen August und Dezember 1909 dem Zugriff der Behörden durch kurzfristigen Wohnungswechsel entzogen und selbst einen vorübergehenden Aufenthalt im Obdachlosenasyl in Kauf genommen hatte, daß er Österreich im „Frühjahr 1912"[23] aus „politischen Gründen"[24] verlassen habe, deckt sich zu einem Teil tatsächlich mit dem Sachverhalt. Was nicht mit den Tatsachen übereinstimmt, ist die Behauptung, daß er bereits 1912 nach München gegangen sei; denn er traf erst im Mai 1913 in München ein[25], wo die österreichischen Behörden ihn im Dezember 1913 aufspürten. Am 29. Dezember wandten sie sich an die Münchener Polizeidirektion mit der Bitte, „dienstfreundlichst" festzustellen, ob Hitler in München lebe. „Der im Jahre 1889 in Braunau am Inn . . . zuständige Kunstmaler Adolf Hietler ist", teilte die österreichische Polizei mit, „am 24. Mai 1913 von Wien nach München übersiedelt. – Es wird dienstfreundlichst ersucht . . . bekannt zu geben, ob Genannter dort gemeldet ist[26]." Die Münchener Polizei fand ihn. Am 10. Januar 1914 teilte sie ihren Linzer Kollegen mit: „Der Gesuchte ist seit 26. V. 1913 Schleißheimer Straße 34/III. bei Popp gemeldet[27]." Bereits 8 Tage danach erfuhr Hitler von der Münchener Kriminalpolizei, daß er sich am 20. Januar in Linz zur Musterung einzufinden habe. Am 19. Januar führte ihn die Münchener Kriminalpolizei dem österreichischen Konsulat in München vor, wo Hitler die für ihn sehr heikle Angelegenheit so geschickt zu arrangieren verstand, daß sowohl die Polizei als auch das Konsulat darauf verzichteten, ihn nach Österreich auszuliefern[28]. Ihm wurde in Aussicht gestellt, sich am 5. Februar 1914 zu einer sogenannten „Nachstellung“ in Linz einfinden zu dürfen[29]; aber Hitlers telegrafisches Gesuch, von dessen Bewilligung die Sonderregelung abhängig war, lehnte die Heimatbehörde ab, worauf Hitler den Linzer Magistrat in einem sehr aufschlußreichen handschriftlichen Brief bat, ihm aus finanziellen Gründen zu gestatten, sich in dem näher bei München liegenden Salzburg „mustern“ lassen zu dürfen.

Magistrat Linz Abt. II

Sonntag Den 18ten halb 4 h Nachmittags erhielt ich eine Stellungsvorladung durch den Kriminal-Schutzman Herle, Rottmannstr. 14/II zugestellt, nach der ich mich am 20ten in Linz zur Stellung einzufinden hätte, widrigenfalls ich nach §64 u. 66 des Wehrgesetzes behandelt würde.

War ich schon durch die Art der Zustellung betroffen, Stellungs-Vorladungen werden, wie man mir am Konsulate mitteilte, sonst entweder persönlich oder durch die Konsularbehörde zugestellt, so noch mehr jedoch durch die ganz unmöglich kurze Frist die mir zur Erledigung meiner Angelegenheit eingeräumt wurde.

Da Sonntags alles geschlossen, am Montag aber, wie überhaupt an allen den Feiertagen nachfolgenden Wochentagen in ganz Deutschland Geschäfte erst 9 h Büros jedoch (auch solche der Staatsämter) erst 10 h geöffnet werden, ich jedoch schon längstens Nachmittags hätte abfahren müssen, so wäre mir kaum die Zeit zur einfachsten körperlichen Reinigung, etwa einem Bade, geblieben.

Der Hauptgrund jedoch der mir die Befolgung der Vorladung unmöglich machte war der, daß es mir nicht gelingen konnte, innerhalb dieser kurzen, kaum 6 Stunden betragenden Frist, die dazu benötigten zumindest für mich immerhin beträchtlichen Geldmittel aufzubringen.

Ich werde in der Vorladung als Kunstmaler bezeichnet. Führe ich auch diesen Titel zu Recht, so ist er aber dennoch nur bedingt richtig. Wohl verdiene ich mir meinen Unterhalt als selbständiger Kunstmaler jedoch nur, um mir, da ich ja gänzlich vermögenslos bin, (mein Vater war Staatsbeamter) meine weitere Fortbildung zu ermöglichen. Nur einen Bruchteil meiner Zeit kann ich zum Broterwerb verwenden, da ich mich als Architektur Maler noch immer erst ausbilde. So ist den auch mein Einkommen nur ein sehr bescheidenes, gerade so groß daß ich eben mein Auskommen finde.

Ich lege als Zeugniß dessen meinen Steuerausweis bei, und bitte gleich hier ihn mir wieder gütig zusenden zu wollen. Mein Einkommen ist hier mit 1200 M angenommen, eher zu viel als zu wenig, und es ist dies nicht so zu verstehn, daß da nun genau auf den Monat 100 M fallen. O nein. Das Monats-Einkommen ist sehr schwankend, jetzt aber sicher sehr schlecht, da ja der Kunsthandel um diese Zeit in München etwa

seinen Winterschlaf hält, und es leben, oder wollen wenigstens leben, gegen 3 Tausend Künstler hier. Von Ersparrnissen irgend einer Bedeutung kann da nicht die Rede sein, da ja meine Auslagen bedeutend größere sind als etwa die eines gleichgutgestellten Arbeiters.
Ich bitte deshalb sehr, gütig einsehen zu wollen, daß mir eine Befolgung der Stellungs-Vorladung unmöglich war, unmöglich innterhalb der kurzen kaum einen halben Tag betragenden, mir zur Verfügung stehenden Frist.
Bereits Montags gieng ich auf das Konsulat, um Rat bittend, und im Auftrage des Konsularbeamten sendete ich das Telegramm mit der Bitte um Aufschub. Von der verneinenden Antwort erhielt ich erst heute den 21ten 9 h Vormittags Kenntniß.
Nun trifft mich bei all dem gewiß auch ein Verschulden. Ich unterließ es mich im Herbste 1909 zu melden; holte dies jedoch im Februar 1910 nach. Damals meldete ich mich in Wien im Konskriptionsamte I B Rathaus und wurde von dort in den XX Bezirk meinem Wohnbezirke gewiesen. Ich bat dort mich in Wien stellen zu dürfen, mußte ein Protokol oder Gesuch unterschreiben eine Krone zahlen, und habe im übrigen nie mehr etwas davon gehört. Es konnte mir jedoch nie einfallen mich der Stellung zu entziehen, so wenig als ich mich etwa zu diesem Zwecke in München befinde. Ich war in Wien stets gemeldet, bin es ebenso auch hier, und stand überdies in Verkehr mit dem Bezirks Gericht Linz, meiner Vormundschaftsbehörde. Meine Adresse war demnach schon durch diese stets leicht zu erfahren.
Um so betroffener mußte ich über diese Vorladung sein, Die schon in der Form der Zustellung so gehalten war, als würde ich bereits einer oder der andern Vorladung keine Folge geleistet haben. Und was meine Unterlassungssünde im Herbste 1909 anlangt, so war dies eine für mich unendlich bittere Zeit. Ich war ein junger unerfahrener Mensch, ohne jede Geldhilfe und auch zu stolz eine solche auch nur von irgend jemand anzunehmen geschweige den zu erbitten. Ohne jede Unterstützung nur auf mich selbst gestellt, langten die wenigen Kronen oft auch nur Heller aus dem Erlös meiner Arbeiten kaum für meine Schlafstelle. Zwei Jahre lang hatte ich keine andere Freundin als Sorge und Not, keinen anderen Begleiter als ewigen unstillbaren Hunger. Ich habe das schöne Wort Jugend nie kennen gelernt. heute noch nach 5 Jahren sind die Andenken in Form von Frostbeulen an Fingern, Händen und Füßen. Und doch kann ich nicht ohne gewisse Freude mich dieser Zeit erinnern, jetzt da ich doch über das Ärgste empor bin. Trotz größter Not, inmitten einer oft mehr als zweifelhaften Umgebung, habe ich meinen Namen stets anständig erhalten, bin ganz unbescholten vor dem Gesetz und rein vor meinem Gewissen bis auf jene unterlassene Militärmeldung, die ich damals nicht einmal kannte. Es ist das Einzige wofür ich mich verantwortlich fühle. Und dafür dürfte wohl auch eine bescheidene Geldstrafe Sühne genügend bieten, und ich werde mich nicht weigern eine solche willig zu leisten.

Ich sende dieses Schreiben unabhängig von einem ebenfalls heute abgefaßten Protokoll daß ich am Konsulate unterzeichnete. Ich bitte auch daß man mir die weiteren Verfügungen durch das Konsulat zugehn läßt, und bitte überzeugt zu sein daß ich Ihre pünktliche Erfüllung nicht versäumen werde. Was endlich meine Angaben in der Stellungs Vorlage anlangen so werden diese durch die Konsulatsbehörde bestätigt. Diese war großherzig genug, und sprach mir die Hoffnung aus sich dafür zu verwenden daß ich meiner Stellungspflicht in Salzburg genügen könne. Wenn ich dies nun auch kaum mehr zu hoffen wage, so bitte ich doch mir die Sache nicht unnötig zu erschweren.
Ich bitte sehr ergeben dieses Schreiben gütig zur Kenntniß nehmen zu wollen, und unterzeichne

sehr ehrerbietig
Adolf Hitler
Kunstmaler
München
Schleißheimerstr. 34/III[30]

Hitler, der „kaum . . . zu hoffen" gewagt hatte, daß die Heimatbehörde seine Bitte erfüllen würde, widerfuhr Glück in doppeltem Sinne. In Salzburg, wo er am 5. Februar 1914 weisungsgemäß zur Musterung erschien, wurde er vom Militärdienst befreit. „Es wird bestätigt", erklärte das Landesevidenzreferat der oberösterreichischen Landesregierung am 23. Februar 1932, „daß der am 20. April 1889 in Braunau am Inn geborene und in Linz, Oberösterreich, heimatberechtigte Adolf Hitler, Sohn des Alois und der Klara, geborene Pölzl, laut Stellungsliste bei der Nachstellung in der 3. Altersklasse am 5. Februar 1914 zu Salzburg ‚zum Waffen- und Hilfsdienst untauglich, zu schwach' befunden worden ist und der Beschluß auf ‚Waffenunfähig' gefällt wurde"[31].

So konnte Hitler, dessen finanzielle Lage nach wie vor gesichert war,* sich nach Jahren wieder auf Behörden zeigen und ohne Sorge tun und lassen, was ihm beliebte. Nicht zufällig bezeichnete er seine Münchener Zeit denn auch zehn Jahre später als „die (‚vor dem Kriege') glücklichste und weitaus zufriedenste . . . (seines) Lebens"[32]. Wie in Wien, so zeichnete und malte er auch hier vor allem historische Bauwerke und Kunstdenkmäler nach Vorlagen, weil er zu bequem war, sich auf die Straße zu stellen.

* Vgl. dazu S. 33f.

Obwohl Hitler sich seit 1909 in Österreich dem Wehrdienst entzog und von den Behörden daher als „Stellungsflüchtling“ gesucht wurde, wagte er im August 1910 den Gang zum Kommissariat Brigittenau der Wiener Polizei, um Hanisch[20] anzuzeigen, der ihn um einen Teil des Verkaufspreises betrogen hatte, was Hitler so glaubwürdig angab, daß Hanisch zu einer Woche Gefängnis verurteilt wurde[21]. Streitobjekt war ein Aquarell, das Hitler vom Wiener Parlament gemalt hatte.

Für Hitlers Darstellung des Wiener Parlaments ist dieses Aquarell typisch, auch wenn es sich dabei um eine später überarbeitete Fassung handelt.

Die Motive der architektonischen Darstellungen Hitlers unterschieden sich in München zwangsläufig von den Wiener Vorlagen*. In München zog ihn, wie er 1924 schrieb, besonders „die wunderbare Vermählung von urwüchsiger Kraft und ... künstlerischer Stimmung, diese einzige Linie vom Hofbräuhaus zum Odeon, Oktoberfest zur Pinakothek ... an“[33]. Aber auch der Verkauf der Bilder ging hier anders vor sich als in Wien, wo jüdische Zwischenhändler, Händler und Akademiker, vornehmlich jüdische Ärzte und Rechtsanwälte, die meisten seiner Arbeiten erwarben[34]. Nachdem seine Wehrdienstangelegenheit Anfang 1914 zwangsweise geordnet worden war, konnte er sich in München leisten, seine Bilder selbst in angesehenen Kunsthandlungen wie beispielsweise bei Stuffle am Maximiliansplatz anzubieten und zu verkaufen[35]. Zwar lebte er auch hier auf seine Weise auf sein Ziel hin, einmal Architekt werden zu wollen; aber dieses Leben unterschied sich insofern von der Wiener Zeit von 1908 bis 1913, als er hier in kurzer Zeit Freunde gewann, mit denen er ein Jahr später, während des Krieges fleißig korrespondierte**.

Abbildung oben: „Hofbräuhaus am Platzl“. Farbige Postkarte des Verlages August Lengauer.
Abbildung unten: „Hofbräuhaus am Platzl“. Aquarell von Adolf Hitler aus dem Jahre 1913.

* Zu den bekanntesten Hitler-Bildern aus der Münchener Zeit gehören seine Hofbräuhaus-Darstellungen. Auch sie zeichnete und malte er nach gedruckten Vorlagen, wie das Beispiel auf der folgenden Seite zeigt.

** Vgl. S. 78.

München. Hofbräuhaus am Platzl

Mai 1895:	Adolf Hitler, der in Hafeld lebt, tritt in die einklassige Volksschule in Fischlham bei Lambach ein.
1896/1897:	Nach dem Verkauf seines Hafelder Besitzes im Juli 1897 siedelt Alois Hitler (Adolfs Vater) nach Lambach an der Traun über, wo Adolf die 2. Klasse der Klosterschule des alten Benediktinerstifts besucht.
1897/1898:	Besuch der 3. Klasse der Klosterschule. Mitglied des Stift-Knabenchors und Meßdiener.
November 1898:	Alois Hitler erwirbt ein Anwesen in Leonding bei Linz, wohin er mit seiner Familie im Februar 1899 zieht. Dort besucht Adolf die 4. Klasse der Volksschule.
1899/1900:	Besuch der 5. Klasse der Volksschule in Leonding.
September 1900:	Besuch der 1. Klasse der Staatsrealschule in Linz.
1901/1902:	Wiederholung der 1. Klasse.
1902/1903:	Besuch der 2. Klasse der Realschule.
3. Januar 1903:	Tod des Vaters.
1903/1904:	Besuch der 3. Klasse der Realschule.
1904/1905:	Besuch der 4. Klasse der Staats-Oberrealschule in Steyr.
Juni 1905:	Adolfs Mutter, Klara Pölzl, verkauft das Leondinger Haus und zieht mit ihren Kindern Adolf und Paula nach Linz in die Humboldtstraße 31.
Herbst 1905:	Auf Anraten des Hausarztes verläßt Adolf Hitler wegen einer Lungenerkrankung die Schule und geht bis Frühjahr 1906 zu seinen Verwandten nach Spital.
Mai/Juni 1906:	Hitler besucht erstmals Wien.

Oktober 1906 bis Januar 1907:	Hitler nimmt Klavierunterricht bei dem einstigen Militär-Musiklehrer Prewatzki-Wendt.
September 1907:	113 Kandidaten, unter ihnen Adolf Hitler, beteiligen sich an der Aufnahmeprüfung der Allgemeinen Malerschule der „Akademie der Bildenden Künste“ am Wiener Schillerplatz. 33 Prüflinge scheitern an der Klausur-Komposition, die den ersten Teil der Prüfung bildet. Hitler besteht diesen Prüfungsteil, fällt aber, wie 51 weitere Kandidaten, beim „Probezeichnen“ durch. Nur 28 Studienbewerber werden zum Studium zugelassen.
November 1907:	Klara Hitler, Adolfs Mutter, liegt schwerkrank in Linz-Urfahr darnieder. Adolf kehrt nach Linz zurück, um seine Mutter zu pflegen.
21. Dez. 1907:	Tod Klara Hitlers, die am 23. 12. 1907 in Leonding beigesetzt wird.
Februar 1908:	Adolf Hitler, der die Nachlaßangelegenheiten für sich und seine Schwester Paula in Leonding und Linz erledigt hat, zieht nach Wien, wo er einige Monate zusammen mit seinem Linzer Freund, dem Musikschüler August Kubizek, in der Stumpergasse 29 wohnt. Nach einer Begegnung mit dem Bühnenbildner Professor Alfred Roller von der Wiener Kunstgewerbeschule beginnt Adolf Hitler mit einem Privatstudium der Bildhauerei bei dem Wiener Oberschullehrer und Bildhauer Panholzer.
September 1908:	Adolf Hitler beteiligt sich erneut an der Aufnahmeprüfung der Akademie der Bildenden Künste. Seine Klausur-Komposition wird (anders als im September 1907) als unzureichend beurteilt, so daß er nicht an der „Probezeichnung“ teilnehmen darf. Da er nach diesem Scheitern seinem Freunde Kubizek nicht mehr begegnen will, der seit Mitte September seiner Wehrpflicht nachkommt, verläßt er die gemeinsame Wohnung und zieht am 18. November 1908 in die Felbertstraße 22/III. Weder Kubizek noch die österreichischen Behörden können ihn ausfindig machen, die ihn zwingen wollen, der im Gesetz-Blatt Nr. 41 des österreichi-

schen Wehrgesetzes vom 11. April 1889 vorgeschriebenen „Verzeichnung“ zum Wehrdienst nachzukommen.

August 1909: Hitler, der sich aus ideologischen Beweggründen dem Wehrdienst entzieht, wechselt nun kurzfristig seine Wohnung. So mietet er am 20. August ein Zimmer in der Sechshauser Straße 58/II, wo er nur bis zum 16. September bleibt.

16. Sept. 1909: An diesem Tage verlegt er – bis Ende November 1909 – seinen Wohnsitz in die Simon-Denk-Gasse.

Dezember 1909: Kurzfristig übernachtet Hitler im Obdachlosenasyl in Meidling und arbeitet, wie er in „Mein Kampf“ (S. 20 und 40ff.) berichtet, vorübergehend als Hilfsarbeiter auf Baustellen, wofür es allerdings keinen Zeugen gibt.

Im Dezember 1909 zieht er in das Wiener Männerheim in die Meldemannstraße 27. In diesem Heim, einer Art Großhotel, in dem die Schlafkabinen 50 Heller pro Tag (100 Heller = 1 Krone) kosteten, sind Hitlers Mitbewohner: entlassene unverheiratete Offiziere (zum Teil selbst Stabsoffiziere), Kaufleute, Angestellte und Akademiker, kleine Händler und Arbeiter, aber auch gescheiterte Existenzen, Abenteurer und andere zweifelhafte Gestalten.

24. Mai 1913: Hitler verläßt Wien und geht nach München, wo er bei dem Schneidermeister und Geschäftsinhaber Josef Popp ein Zimmer mit separatem Eingang in der Schleißheimer Straße 34 mietet.

19. Januar 1914: Zwangsweise Vorführung durch die Münchener Kriminalpolizei beim österreichischen Konsulat in München.

Die Volksschule von Fischlham. Hier lernte Hitler von 1895 bis 1896 lesen und schreiben. 1939 besuchte er die Schule noch einmal, setzte sich in „seine“ alte Schulbank, kaufte die Schule und ließ in Fischlham ein neues Schulgebäude errichten.

Das Gebäude Schleißheimer Straße Nr. 34. Hier wohnte Hitler von Mai 1913 bis August 1914 bei dem Schneidermeister Popp (angekreuztes Fenster im 3. Stock). Die Angaben auf der 1945 entfernten Tafel, daß „in diesem Haus ... Adolf Hitler in der Zeit vom Frühjahr 1912 bis zum Tage seines freiwilligen Eintritts in den Kriegsdienst im August 1914" gewohnt habe, decken sich zwar mit Hitlers Feststellungen in „Mein Kampf", stimmen jedoch mit den Tatsachen nicht überein.

2. Kapitel

München und der Erste Weltkrieg

So konsequent und erfindungsreich Hitler sich von 1909 bis 1913 in Österreich dem Wehrdienst entzogen hatte, so zielstrebig und begeistert eilte er am 16. August 1914 als österreichischer Staatsbürger in München „zu den Fahnen", nachdem der Krieg ausgebrochen war. In „Mein Kampf" schrieb er 1924: „Ich war schon als Junge kein ‚Pazifist', und alle erzieherischen Versuche in dieser Richtung wurden zu Nieten ... Mir ... kamen die ... Stunden (des Kriegsausbruches, der Verf.) wie eine Erlösung aus den ärgerlichen Empfindungen der Jugend vor. Ich schäme mich auch heute nicht, es zu sagen, daß ich, überwältigt von stürmischer Begeisterung, in die Knie gesunken war und den Himmel aus übervollem Herzen dankte, daß er mir das Glück geschenkt, zu dieser Zeit leben zu dürfen. Ein Freiheitskampf war angebrochen, wie die Erde noch keinen gewaltigeren bisher gesehen[36]."

Sowohl sein Verhalten als auch seine Feldpost bestätigen, daß er nicht log, als er 10 Jahre nach Kriegsausbruch schrieb: „Ich hatte einst als Junge und junger Mensch so oft den Wunsch gehabt, doch wenigstens einmal auch durch Taten bezeugen zu können, daß mir die nationale Begeisterung kein leerer Wahn sei. Mir kam es oft fast als Sünde vor, Hurra zu schreien, ohne vielleicht auch nur das innere Recht hierzu zu besitzen; denn wer durfte dieses Wort gebrauchen, ohne es einmal dort erprobt zu haben, wo alle Spielerei zu Ende ist und die unerbittliche Hand der Schicksalsgöttin Völker und Menschen zu wägen beginnt auf Wahrheit und Bestand ihrer Gesinnung? So quoll mir, wie Millionen anderen, denn auch das Herz über vor stolzem Glück, mich nun endlich von dieser lähmenden Empfindung erlösen zu können. Ich hatte so oft ‚Deutschland über alles' gesungen und aus voller Kehle Heil gerufen, daß es mir fast wie eine nachträglich gewährte Gnade erschien, nun im Gottesdienst des ewigen Richters als Zeuge antreten zu dürfen zur Bekundung der Wahrhaftigkeit dieser Gesinnung. Denn es stand bei mir von der ersten Stunde an fest, daß ich im Falle eines Krieges – der mir unausbleiblich schien – so oder so die Bücher sofort verlassen würde. Ebenso aber wußte ich auch, daß mein Platz dann dort sein mußte, wo mich die innere Stimme nun einmal hinwies[37]."

Ein Schrift-Gutachten* über Hitlers Handschrift vom Februar 1915 zeigt, wie sich dem wissenschaftlichen Graphologen Hitlers Situation und Charakter in dieser Zeit darstellen:

„In erster Linie fallen hier auf: dranghafte Unruhe und massive Erregbarkeit. Daraus ergibt sich ein überwiegend aggressives Verhalten, welches aus Mangel an Gemüt und an Rücksichtsnahme auf andere sich ungehemmt entfalten kann. Die Situation, in welcher er sich jetzt befindet, dürfte ihm angemessen sein. Anders gesagt, er hat gerade in der Kriegssituation die Möglichkeit zur Entladung seiner triebhaften Spannungen, und zwar in einer von der Gesellschaft gebilligten Form. Wie das aussehen wird, wenn diese Situation nicht mehr gegeben ist, dürfte ein schwieriges Problem sein. Dies um so mehr, als er über eine sehr hohe Intelligenz verfügt, freilich nicht im Sinne von kritischer Systematik, sondern von Gerissenheit, Verschlagenheit, spontaner und auch einfallsreicher Reaktionsweise auf gegebene Lagen. Man kann auch damit rechnen, daß er in der Lage ist, sehr viel Stoff in kurzer Zeit zu verarbeiten. Demgemäß ist er alles andere als eine farblose Durchschnittspersönlichkeit, sondern er stellt in seiner Art eine Potenz dar mit freilich vielen negativen Zügen. Die Weiterentwicklung dürfte angesichts seiner aggressiven Aktivität in Richtung auf kämpferische Auseinandersetzung mit der Umwelt verlaufen."

Während des Krieges ist Hitler ein tapferer, umsichtiger und kameradschaftlicher Soldat[38], der an rund fünfzig Schlachten und Gefechten teilnimmt[39].

Die Hitler-Briefe aus der Zeit des Ersten Weltkrieges, den Hitler als Melder im Stab des 2. bayerischen Reserve-Infanterie-Regiments Nr. 16 (List) erlebte, haben ein ganz besonderes Gewicht, da er den Ersten Weltkrieg im Zusammenhang mit seinen „Problemen des Lebens" für wichtiger als „dreißig Jahre Universität"[40] hielt. Der historische Wert dieser Briefe, die weder andere zeitgenössische Dokumente noch spätere Zeugenaussagen auch nur annähernd ersetzen können, beruht nicht zuletzt auf der Tatsache, daß sie Hitlers jeweils augenblickliche Gedanken unverfälscht offenbaren und eine Konfrontation mit seinen späteren Feststellungen und „Erinnerungen" gestatten.

Am 16. August war Hitler Soldat geworden. 65 Tage später, noch völlig unzureichend ausgebildet, wurde er an die Front transportiert. Am 20. Oktober 1914, einen Tag vor dem Aufbruch an die Front, berichtete er Frau Anna Popp, bei der er vom 26. Mai 1913 bis zum Ausbruch des Krieges in München als Untermieter gewohnt hatte, über seine letzte Gefechtsübung in der Heimat und verabschiedet sich zugleich von der ganzen Familie.

* Dem anerkannten deutschen Gutachter war nicht bekannt, um wessen Schrift es sich dabei handelte. Ihm wurde lediglich mitgeteilt, daß es um einen 26jährigen Frontsoldaten des Ersten Weltkrieges ging.

I

Liebe Frau Popp

Bitte mir zu verzeihen daß ich erst jetzt zum Schreiben komme. Ich habe eigentlich auch jetzt Zeit dazu. Wie ich Ihnen sagte sind wir am Samstag von München fort. Von 6·30 früh bis 5^{h} abends waren wir auf den Füßen, wo wir hatten auf dem Marsche ein größeres Gefecht, alles bei strömendem Regen. In Alling hatten wir Notquartier. Ich war in einem Stadel untergebracht und durch und durch naß. Vom Schlaf war natürlich keine Rede. Sonntag ging es um 5^{h} früh fort, bis 6^{h} abends, alles todmüde, von einem Hof zum andern. Um 6^{h} hieß Biwak im Freien die Nacht war furchtbar kalt, und geschlafen hatten wir wieder nicht. Am Montag wurde wieder marschiert von 5^{h} früh bis 3^{h} nachmittags

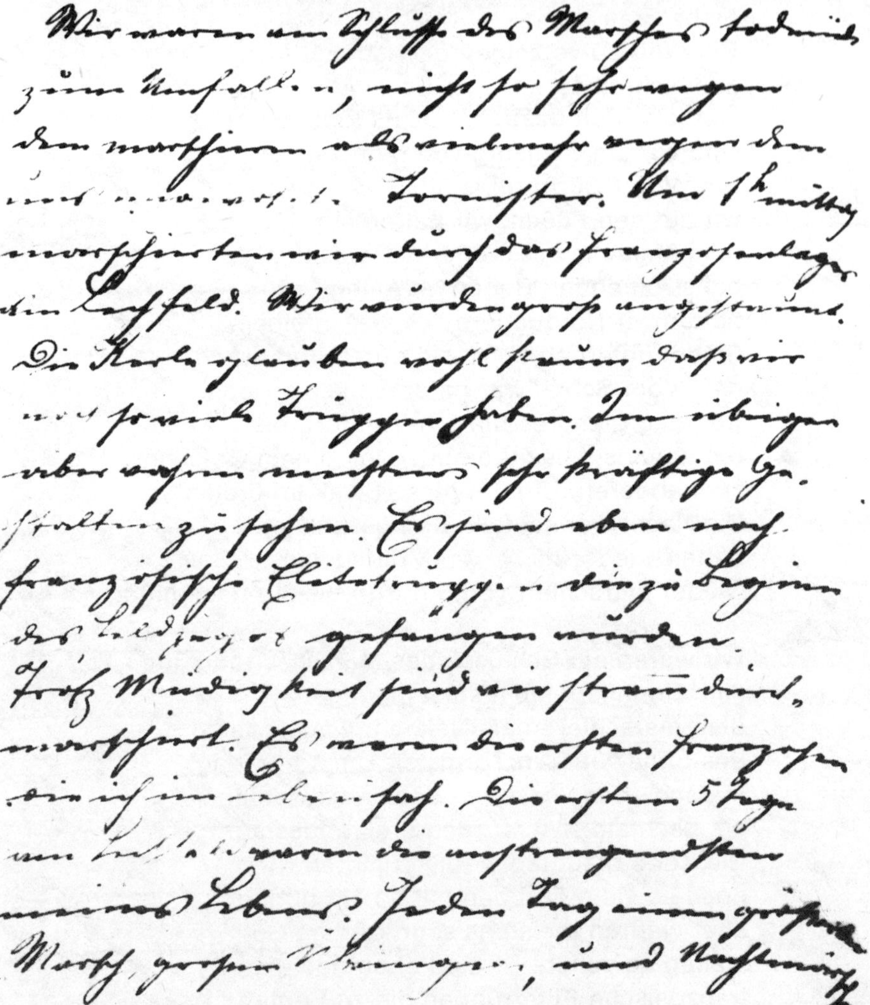

Wir waren am Schluß des Marsches todmüde zum Umfallen, nicht so sehr wegen dem marschieren als vielmehr wegen dem [illegible] Tornister. Um 1h mittag marschierten wir durch das Franzosenlager im Lechfeld. Wir wurden groß angestaunt. Die Kerle glauben wohl kaum daß wir noch soviele Truppen hätten. Im übrigen aber waren meistens sehr kräftige Gestalten zu sehen. Es sind eben noch französische Elitetruppen die zu Beginn des Feldzuges gefangen wurden. Trotz Müdigkeit sind wir stramm durchmarschiert. Es waren die ersten Franzosen die ich im Leben sah. Die ersten 5 Tage im Lechfeld waren die anstrengendsten meines Lebens. Jeden Tag einen größeren Marsch, größere Übungen, und Nachtmärsche

Hitler, der an körperliche Anstrengungen nicht gewöhnt war, beklagte sich in seinen ersten Feldpostbriefen besonders über die physischen Strapazen, die er jetzt durchzustehen hatte.

Liebe Frau Popp.
Bitte mir zu verzeihen daß ich erst jetzt zum schreiben komme. Es ist aber eigentlich erst jetzt Zeit dazu. Wie ich Ihnen sagte sind wir am Samstag von München fort. Von 6.30 früh bis 5 h abends waren wir auf den Füßen, wir hatten auf dem Marsche ein größeres Gefecht, alles bei strömenden Regen. In Alling hatten wir Notquatiere. Ich war in einem Stadel untergebracht und durch und durch naß. Vom Schlaf war natürlich keine Rede. Sonntag gieng es um 5 h früh fort, bis 6 h abends, alles todmüde, von einem Gefechte zum anderen. Um 6 h hies „Bivak im Freien“. Die Nacht war saukalt, und geschlafen hatten wieder nicht. Am Montag wurde wieder marschiert von 5 h früh bis 3 h nachmittag

Wir waren am Schlusse des Marsches todmüde zum Umfallen, nicht so sehr wegen dem marschieren als vielmehr wegen dem uns ungewöhnten Tornister. Um 1 h mittag marschierten wir durch das Franzosenlager am Lechfeld. Wir wurden groß angestaunt. Die Kerle glaubten wohl kaum daß wir noch so viele Truppen haben. Im übrigen aber wahren meistens sehr kräftige Gestalten zu sehen. Es sind eben noch französische Elitetruppen die zu Beginn des Feldzuges gefangen wurden.
Trotz Müdigkeit sind wir stram durchmarschiert. Es waren die ersten Franzosen die ich im Leben sah. Die ersten 5 Tage am Lechfeld waren die anstrengendsten meines Lebes. Jeden Tag einen größeren Marsch, größere Übungen, und Nachtmärsche bis zu 42 km, mit anschließenden großen

bis zu 42 km, mit anschließenden großen
Brigademanövern. Das einzige Gute
war das Quatier. Wir haben in der Ortschaft
Graben, Privatquatier mit Verpflegung.
Besonders die Letztere ist vorzüglich. Die
Leute füttern uns direkt. Wir haben
jetzt 2 Tage Rast. Heute den 2. Okt. abends
geht es in vieltägiger Bahnfahrt an
die Front, wahrscheinlich nach Belgien.
Ich freue mich ungeheuer. Sonntag
war noch Fahnenweihe. Wir bekamen
6 neue Fahnen für die ganze Brigade
unsere erste Kompagnie war Fahnen-
Kompagnie. Nach Ankunft am Bestim-
mungsort werde ich gleich schreiben
und meine Adresse angeben. Ich hoffe
wir kommen nach England. Viele Grüße
an Ihre liebe Frau Peggy und den Herrn
Gemahl.

Brigademanövern. Das einzige Gute
war das Quatier. Wir haben in der Ortschaft
Graben, Privatquatier mit Verpflegung.
Besonders die Letzere ist vorzüglich. Die
Leute futtern uns direkt. Wir haben
jetzt 2 Tage Rast. Heute den, 20sten, Abends,
geht es in viertägiger Bahnfahrt an
die Front, wahrscheinlich nach Belgien.
Ich freue mich ungeheuer. Sonntag
war noch Fahnenweihe. Wir bekamen
6 neue Fahnen für die ganze Brigade
unsere erste Kompagnie war Fahnen-
Kompagnie. Nach Ankunft am Bestim-
mungsort werde ich gleich schreiben
und meine Adresse angeben*. Ich hoffe
wir kommen nach England[41]. Wie geht
es Ihnen liebe Frau Popp und dem Herrn
Gemahl.

* Was er grundsätzlich tat, wie seine Briefe oft auch Details enthielten, die er aus Geheimhaltungsgründen nicht hätte preisgeben dürfen.

Einstweilen viele Grüße an Sie und Ihren Herrn Gemahl und Peppi und Liesel

von Ihrem ergebenen

Adolf Hitler

Ich werde dem Herrn Popp noch eingehend die ersten Eindrücke im fremden Land schildern. also nochmals viele Grüße.

Einstweilen viele Grüße an Sie und
Ihren Herrn Gemahl* und Peggi** und
Liesel***

von Ihrem ergebenen
Adolf Hitler

Ich werde dem Herrn Popp noch eingehend
die ersten Eindrücke im Feindesland
schildern, also nochmals viele Grüße.

Während einer Unterbrechung der Fahrt zur Front schickte er auch Joseph Popp eine Feldpostkarte, um ihm „herzliche Grüße von der Durchreise nach Antwerpen aus Ulm“[42] zu entbieten.

Auf dem Odeonsplatz vor der Feldherrnhalle in München erfährt Hitler (im Kreis) am 1. August 1914, daß der Krieg beginnt.

* Joseph Popp sen.

** Joseph Popp jun.

*** Elisabeth Popp, die Tochter des Ehepaares Popp.

Hitler ist am 1. November 1914 Gefreiter geworden, am 9. November zum Regimentsstab versetzt worden und hat am 2. Dezember das Eiserne Kreuz II. Klasse verliehen bekommen. Seinen Münchener Wirtsleuten schreibt er am 4. Dezember diesen aufschlußreichen Brief:

Lieber Herr Popp!

Ich bitte herzlichst mir zu verzeihen daß ich nun so lange nichts von mir hören lies.* Die Erklärung dafür will ich später geben. Ich danke bestens für die lieben Worten die Sie mir schreiben. Meine Angabe, daß wir nach Antwerpen kämen, hat sich nicht erfüllt. Nach einer wunderschönen Rheinfahrt, fuhren wir damals um 22 nachts durch Belgien. Als wir Aachen verließen wurden wir noch, wie übrigens während der ganzen Fahrt, von Tausenden begeistert begrüßt, um 9 h kamen wir nach Lüttich. Der Bahnhof war stark zerschossen. Der Verkehr ungeheuer. Natürlich nur für Militär. Um Mitternacht kamen wir nach Löwen. Die Stadt ist ein einziger Trümmerhaufen. Über Brüssel fuhren wir dann nach Dourmey und kamen am nächsten Tag gegen 5 h Abends in Lille an. Dort hatten wir 3 Tage Alarmquatier. In Dourmey schon hörten wir ununterbrochen fernen Kanonen Donner, in Lille wollte das Krachen kein Ende mehr nehmen. Lille ist eine Echt französische Großstadt. Einzelne Teile wurden von uns zerschossen und niedergebrannt. In großen und Ganzen aber hatte die Stadt wenig gelitten.

* Im ersten Kriegsjahr war Hitler bestrebt, den schriftlichen Kontakt zu seinen Freunden und Bekannten aufrechtzuerhalten. Trotz seiner Feststellung, daß er „so lange nichts" von sich habe hören lassen, schrieb er im Vergleich zu später ungewöhnlich oft.

Lieber Herr Kopp!

Ich bitte herzlichst mir zu verzeihen, daß ich Sie so lange nichts von mir hören ließ. Die Erklärung dafür will ich später geben. Ich danke bestens für die lieben Zeilen der [illegible] Meine Angabe, daß wir noch Antwerpen [illegible] können, hat sich nicht erfüllt. Nach einer wunderschönen Eisenbahnfahrt fuhren wir dann am 22 nachts durch Belgien. Als wir Aachen verließen wurden wir noch, wie überhaupt während der ganzen Fahrt von Deutschen begeistert begrüßt. Um 9h kamen wir nach Lüttich. Die Festung war stark zerschossen. Der Anblick [illegible] natürlich nur für Militär. Von [illegible] kamen wir nach Löwen. Die Stadt ist ein einziger Trümmerhaufen. Über Brüssel fuhren wir dann nach Dournay und kamen am nächsten Tag gegen 5h Abends in Lille an. Dort hatten wir 3 Tage Alarmquartier. In Dournay [illegible] wir [illegible] Kolonnen Douai, in Lille [illegible] mehr nehmen. Lille ist eine schöne französische Großstadt. Einzelne Teile wurden von uns zerschossen und niedergebrannt. Im Großen und Ganzen aber hatte die Stadt wenig gelitten.

Zutellen hatten wir angefangen mit Alarm-
quartier. Am 27 Nachts 1 Uhr kam plötzlich
Alarm und Generalmarsch um 2 marschier-
ten wir ab. und am 29 früh um 7 ½ kamen
wir in die Schlacht und zwar [redacted]
gleich in die vorderste Front zum Stürmen
schwer drin die Schlacht bei Gheluvelt und
Bezelaere. 4 Tage lagen wir im
schärfsten Kampfe und mit Stolz darf
ich sagen unser Regiment hat sich
brav geschlagen schon am
ersten Tag abends hatten wir fast
alle Offiziere verloren unser Kompanie-
führer war unser Hauptfeldwebel. Am
ersten Tage waren wir 3600 Mann
stark war unser Regiment noch 677
Mann übrig. Aber die Engländer
hatten wir geschlagen. Ich wurde Gefreiter
und blieb wie durch ein Wunder gesund
nach 3tägiger Ruhe ging es
wieder vor in Schützengräben bei Messines
und Wytschaete. dort hatten wir
wir noch 2 Stürme. Aber es ging nur

In Lille hatten wir wie gesagt nur Alarm-
quartier. Am 27 Nachts 1 Uhr kam plötzlich
Alarm und Generalmarsch um 2 marschierten
wir aus, und am 29 Früh um 7 h kamen
wir in die Schlacht und zwar
gleich in die vorderste Front zum Sturm.
Es war dies die Schlacht bei Gheluwe und
Bezeluere 4 Tage lagen wir im
schwersten Kampfe und mit Stolz darf
ich sagen, unser Regiment hat sich
heldenhaft geschlagen schon am
ersten Tag abends hatten wir fast
alle Offiziere verloren unsere Kompanie
hatte nur mehr (es folgt eine Zahl,
die durch einen Tintenklecks unleserlich geworden
ist, der Verf.) Vizefeldwebel. Am
vierten Tage waren von 3600 Mann so
stark war unser Regiment noch 611
Mann übrig*. Aber die Engländer,
hatten wir geschlagen. Ich wurde Gefreiter
und blieb wie durch ein Wunder gesund
nach 3tägiger Rast ging es
wieder vor wir kämpften bei Messines
und dan bei Wytschaete. Dort hatten wir
wir noch 2 Stürme. Aber es ging nur

* Hitlers Behauptung, daß das Regiment innerhalb von 4 Tagen von 3600 auf 611 Mann zusammengeschmolzen sei, entspricht nicht den Tatsachen. „Die Zusammenstellung der durch den Tod bedingten Verluste des ganzen Regiments List ergibt . . ., daß am 29. Oktober 1914, am Tage der ‚Feuertaufe', vom Regiment 349 Mann und in der Zeit vom 30. Oktober 1914 bis zum 24. November 1914 insgesamt 373 Mann fielen. Während des ganzen Krieges fielen vom Regiment 3754 Offiziere, Unteroffiziere und Mannschaften. Wieweit es sich bei Hitlers Feststellungen um absichtliche Übertreibungen oder um Fehleinschätzungen infolge falscher oder unzureichender Informationen handelte, ist nicht feststellbar." Maser, Adolf Hitler . . ., S. 137f.

mehr schwer. Meine Kompanie hat nur mehr 42 Mann die 11te Kompan. nur mehr 17. Jetzt haben wir 3 Ergänzungs Transporte von zusammen 1200 Mann erhalten.* Ich selber wurde schon nach dem 2ten Kampf zum Eisernen Kreuz vorgeschlagen. Aber der Kompanie führer wurde noch am selben Tag schwer verwundet und die Sache schlief ein. Ich kam dafür als Gefechts Ordonanz zum Stab. Seitdem habe ich so darf ich sagen wohl jeden Tag mein Leben aufs Spiel gesetzt und dem Tod im Auge gesehen. Oberst Leutnant Engelhart schlug mich dann selber zum Eisernen Kreuz vor. Aber am selben Tag wurde er auch schwer verletzt. Es war schon unser 2ter Regimentskomandeur den der Erste war am Dritten Tag schon gefallen. Jezt wurde ich neuerdings vorgeschlagen durch den Adjudanten Eichelsdörfer und gestern den 2 Dezember erhielt ich das eiserne Kreuz wirklich. Es war der glücklichste Tag meines Lebens

* Mitteilungen dieser Art gehören im Kriege zu den „Geheimnissen", die ein Frontsoldat gewöhnlich nicht in Feldpostbriefen erwähnen darf.

mehr schwer. Meine Kompanie hat nur
noch 42 Mann die 11te Kompanie nur
noch 17. Jetzt haben wir 3 Ergänzungs-
transporte von zusammen 1200 Mann
erhalten. Ich selber wurde schon nach
dem 2ten Kampf zum Eisernen Kreuz
vorgeschlagen. Aber der Kompanie-
führer wurde noch am selben Tag
schwer verwundet und die Sache schlief
ein. Ich kam dafür als Gefechts Ordonnanz
zum Stab. Seitdem habe ich so durch
ich sagen wohl jeden Tag mein Leben
aufs Spiel gesetzt und dem Tod ins
Auge gesehen. Oberleutnant
Flegelsheim schlug auch denselben
zum Eisernen Kreuz vor. Aber am selben
Tag wurde er auch schwer verletzt. Er
war schon einmal 2ter Regimentskommandeur
der der Erste war am Dritten Tag schon
gefallen. Jetzt wurde ich neuerdings
vorgeschlagen durch den Adjudanten
Eichelsdörfer und gestern den 2 Dezember
erhielt ich das eiserne Kreuz endlich
Es war der glücklichste Tag meines Lebens

freiwilligen Kameraden die draußen die
Hälfte sind jetzt alle tot. Ich bitte Sie lieber
Herr Hepp heben Sie mir die Zeitung
in der die Überschreibung steht auf. Ich
möchte sie später einmal wenn der Herrgott
das Leben läßt zur Erinnerung bewahren.
Und nun lieber Herr Hepp [illegible] Ihnen
und Ihren Freunden 2 [illegible] alles gesund
bei [illegible] Stunde daß mir gar nichts
fehlt trotz der ungeheuren Strapazen
und dem Mangel an Schlaf. Aber manche
der Bayern sind krank. Ich denke sehr oft an
München und an besonders an Sie lieber Herr
~~[illegible] beisammen~~. Manch-
mal hab ich doch ein Sehnsucht nach Heimat.
Ich schließe nun lieber Herr Hepp und bitte
nochmals zu entschuldigen daß ich so lange nicht
schrieb. Schuld daran ist das [illegible] Krieg.
Mein Adresse lautet jetzt nur

Gefreiter Hitler

16 bayr. Reserve Regiment
6 " " Division
1 Companie (Regimentsstab)

Herzlichsten und herzl. Grüße an die lieben Herr Hepp, Ihre
Frau Gemahlin und Kinder von Adolf Hitler

Freilich meine Kameraden die es auch verdient hatten, sind fast alle tod. Ich bitte Sie lieber Herr Popp, heben Sie mir die Zeitung in der die Auszeichnung steht auf. Ich möchte sie später, wenn mir der Herrgott das Leben läßt zur Erinnerung bewahren.

Und nun lieber Herr Popp wie geht es Ihnen und Ihrer Familie? Hoffentlich alles gesund. Es ist ein reines Wunder daß mir gar nichts fehlt trotz den ungeheuren Anstrengungen und dem Mangel an Schlaf. Was macht der Peggi und Liesl. Ich denke sehr oft an München und an besonders an Sie lieber Herr Popp und Ihre Frau Gemahlin. Manchesmal hab ich doch schwere Sehnsucht nach Hause. Ich schließe nun lieber Herr Popp und bitte nochmals zu verzeihn daß ich solange nicht schrieb. Schuld daran ist das eiserne Kreuz.*
Mein Adresse lautet jetzt nur

Gefreiter Hitler
16 bayr. Reserve Regiment
6 bayr. Reserve Division
1 Companie (Regimentsstab)

Einstweilen viele herzl. Grüße an Sie lieber Herr Popp ihre Frau Gemahlin und Kinder von

Adolf Hitler

* Wie Hitler schon in seiner Jugendzeit stets mit etwas Besonderem „aufwarten" zu müssen meinte, so hielt er sich auch während des Krieges daran. Geradezu charakteristisch dafür ist in diesem Zusammenhang seine Formulierung: „Schuld daran ist das eiserne Kreuz". Da er, was er als Meldegänger beim Regimentsgefechtsstand wußte, mehrmals zur Auszeichnung vorgeschlagen worden war, war die Verleihung dieser Tapferkeitsauszeichnung für ihn nur noch eine Frage der Zeit. So schrieb er denn auch erst, nachdem ihm das Eiserne Kreuz verliehen worden war.

Am 22. Januar folgte eine Feldpostkarte:

Herzliche Grüße an alle Bekannten

Lieber Herr Popp!
Bitte zu verzeihen daß ich Ihren lieben Brief noch nicht näher beantwortete. Kommen in der nächsten Zeit auf einige Tage Erholung in Reservestellung und habe dan besser Gelegenheit zum schreiben. Jetzt sind wir noch in der alten Stellung und ärgern Franzosen und Engländer. Das Wetter ist miserabel oft Tagelang bis zum Knie im Wasser, dazu sehr schweres Artilleriefeuer. Wir freuen uns schon auf ein paar Tage Ablösung. Hoffentlich kommt es dan bald auf der ganzen Front zum Generalsturm. Ewig kann es so nicht gehn. Werde dann ausführlichen Brief schreiben, einstweilen viele Grüße an Sie und Familie von Adolf Hitler

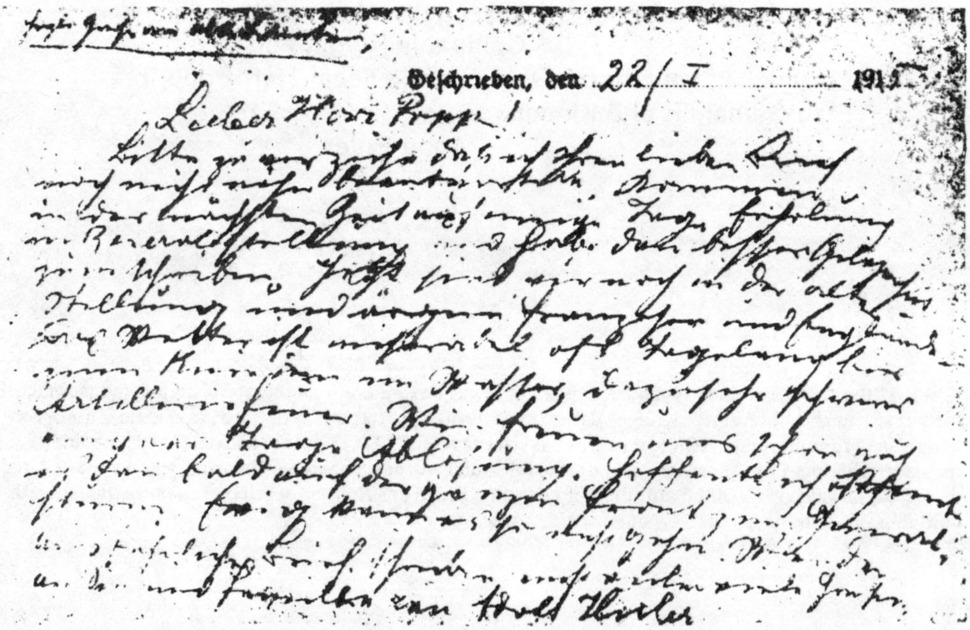

Geschrieben, den 22/I 1915

Lieber Herr Popp!

Dem Justizassessor Ernst Hepp, einem Bekannten aus der Münchener Zeit, hat er inzwischen mehrfach geschrieben, ohne eine Antwort erhalten zu haben. Er erkundigt sich nach der Ursache und schreibt:

> Sehr geehrter Herr Assessor!
> Da ich auf die Karten und den Brief, die ich an Herrn
> Assessor sandte, leider keine Antwort bekam, muß ich
> annehmen, daß Sie diese Post nicht erhielten. Leider
> ist dies fast alltäglich der Fall, wenigstens solange
> wir an der Front liegen. Den die Post geht stets
> am Wege von der Front nach der ersten
> Station verloren. Anders ist die Sache wenigstens
> nicht zu erklären. Wir liegen nach wie vor in Messines
> *(folgt unleserliches Wort)* vor dem Kanal. Alle Tage von 5^h bis
> 5^h schweres Feuer. Unsere Verluste sind
> an manchen Tagen trotz der Defensiven Stellung
> verhältnißmäßig große. Die Anstrengungen sind
> sehr groß. Leider haben die Engländer jetzt
> das Stürmen wieder aufgegeben. Sie haben
> ungeheure Verluste erlitten, ohne auch nur
> einen Meter vorzukommen *(folgen 2 unleserliche Wörter)* ihres . . .[43]

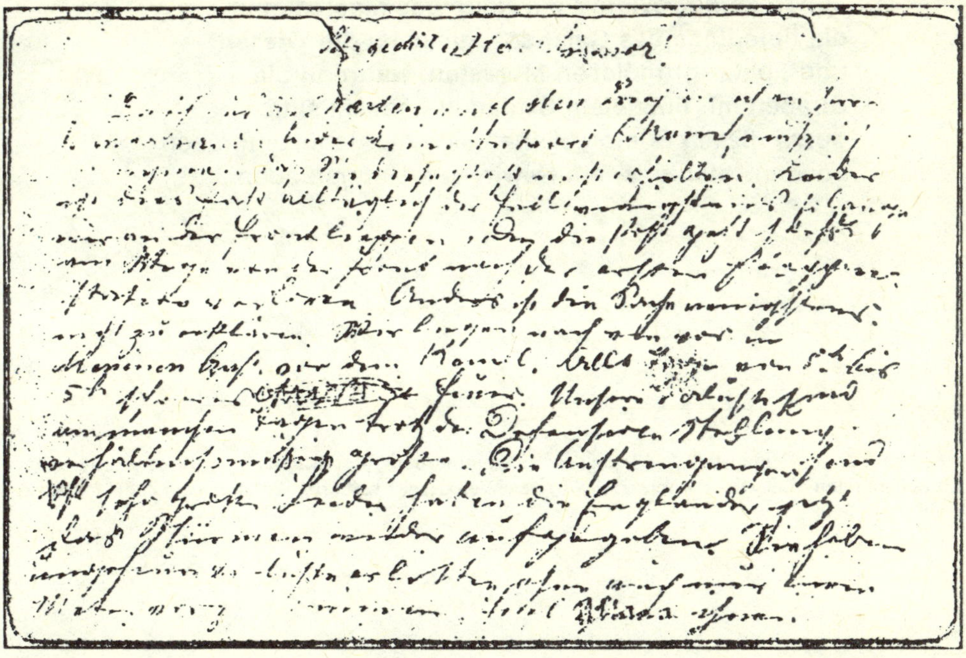

Aus Französisch-Flandern, wo Hitler als Melder an den Gefechten vom 25. Dezember 1914 bis 9. März 1915 teilnimmt, schreibt er am 26. Januar 1915 an Joseph Popp:

> Lieber Herr Popp!
> Nach langer Zeit komme ich wieder dazu Ihnen
> einen ausführlichen Brief zu schreiben. Vorerst
> meinen besten Dank für Ihren lieben Weihnachts-
> brief so wie Ihre letzte Karte, ebenso auch für das Packetchen*
> daß ich aber noch nicht erhielt. Der Postbetrieb geht
> eben sehr schwer vor sich. Aber mit der Zeit kommt
> alles. Es dürfte Sie lieber Herr Popp, sowohl als Ihre
> Gemahlin wohl Näheres über unsere Derzeitige
> Stellung interessieren. Unser Regiment liegt
> seit 2 Monaten ununterbrochen in der ersten
> Frontlinie und zwar zwischen Messines und
> Wytschalte. Vor zwei Monaten lagen wir bei
> Betlehem ferne (nicht eindeutig zu entziffern, der Verf.)
> Unser Stab liegt jetzt in Messines.
> Die Umgebung ist teils flach teils leicht gewellt,
> und mit zahlreichen Hecken und Alleeartigen
> Baumreihen besetzt. Durch den ewigen Regen (wir
> haben keinen Winter) die Nähe des Meeres, und
> die tiefe Lage des Geländes, gleichen die Wiesen
> und Felder grundlosen Morästen, während die
> Straßen mit Fußtiefem Schlamm bedeckt sind
> durch diesen Sümpfe ziehen sich die Schützengräben
> unserer Infanterie, ein Gewirr von Unterständen

* Nicht nur dieser Feldpostbrief widerlegt die Behauptung der Hitler-Biographien, die nahezu ausnahmslos behaupteten, daß Hitler während des Ersten Weltkrieges keinerlei Aufmerksamkeiten solcher Art empfangen habe.

Lieber Herr Hepp!

Nach langer Zeit komme ich wieder dazu Ihnen einen ausführlichen Brief zu schreiben. Vorerst meinen besten Dank für Ihren lieben Weihnachtsbrief so wie Ihre letzte Nachricht ebenso auch für das Paket das ich aber noch nicht erhalten. Der Postbetrieb geht aber sehr schwer vor sich. Aber mit der Zeit kommt alles. Es dürfte vielleicht Herr Hepp, sowohl als Ihre Gemahlin recht Näheres über unsere derzeitige Stellung interessieren. Unser Regiment liegt seit 2 Monaten ununterbrochen in der ersten Frontlinie und zwar zwischen Messines und Wytschaete. Vor zwei Monaten lagen wir bei Bethlehemfarm. Unser Stab liegt jetzt in Messines. Die Umgebung ist teils flach teils leicht gewellt, und mit zahlreichen Hecken und Alleen verkrüppelter Bäume besetzt. Durch den ewigen Regen (wir haben keinen Winter), die Nähe des Meeres und die tiefe Lage des Geländes, gleichen die Wiesen und Felder grundlosen Morästen, während die Straßen mit fußtiefem Schlamm bedeckt sind. Durch diese Sümpfe ziehen sich die Schützengräben unserer Infanterie, ein Gewirr von Unterständen

Schützengräben mit Schießscharten, Laufgräben,
Drahtverhauen, Wolfsgruben, Flatterminen
zu einer fast uneinnehmbaren Stellung.
Seit Anfang September gingen die Franzosen
und Engländer zum Angriff über. Aber unter
ungeheuren Verlusten wurden sie zurückge-
worfen. Das wiederholte sich tagelang. Unser
Regiment selbst lag jetzt in Moislains,
Moislains, einem Städtchen von 2.400 Einwohnern
[illegible] worden, das jetzt aber von dem
Orte nichts mehr vorhanden als ein ungeheurer
Stein- und Schutthaufen. Erst wurde der Ort
von unseren Truppen erstürmt. Die
Engländer verteidigten sich verzweifelt. Erst als
unsere schwere Artillerie zu schießen anfing
und unsere 21 cm Mörser ihre Trichter hineinschossen,
[illegible] begann [illegible]
[illegible], sah man den Ort mit dem gewaltigen Kloster
in Flammen aufgehen, gelang unserem
Regiment [illegible] unter Strömen von Blut
der Sturm. Nun feuern die Franzosen in
den Trümmerort. Tag für Tag seit zwei
Monaten zittert hier Luft und Erde unter

Schützengräben mit Schießscharten, Laufgräben,
Drahtverhauen, Wolfsgruben, Flatterminen,
kurz eine fast uneinnehmbare Stellung.
Seit Anfang November giengen die Franzosen
und Engländer zum Angriff über. Aber unter
ungeheuren Verlusten wurden sie zurückge-
worfen. Das wiederholte sich Tagelang. Unser
Regimentsstab lieg jetzt in Messines.*
Messines ist ein Städtchen von 2.400 Einwohnern
das heißt es war dies, den jetzt ist von dem
Orte nichts mehr vorhanden als ein ungeheurer
Brand und Schutthaufen. Erst wurde der Ort
von unseren Truppen erstürmt. Die
Engländer wehrten sich verzweifelt. Erst als
unsere schwere Artillerie zu schießen anfing
und unsere 21 cm Mörser ihre Trichter hineinschoßen
jeden so groß das ein Heuwagen bequem umkehren
kann, erst als der Ort mit dem gewaltigen Kloster
in Flammen aufgieng gelang unseren
Regimentern unter Strömen von Blut
der Sturm. Nun feuern die Franzosen in
den Trümmerort. Tag für Tag seit zwei
Monaten zittert hier Luft und Erde unter

* Vgl. die Feststellungen S. 57 und S. 64 unten.

dem Heulen und Krachen der Granaten, dem Platzen der Schrapfnelle. Früh beginnt das Höllenkonzert um 9 h und endet um 1 h Mit. um dan zwischen 3 h und 5 h Nachmittag den Höhepunkt zu erreichen. 5 h ist Schluß. (unleserliches Wort, der Verf.) ist es wenn dann in der Nacht auf der ganzen Front oft der Kanonendonner zu rollen anfängt. Erst in der Ferne dan näher und näher, allmählich kommt dan noch Gewehrfeuer, nach einer halben Stunde kommt wieder allmählich Ruhe, nur zahlreiche Leuchtkugelgeschosse strahlen noch und in weiter Ferne nach Westen sieht man die Strahlen großer Scheinwerfer und hört das ununterbrochene Rollen des Donners schwerer Schiffsgeschütze. Aber aus dem Ort bringt uns kein Tod und kein Teufel mehr heraus. Hier werden wir aushalten solange bis Hindenburg Rußland mürbe gemacht hat. Dann kommt die Abrechnung. Wenige km. hinter unserer Front wimmelt es von jungen frischen Bayern. Jedes Belgische Nest hat jetzt junge Truppen von uns. Die werden hier noch geschont und tüchtig ausgebildet. Wielange weiß ich nicht, aber

Hitler-Skizze von 1915. Hitler: Dritter von links

dem Heulen und Krachen der Granaten, dem
Platzen der Schrapnelle. Früh beginnt das
Feuer um 9h und endet um 7h
um die zwischen 3h und 5h Nachmittags den
Höhepunkt zu erreichen. 5h ist Schluß. Schön
ist es dann, wenn in der Nacht auf der ganzen
Front oft der Kanonendonner zu rollen
anfängt, fast in der Ferne, dann näher und
näher, allmählich kommt dann noch
Gewehrfeuer, nach einer halben Stunde
wird wieder allmählich Ruhe. Nur zahlreiche
Leuchtkugeln stehen dann noch am west-
lichen Himmel. Nach Westen schimmern die Strahlen
großer Scheinwerfer und fast den ununter-
brochenen Rollen des Donners schweren
Schiffsgeschützes. Aber aus dem Ort bringt
uns kein Tod und kein Teufel mehr hinaus.
Hier werden wir wohl halten solange bis man
Rußland mürbe gemacht hat. Dann kommt
die Abrechnung. Wenige km hinter unserer
Front sammelt er nun junge frische Regimenter.
Jedes belgische Nest hat jetzt junge Truppen von
uns. Die werden hier nachgeschoben und
tüchtig ausgebildet. Wie lange es dauert, weiß niemand, aber

das kann der Feind losgehen.
Nachdem unser alten freiwilligen Regimente
erlangte, so sind wir freilich jetzt seit Monaten
der furchtbaren ununterbrochenen Kampf Wetter
und schweren Blutopfern ausgesetzt, Kälte
und Nässe. Ich selber bin wie durch ein
Wunder noch immer gesund und ~~[illegible]~~
denke sehr oft an München und alle die lieben
Bekannten besonders aber an Sie lieber Herr Hepp
Ihre Frau und die Kinder. Wenn ich so selten
schreibe so bitte ich um Verzeihung aber
ich kann mich oft gleich 14 Tage nicht einmal
waschen, so wenig kommen wir aus dem
Dreck. Ebenso sind wir auch durch den ewigen
Kampf ganz stumpf gegen alles und es fehlt der
geordnete Schlaf. Also bitte nur dies zu verzeihen.

Nun grüße ich Sie herzlichst alle die lieben Herr Hepp und
Frau Hepp und Pepi und Ernst ergebenster

Ad. Hitler

dann kann der Tanz losgehen.
Und was unsere alten Freiwilligen Regimenter anlangt, so sind wir freilich jetzt sehr schwach. Der furchtbare ununterbrochene Kampf kostet uns schwere Blutopfer, nicht gerechnet Kälte und Nässe. Ich selber bin wie durch ein Wunder noch immer gesund und denke sehr oft an München und alle die lieben Bekannten besonders aber an Sie lieber Herr Popp Ihrer Frau und die Kinder. Wenn ich so selten schreibe so bitte ich um Verzeihung aber ich kann mich, oft gleich 14 Tage nicht einmal, waschen, sowenig kommen wir aus dem Dreck. Ebenso wird man auch durch den ewigen Kampf ganz stumpf vor allem aber fehlt der geordnete Schlaf. Also bitte mir dies zu verzeihn.
Nun grüße ich Sie herzlich alle sie lieber Herr Popp und Frau Popperl und Liesel

als Ihr dankbarer
Ad. Hitler

Hitler-Skizze von der Front im Mai 1915 in Französisch-Flandern.

Am 5. Februar 1915 schreibt Hitler erneut an Ernst Hepp:

An Wohlg.
Herrn Assessor
Ernst Hepp
in München
Schnorrstr. 9/II

Geehrter Herr Assessor!

Glücklich darüber daß Sie meine letzte Karte erreicht hat, danke ich gleich hier herzlich für den lieben Brief – den geehrter Herr Assessor mir zur Antwort gaben.

Ich hatte schon einmal ausführlich geschrieben, muß dies nun wohl nachholen. Vorerst teile ich Ihnen geehrter Herr Assessor gleich jetzt mit, daß ich schon am 2ten Dezember das „Eiserne Kreuz" erhielt. Gelegenheit zur Erwerbung gab es Gott sei dank mehr als genug. Unser Regiment kam eben nicht, wie wir dachten, in die Reserve, sondern gleich am 29 Oktober früh morgens in die Schlacht und seit drei (unleserlich) liegen wir den Burschen ununterbrochen in den Haaren, wenn nicht als Angreifer dan als Verteidiger. Nach einer beispiellos schönen Rheinfahrt kamen wir am 23 Oktober in Lille an. Schon durch Belgien konnten wir den Krieg sehen. Löven war ein Schutt- und Brandhaufen. Bis Dourmey gieng die Fahrt ziemlich ruhig und sicher. Dann aber kam Störung um Störung. An einigen Stellen waren die Bahngeleise trotz strengster Bewachung gelockert worden. Immer zahlreicher kamen jetzt gesprengte Brücken, zertrümmerte Lokomotiven. Obwohl der Zug im richtigen Schneckentempo fuhr kamen die Folterpausen immer öfter. Aus der

II 1915 **7**

Geehrter Herr Assessor!

Glücklich darüber, daß Sie meine letzte Karte erreicht hat, danke ich gleich Ihnen herzlich für den lieben Brief, den geehrte Frau Assessor mir zur Antwort gaben.
Ich hatte schon einmal ausführlich geschrieben, muß dies nun erst nachholen. Zuerst teile ich Ihnen geehrter Herr Assessor gleich jetzt mit, daß ich schon am 2ten Dezember das Eiserne Kreuz erhielt. Gelegenheit zur Erwerbung gab es Gott sei Dank mehr als genug.
Unser Regiment kam aber nicht, wie wir dachten, in die Reserve, sondern gleich am 29 Oktober früh morgens in die Schlacht und seit dem liegen wir den Briten ununterbrochen in der Front, einmal als Stürmer, dann als Verteidiger. Nach einer beispiellos schönen Rheinfahrt kamen wir am 23 Oktober in Lille an. Schon durch Belgien konnten wir den Krieg sehen. Löwen war ein Schutt- und Brandhaufen. Bis Tournay ging die Fahrt ziemlich ruhig und sicher. Dann aber kam Störung um Störung. An einigen Stellen waren die Bahngeleise schon trotz strengster Bewachung gelockert worden. Immer zahlreicher kamen jetzt gesprengte Brücken, zertrümmerte Lokomotiven. Obwohl der Zug im richtigen Schneckentempo fuhr, kamen die Halte [illegible] immer öfter. Bald der

kamen hörten wir auch schon das muntere Rollen
unserer schweren Mörser. Gegen Abend kamen wir
in einer ziemlich zerschossenen Lille Vorstadt an,
Wir wurden ausgeladen, und lungerten dann, bei
den Gaswerksgebäuden herum. Etwas vor Mitternacht
marschierten wir endlich in die eigentliche Stadt. Ein endloser
eintöniger Weg, links und rechts niedrige Fabrik-
häuser, endlose ruß- und rauchgeschwärzte Backsteinkästen;
das Pflaster ist gemein schlecht, und schmutzig. Leute
gibt es nach 9h nicht mehr auf der Straße, desto mehr
Militär. Wir wurden mit fast unter Lebensgefahr
zwischen den Train und Munitionskolonnen durch bis
wir endlich zu den inneren Festungstoren gelangten.
Das eigentliche Lille ist nun allerdings etwas
besser. Leitmotiv aber ist auch hier, „außen hui innen
pfui." Immer wieder musste ich an Deutschland denken.
Die Nacht verbrachten wir dann im Hof des Börsengebäudes.
Der protzige Bau ist noch nicht vollendet. Da wir mit
vollem Gepäck uns niederlegen mussten, wir waren in
Alarmbereitschaft, und außerdem auch dem Steinpflaster
sehr kalt war, konnte ich in keinen Schlaf kommen.
Am nächsten Tag änderten wir das Quartier. Dies-
mal kamen wir in eine sehr große Glashalle. Am

Ferne hörten wir auch schon das monotone Rollen unserer schweren Mörser. Gegen abend kamen wir in einer ziemlich zerschossenen Liller Vorstadt an, wir wurden ausgeladen, und lungerten dann bei den Gewehrpyramiden herum. Etwas vor Mitternacht marschieren wir endlich in die eigentliche Stadt. Ein endloser eintöniger Weg, links und rechts niedrige Fabrikhäuser, endlose ruß und rußgeschwärzte Backkästen, das Pflaster ist gemein schlecht, und schmutzig. Bewohner gibt es nach 9 h nicht mehr auf der Straße, desto mehr Militär. Wir winden uns fast unter Lebensgefahr zwischen den Train und Munitionskolonnen durch bis wir endlich zu den inneren Festungstoren gelangen. Das eigentliche Lille ist nun allerdings etwas besser. Leitmotiv aber ist auch hier, „außen hui innen pfui." Immer wieder mußte ich an Deutschland denken. Die Nacht verbrachten wir dan im Hof des Börsengebäudes. Der protzige Bau ist noch nicht vollendet.* Da wir mit vollem Gepäck uns niederlegen mußten, wir waren in Alarmbereitschaft, es außerdem auf dem Steinpflaster sehr kalt war, konnte ich in keinen Schlaf kommen. Am nächsten Tag änderten wir das Quatier. Dieses mal kamen wir in eine sehr große Glashalle. An

* Hitlers Formulierungen „. . . lungerten . . . bei den Gewehrpyramiden herum", „Backkästen", „Immer wieder mußte ich an Deutschland denken" und „Der protzige Bau ist noch nicht vollendet . . ." sind nicht nur Zeugnisse einer grundsätzlich künstlerisch bestimmten Betrachtungsweise, sondern (Anfang 1915, vgl. S. 102) auch kämpferisch aggressiv artikulierten Haltung (vgl. u. a. auch S. 52).

Luft war kein Mangel da zurzeit nur mehr das Eisengerippe stand. Unter der Wucht deutscher Granaten war das Glas in Millionen Scherben zersplittert. Tagsüber wurde noch etwas geübt, die Stadt besichtigt, und vor allem der gewaltige Heeresapparat bewundert, der ganz Lille seinen Stempel aufdrückte, und in seinen riesigen Formen sich vor unseren erstaunten Augen abrollte. Nachts wurde noch gesungen, für viele das letztemal. In der dritten Nacht um 2^h kam plötzlich Alarm und um 3^h Uhr marschierten wir feldmäßig vom Sammelplatz ab. Bestimmtes wußte niemand. Jedenfalls aber hielten wir es für einen Probealarm. Es war eine ziemlich finstere Nacht. Kaum waren wir 20 Minuten marschiert, so hieß es wieder seitwärts treten und dann kamen Trainkolonnen, Kavallerie, und s. wt. und versperrten die Straßen, bis endlich wieder für uns Platz wurde. Endlich wurde es Morgen. Wir waren weit außer Lille. Der Kanonendonner war almählich stärker geworden. Wie eine Riesenschlange wand sich unsere Marschkolonne vorwärts. In einem Schloßpark kam um 9^h dan Halt. Zwei Stunden Rast, und dann geht es wieder weiter bis 8^h abends. Das Regiment ist jetzt verschwunden, es hat sich jetzt aufgelöst in seine Kompanien, und von denen nimmt jede Deckung gegen Flieger. Um 9 h abends erhalten wir die Menage.

Licht war kein Mangel, da zuzeit nur mehr das Scheinwerfergestänge stand. Unter der Wucht deutscher Granaten war das Glas in Millionen Scherben zersplittert. Tagsüber wurde nachexerziert, die Stadt besichtigt, und vor allem der gewaltige Turm angestaunt, bewundert, der ganz Lille seinen Stempel aufdrückte und in seinem eigenen Rahmen sich vor unseren erstaunten Augen abrollte. Nachts wurde noch gesungen, für viele das letzte mal. In der dritten Nacht um 2 h kam plötzlich Alarm, und um 3 h Uhr marschierten wir feldmarschmäßig vom Sammelplatz ab.

Bestimmtes wußte niemand. Jedenfalls aber hielten wir es für einen Probe-Alarm. Es war eine ziemlich finstere Nacht. Kaum waren wir 20 Minuten marschiert, so hieß es wieder seitwärts treten und dann kamen Train-Kolonnen, Kavallerie, usw. usw. und versperrten die Straße, bis endlich wieder für uns Platz wurde. Endlich wurde es Morgen. Wir waren weit außer Lille. Der Kanonendonner war allmählich stärker geworden. Wie eine Riesenschlange wand sich unsere Marschkolonne vorwärts. In einem Ortschaft hart kam um 5 h der Halt. Zwei Stunden Rast, und dann gehts wieder weiter bis 8 h abends. Das Regiment ist jetzt verschwunden, es hat sich jetzt aufgelöst in seine Kompanien, und von denen sucht jede Deckung gegen Flieger. Um 9 h abends erhalten wir die Menage

Ich kann leider nicht schlafen. 4 Schritte von meinem
Strohbündel liegt ein toter Gaul. Den Äußeren nach zu
schließen mindestens schon 2 Wochen. das Fleisch schon
in halber Verwesung. Fürchterlich stinkt's. Hinter uns
eine deutsche Haubitzbatterie, und jagt alle 15 Minuten
2 Granaten über unsere Köpfe hinweg in die schwarze
Nacht hinaus. das heult und pfaucht durch die Luft
und dann hört man weit in der Ferne 2 dumpfe Schläge.
Jeder von uns horcht nach. das erstemal im Leben
hört man das ja. Unterdessen wir so leise flüsternd
eng aneinander gepreßt da liegen und zum Sternen-
-himmel emporsehen geht in der Ferne ein Lärm
~~los~~ los erst noch weit dann immer näher und
näher rattert es und die einzelnen Schläge der
Kanonen werden immer zahlreicher bis zum Schluß
ein einziges Rollen daraus wird. Jedem von uns
zuckt es durch die Adern. Die Engländer machen
einen ihrer Nachtangriffe, heißt es. Lange warten
wir, ungewiß von dem was da eigentlich vorgeht.
Dann aber wird es wieder ruhiger und endlich hört der
Höllenlärm ganz auf, nur unsere Batterie schickt
alle 15 Minuten ihren Eisengruß in die Nacht hinaus.
Am Morgen ~~Morgen~~ finden wir ein großes Granatloch.

4,

Ich kann leider nicht schlafen. 4 Schritte von meinem Strohbündel liegt ein toter Gaul. Dem Äußeren nach zu schließen mindestens schon 2 Wochen. Das Vieh ist schon in halber Verwesung. Endlich liegt knapp hinter uns eine Deutsche Haubitzbatterie, und jagd alle 15 Minuten 2 Granaten über unsere Köpfe hinweg in die schwarze Nacht hinaus. Das heult und pfaucht durch die Luft und dan hört man weit in der Ferne 2 dumpfe Schläge. Jeder von uns horcht nach. Das erstemal im Leben hört man das ja. Und während wir so leise flüsternd eng aneinander gepreßt daliegen und zum Sternen-himmel emporsehen geht in der Ferne ein Lärmen los erst noch weit dann immer näher und näher rattert es und die einzelnen Schläge der Kanonen werden immer zahlreicher bis zum Schlusse ein einziges Rollen daraus wird. Jedem von uns zuckt es durch die Adern. Die Engländer machen einen ihrer Nachtangriffe, heißt es. Bange warten wir, ungewiß von dem was da eigentlich vorgeht. Dan aber wird es wieder ruhiger, und endlich hört der Höllenlärm ganz auf, nur unsere Batterie dröhnt alle 15 Minuten ihren Eisengruß in die Nacht hinaus. Am Morgen finden wir ein großes Granatloch.

11

Nach langem Mühen findet der Gaul darin seine letzte Ruhe. Eben wollten wir uns etwas häuslich einrichten als es um 10h wieder Alarm gibt. 15 Minuten später marschieren wir ab. Nach längerem Hin und her kommen wir in ein zerschossenes Gehöft und nehmen wieder Quartier. Ich hatte diese Nacht Wache. Um 1h nachts kommt plötzlich wieder Alarm und um 3h marschieren wir ab. Wieder fassen wir neuerdings Munition. Während wir aber den Abmarschbefehl erwarten ~~[illegible]~~ reitet Major Graf Zech vorbei: Morgen werden wir die Engländer angreifen.

Endlich jubelt es in jedem von uns auf. Der Major schritt nach dieser Ankündigung zu Fuß an der Spitze des Bataillons. Um 6h früh treffen wir bei einem Gehöft mit den anderen Kompagnien zusammen, und um 7h geht der Tanz los. Zugweise durchschreiten wir einen rechts von uns liegenden Wald, und kommen in bester Ordnung auf einem hochgelegenen Waldrand an. Vor uns sind vier Geschütze eingegraben. Hinter diesen, in großen Erdlöchern nehmen wir Stellung und warten. Jetzt sausen auch die ersten Schrapnells über uns und platzen am Waldsaum und zerfetzen Bäume als ob sie Streichhölzer wären. Neugierig sehen wir zu. Wir haben noch keine rechte Ahnung von der Gefahr. Keiner von uns hat Furcht. Jeder wartet

5.1

Nach langen Mühen findet der Gaul darin seine letzte Ruhe. Eben wollen wir uns etwas häuslich einrichten als es um 10h wieder Alarm gibt. 15 Minuten später marschieren wir ab. Nach längerem Hin und Her kommen wir in ein zerschossenes Gehöft und nehmen wieder Bivak. Ich hatte diese Nacht Wache. Um 1h nachts komt plötzlich wieder Alarm und um 3h marschieren wir ab. Vorher fassen wir neuerdings Munition. Während wir eben den Abmarschbefehl erwarten reitet Major Graf Zech vorbei: Morgen werden wir die Engländer angreifen. Endlich, jubelt es in jedem von uns auf. Der Major schritt nach dieser Ankündigung zu Fuß an der Spitze der Kollonne. Um 6h früh treffen wir bei einem Gasthof mit den anderen Kompagnien zusammen, und um 7h geht der Tanz los. Zugsweise durchschreiten wir einen rechts von uns liegenden Wald, und kommen in bester Ordnung auf einer hochgelegenen Waldwiese an. Vor uns sind vier Geschütze eingegraben. Hinter diesen, in großen Erdlöchern nehmen wir Stellung und warten. Jetzt sausen auch die ersten Schrapnelle* über uns und platzen am Waldsaum und zerfetzen Bäume als ob sie Strohwische wären. Neugierig sehen wir zu. Wir haben noch keine rechte Ahnung von der Gefahr. Keiner von uns hat Furcht. Jeder wartet

* Nach dem englischen Erfinder Schrapnell benanntes Sprenggeschoß mit Kugelfüllung, das Hitler infolge seiner inkonsequenten Rechtschreibung gelegentlich fälschlich auch als „Schrapfnell" (vgl. S. 74 und S. 88) bezeichnete.

ungeduldig auf das „Vorwärts". Und jetzt wird auch das Specktakel immer ärger. Es soll schon Verwundete geben. 5 oder 6 lehmbraune Kerle die von links kommen machen uns plötzlich alle aufjubeln. 6 Engländer und ein Maschinengewehr. Wir schauen zur Begleitmannschaft hinüber. Die geht stolz hinter der Beute, und wir müssen noch immer warten, und sehen kaum hinein in den nebeligen, brodelnden Hexenkessel vor uns. Endlich heißt es „vor". Wir schwärmen aus und jagen über die Felder die nun kommen dahin, auf ein kleines Gehöft zu. Links und rechts platzen die Schrapnells und dazwischen singen die englischen Kugeln durch, aber wir achten nicht darauf. Zehn Minuten liegen wir hier und dan heißt es wieder vor. Ich bin ganz vorn, und bin nicht mehr bei unserem Zug. Da heißt es plötzlich Zugführer Stöwer angeschossen. Oh weh, denk ich noch schnell, das fängt schön an. Da wir aber in freiem Feld sind, heißt es schnell vorwärtsspringen. Der Hauptmann ist an der Spitze. Jetzt fallen auch die ersten unter uns. Die Engländer haben jetzt Maschinengewehre auf uns eingestellt. Wir werfen uns also nieder und kriechen durch eine Rinne langsam vor.

ungeduldig auf das Vorwärts. Und jetzt wird
auch das Spektakel immer ärger. Es soll schon
Verwundete geben. 5 oder 6 Schrapnells sehe ich von
links kommen, machen und plötzlich alle aufheulen.
Engländer war ein Maschinengewehr. Wir laufen
zur Begleitmannschaft hinüber. Da geht stolz hinter
der Leute, und wir müssen noch immer warten,
und sehen kaum hinein in den nebeligen, brodelnden
Hexenkessel vor uns. Endlich heißt es vor. Wir
schwärmen aus und jagen über die Felder die
Anhöhe hinan kommen dahin, auch ein kleines Gehöft
zu Rechts und rechts hinter die Schrapnells und
dazwischen singen die englischen Kugeln durch, aber
wir achten nicht darauf. Zehn Minuten liegen wir hier
und dann heißt es wieder vor. Ich bin ganz vorn, und
bin nicht mehr bei unserem Zug. Da heißt es plötzlich
Zugführer Stöcker angeschossen. Ja ach, denk ich
noch schnell, der fängt schon an. Da wir aber in freiem
Feld sind heißt es schnell vorwärts springen. Der
Hauptmann ist an der Spitze. Jetzt fallen auch die
ersten unter uns. Die Engländer haben jetzt Maschinen-
gewehre auf uns eingestellt. Wir werfen uns alle
nieder und kriechen durch eine Rinne langsam vor.

13

Manchmal stockte es, denn immer wieder einer angeschossen, kann nicht mehr weiter, und wir müssen ihn aus der Furche heraus heben. So kriechen wir weiter bis auch diese keine Aussicht mehr, jetzt müssen wir wieder über freies Feld. 15 bis 20 meter, dann kommen wir zu einem ~~[illegible]~~ großen Wassertümpfel. Einer nach dem andern huscht da hinein, um Deckung zu schneiden sich aus! Aber hier gibt es kein Liegenbleiben. Also schnell raus und marsch marsch auf einen etwa 100 meter vor uns liegenden Wald. Dort treffen wir uns so nach und nach wieder. Freilich es sieht schon ~~[illegible]~~ stark gelichtet aus. Jetzt kommandiert uns nur mehr ein Vizefeldwebel: Schmidt, ein baumlanger prächtiger Kerl. Wir kriechen auf dem Boden bis zum Waldrand vor. Aber uns heult und ~~[illegible]~~ faucht es in hohen Bögen Baumstämme und Äste um uns herum. Dann wieder krachen Granaten in den Waldsaum hinein und schleudern Wolken von Steinen, Erde und Sand empor heben die stärksten Bäume aus der Wurzeln und ersticken alles in einem gelbgrünen scheußlichen stinkigen ~~[illegible]~~ Dampf. Hier können wir hier nicht liegen, und wenn wir schon fallen, dann nur noch besser draußen. Da kommt unser Major

7.

Manchmal stockt es, dan ist immer wieder einer angeschossen, kann nicht mehr vor, und wir müssen ihn aus der Furche herausheben. So kriechen wir weiter bis auch diese Rinne aufhört, und jetzt müssen wir wieder über freies Feld. 15 bis 20 meter dann kommen wir zu einem großen Wassertümpel. Einer nach dem Anderen saust da hinein, nimmt Deckung und schnauft sich aus. Aber hier gibt es kein Liegenbleiben. Also schnell raus und marsch, marsch auf einen etwa 100 meter vor uns liegenden Wald. Dort treffen wir uns so nach und nach wieder. Freilich – es sieht schon stark gelichtes aus. Jetzt kommandiert uns nur mehr ein Vizefeldwebel „Schmidt", ein baumlanger prächtiger Kerl. Wir kriechen auf dem Boden bis zum Waldrand vor. Über uns heult und saust es, in Fetzen fliegen Baumstämme und Äste um uns herum. Dann wieder krachen Granaten in den Waldsaum hinein und schleudern Wolken von Steinen, Erde und Sand empor heben die schwersten Bäume aus dem Wurzeln und ersticken alles in einem gelbgrünen, scheußlichen, stinkigen Dampf. Ewig können wir hier nicht liegen, und wenn wir schon fallen, denn nur noch besser draußen. Da kommt unser Major.

Es geht wieder vorwärts. Ich springe und laufe so gut es geht, über die Wiesen und Rübenfelder springe über Gräben, komme über Drath und lebende Hecken und dann höre ich vor mir schrein „Hier herein, alles hier herein.“ Ein langer Schützengraben liegt nun vor mir, einen Augenblick später springe ich hinein vor mir, hinter mir, links und rechts folgen unzählige andere. Neben mir sind Würtenberger, unter mir tote und verwundete Engländer. Die Würtenberger hatten den Graben schon vor uns erstürmt. Jetzt wußte ich auch weshalb ich so weich aufgesprungen war. 240–280 m links vor uns waren noch englische Gräben rechts war noch die Straße nach Becelaire in ihrem Besitz. Über unserem Graben sauste ein ununterbrochener Eisenhagel hinweg. Endlich um 10^h griff unsere Artillerie auch hier ein. 1–2–3–5 usw. fort. Immer wieder schlug eine Granate von uns in den vor uns liegenden Engl. Schützengraben ein. Wie aus einem Ameisenhaufen quollen die Kerle daraus hervor und nun geht es bei uns zum Sturm. Wir kommen blitzschnell über die Felder vor, und nach stellenweise blutigem Zweikampf werfen wir die Burschen aus einem Graben nach dem andern heraus. Viele heben die Hände hoch. Was sich nicht ergibt

14

Es geht wieder vorwärts: Ich springe und laufe so gut es geht, über die Wiesen und Rübenfelder, springe über Gräben, komme über Drahtzäune, lebende Hecken und dann hör ich vor mir schrein „Hurra Hurra alles hurra!“ Ein langer Schützengraben ersteigt nun vor mir, einen Augenblick später springe ich hinein, vor mir, hinter mir, links und rechts folgen unzählige andere. Neben mir sind Württemberger, unter mir tote und verwundete Engländer. Die Württemberger hatten den Graben schon vor uns erstürmt. Jetzt merkte ich auch erst halb rechts so weit zurückgesprungen war. 240–280 m links vor uns waren noch englische Truppen, ebenso war auch die Straße nach Becelaere in ihrem Besitz. Über unserem Graben saust ein ununterbrochener Eisenhagel hinweg. Endlich um 10 h griff unsere Artillerie auch hier ein. 1-2-3-5 und fort. Immer wieder schlug eine Granate vor uns in den vor uns liegenden engl. Schützengraben ein. Wie aus einem Ameisenhaufen quellen die Kerle daraus hervor und nun geht es bei uns zum Sturm.

Wir kommen blitzschnell über die Felder vor, und nach stellenweise blutigem Zweikampf werfen wir die Burschen aus einem Graben nach dem andern heraus. Viele haben die Hände hoch. Was sich nicht ergibt f.,

15

wird niedergemacht. Graben um Graben
räumen wir so. Endlich sind wir auf die grosse
Strasse angelangt. Links und rechts von uns
ist junger Wald. Also vorwärts hinein. Rudel-
weise treiben wir die Luchse heraus. So kommen
wir bis an die Stelle wo der Wald endet und die
Strasse frei weiter führt. Links liegen einige
Gehöfte die sind jetzt noch besetzt und ein bekommen
5 furchtbares Feuer. Einer nach dem Andern bricht
von uns zusammen. Da kommt tollkühn unser
Major ruhig rauchend, mit ihm sein Adjudant
Leut. Pyotz. Der Major übersieht schnell die Lage
und befiehlt links und rechts der Strasse zum
Sturm zu sammeln. Offiziere haben wir keine
4 mehr, keine noch Unteroffiziere. So springt der
jeder von uns, der auch nur etwas Kerl ist zurück
und holt Verstärkungen vor. Als ich das zweitemal
mit einem Trupp versprengter Württemberger
zurückkomme, liegt der Major mit aufgerissener
Brust am Boden. Ein Haufen Leichen um ihn herum.
Nun ist noch ein Offizier übrig, sein Adjudant. Da und
kocht die Wut. "Herr Leutnant führen Sie uns zum Sturm",
schreit alles. Also dann vorwärts durch den Wald links
hinein. Auf der Strasse kommen wir nicht vor. 3 mal dringen

wird niedergemacht. Graben um Graben räumen wir so. Endlich sind wir auf der großen Straße angelangt. Links und rechts von uns ist junger Wald. Also vorwärts hinein. Rudelweise treiben wir die Burschen heraus. So kommen wir bis an die Stelle da der Wald endet, und die Straße frei weiterführt. Links liegen einige Gehöfte die sind jetzt noch besetzt und wir bekomen furchtbares Feuer. Einer nach dem Anderen bricht von uns zusammen. Da kommt tollkühn unser Major, ruhig rauchend, mit ihm sein Adjudant Ltn. Pyloty. Der Major übersieht schnell die Lage und befiehlt links und rechts der Straße zum Sturm zu sammeln. Offiziere haben wir keine mehr, kaum noch Unteroffiziere. So springt dan jeder von uns, der auch nur etwas Kerl ist zurück und holt Verstärkungen ran. Als ich das zweitemal mit einem Trupp zersprengter Würtenberger zurückkome, liegt der Major mit aufgerissener Brust am Boden. Ein Haufen Leichen um ihn herum. Nun ist noch ein Offizier übrig, sein Adjudant. In uns kocht die Wut. „Herr Leutenant führen Sie uns zum Sturm", schreit alles. Also dan vorwärts durch den Wald links hinein: auf der Straße kommen wir nicht vor. 4mal dringen

wir vor und müssen wieder zurück, von meinem
ganzen Haufen bleibt nur mehr einer übrig außer
mir, endlich fällt auch der. Mir reißt ein Schuß den
ganzen rechten Rockärmel herunter aber wie
durch ein Wunder bleibe ich gesund und heil, um
2^h endlich gehen wir ein 5tes mal vor, und diesesmal
besetzen wir den Waldrand und die Gehöfte. Am Abend
um 5^h sammeln wir, und graben uns hundert meter
vor der Straße ein. 3 Tage kämpften wir so bis
endlich am 3ten die Engländer geworfen wurden.
Am 4ten abends marschierten wir zurück nach
Osterwick. Dort sahen wir erst unsere schweren
Opfer. In 4 Tagen war unser Regiment von $3^1/_2$
tausend Mann auf 600 zusammengeschmolzen. Das
ganze Regiment zählte nur mehr 3 Offiziere. 4 Kompagnien
mußten aufgelassen werden. Aber stolz waren wir
alle darauf, daß wir die Engländer geworfen hatten.
Seitdem liegen wir immer in erster Front. Im
Messines wurde ich zum erstenmal in Wytschate zum
zweitenmal zum Eisernen Kreuz vorgeschlagen,
diesesmal, mit noch vier anderen, von Herrn Obstlt.
Engelhardt, unserem Regimentskomandeur.
Am 2ten Dezember erhielt ich es dan endlich. Ich bin jetzt

wir vor und müssen wieder zurück, von meinem
ganzen Haufen bleibt nur mehr einer übrig außer
mir, endlich fällt auch der. Mir reißt ein Schuß den
ganzen rechten Rockärmel herunter aber wie
durch ein Wunder bleibe ich gesund und heil. Um
3 h endlich gehen wir ein 5tes mal vor, und dieses mal
besetzen wir den Waldrand und die Geschütze. Am Abend
um 5h sammeln wir, und graben uns hundert meter
vor der Straße ein. 2 Tage kämpften wir hier bis
endlich am 3ten die Engländer geworfen wurden.
Am 4ten abends marschierten wir zurück nach
Wervick. dort sahen wir erst unsere schweren
Opfer. In 4 Tagen war unser Regiment von 3½
tausend Mann auf 600 zusammengeschmolzen. Das
ganze Regiment zählte nur mehr 3 Offiziere. 4 Kompagnien
mußten aufgelassen werden. Aber stolz waren wir
alle darauf, daß wir die Engländer geworfen hatten.
Seitdem liegen wir immer in erster Front. In
Messines wurde ich zum erstenmal in Wytschaete zum
zweitenmal zum Eisernen Kreuz vorgeschlagen
dieses mal, mit noch einem anderen, von Herrn Oberstlt.
Engelhardt, unserem Regimentskommandeur.
Am 2ten Dezember erhielt ich es dann endlich. Ich bin jetzt

10.)

17

beim Stab als Gefechtsmeldegänger. Der Gang auch Schmutz ist ob der stark beschoss. [illegible] noch gefährlicher. Der Wytschaete allein wurden am Tag des ersten Sturmes 3, von uns 8 Mann, abgeschossen, einer schwer verwundet. Die vier Überlebenden und der Verwundete wurden nie ausgezeichnet. Damals rettete uns unser [illegible] zufällig das Leben. Als nämlich die Liste der Vorschläge zum Kreuz besprochen wurde, kamen auch 4 Kompagnieführer in den Feld. Gefechts-Unterstand. Infolge Platzmangels mussten wir vier einen Augenblick hinaustreten. Wir waren kaum 5 m weiter, da riss als eine Granate in das Zelt schlug, der Herrn Oblt. Engelhardt schwer verwundete und den gesamten sonstigen Stab teils tötete teils verwundete. Es war der furchtbarste Anblick meines Lebens. Oberleutnant Engelhardt wurde von uns vergöttert.

Ich muss nun leider schliessen, und bitte die geehrten Herrn [illegible] mir meine schlechte Schreibweise zu verzeihen und entschuldigen zu wollen. Ich bin jetzt sehr nervös. Tag für Tag liegen wir von 8 früh bis 5 nachmittag im schwersten Artilleriefeuer das macht mit der Zeit auch die stärksten Nerven kaputt. Für die beiden Pakete die Herr Professor so gut waren für mich abzuschicken

beim Stab als Gefechtsmeldegänger. In Bezug auf Schmutz ist es da etwas besser, dafür aber auch gefährlicher. In Wytschate allein wurden am Tag des ersten Sturmes 3, von uns 8 Mann, abgeschossen, einer schwer verwundet. Wir vier Überlebenden und der Verwundete wurden nun ausgezeichnet. Damals rettete uns unsere Auszeichnung das Leben. Als nämlich die Liste der Vorschläge zum „Kreuz" besprochen wurde, kamen auch 4 Kompagnieführer in das Zelt, bzws. Unterstand. Infolge Platzmangels mußten wir vier einen Augenblick hinaustreten. Wir waren kaum 5 Minuten draußen als eine Granate in das Zelt schlug, den Herrn Obstl. Engelhardt* schwer verwundete und den gesamten sonstigen Stab teils tötete, teils verwundete. Es war der furchtsbarste Augenblick meines Lebens. Oberstleutenant Engelhardt wurde von uns vergöttert.

Ich muß nun leider schließen, und bitte Sie geehrter Herr Assessor mir meine schlechte Schreibweise zu verzeihn, und entschuldigen zu wollen. Ich bin jetzt sehr nervös. Tag für Tag liegen wir von 8^h früh bis 5^h nachmittg. im schwersten Artilleriefeuer, das macht mit der Zeit auch die stärksten Nerven kaput. Für die beiden Pakete die Herr Assessor so gut waren für mich abzuschicken

* Oberstleutnant Engelhardt, den Nachfolger des bereits am 31. 10. 1914 gefallenen Kommandeurs des Reserve-Infanterie-Regiments Nr. 16, des sogenannten Regiments „List", in das Hitler am 16. 8. 1914 eingetreten war, bewahrte Hitler davor, evtl. Opfer des feindlichen Feuers zu werden. Vgl. Maser, *Adolf Hitler* . . ., S. 137.

sage ich Ihnen sowie Ihrer geehrten Frau Gemahlin
meinen herzlichen Dank. Ich denke so oft an München,
und jeder von uns hat nur den einen Wunsch, daß
es bald zur endgiltigen Abrechnung mit der Bande
kommen möge, zum Daraufgehen, koste es was es
wolle, und daß die, die von uns das Glück besitzen
werden, die Heimat wiederzusehen, sie reiner und von der
Fremdländerei gereinigter finden werden, daß durch
die Opfer und Leiden die nun täglich so viele Hunderttausende
von uns bringen daß durch den Strom von Blut der
hier Tag für Tag fließt gegen eine internationale
Welt von Feinden, nicht nur Deutschlands Feinde
im Äußeren zerschmettert werden, sondern daß auch
unser innerer Internationalismuß zerbricht. Das
wäre mehr wert, als aller Ländergewinn. Mit Österreich
wird die Sach kommen, wie ich es immer sagte.
Indem ich nun nochmals meinen hrzl. Dank ausspreche
verbleibe ich mit ehrerbitigen Handkuß an Ihre geehrte
Frau Mutter und Gemahlin

Ihr sehr ergebener dankbarer
Adolf Hitler

18

sage ich Ihnen sowie Ihrer geehrten Frau Gemahlin meinen herzlichsten Dank. Ich denke so oft an München, und jeder von uns hat nur den einen Wunsch, daß es bald zur endgültigen Abrechnung mit der Bande kommen möge, zum Daraufgehen, koste es was es wolle, und daß die, die von uns das Glück besitzen werden die Heimat wiederzusehen, sie reiner und von der Fremdländerei gereinigter finden werden, daß durch die Opfer und Leiden, die nun täglich so viele Hunderttausende von uns bringen, daß durch den Strom von Blut der hier Tag für Tag fließt gegen eine internationale Welt von Feinden, nicht nur Deutschlands Feinde im Äußeren zerschmettert werden, sondern daß auch unser innerer Internationalismus zerbricht. Das wäre mehr wert, als aller Ländergewinn. Mit Österreich wird die Sache kommen wie ich es immer sagte.

Indem ich nun nochmals meinen herzl. Dank wiederhole verbleibe ich mit ehrerbietigem Handkuß an Ihre geehrte Frau Mutter und Gemahlin

Ihr sehr ergebener dankbarer

Adolf Hitler

Wie tief sich diese Erlebnisse in das Gedächtnis Hitlers einprägten, bezeugt nicht zuletzt ein Passus in „Mein Kampf", wo es unter anderem heißt: „Und so kam endlich der Tag, an dem wir München verließen, um anzutreten zur Erfüllung unserer Pflicht. Zum ersten Male sah ich so den Rhein, als wir an seinen stillen Wellen entlang dem Westen entgegenfuhren, um ihn, den deutschen Strom der Ströme, zu schirmen vor der Habgier des alten Feindes. Als durch den zarten Schleier des Frühnebels die milden Strahlen der ersten Sonne das Niederwalddenkmal auf uns herabschimmern ließen, da brauste aus dem endlos langen Transportzuge die alte ‚Wacht am Rhein' in den Morgenhimmel hinaus, und mir wollte die Brust zu enge werden.
Und dann kommt eine feuchte, kalte Nacht in Flandern, durch die wir schweigend marschieren, und als der Tag sich dann aus den Nebeln zu lösen beginnt, da zischt plötzlich ein eiserner Gruß über unsere Köpfe uns entgegen und schlägt in scharfem Knall die kleinen Kugeln zwischen unsere Reihen, den nassen Boden aufpeitschend; ehe aber die kleine Wolke sich noch verzogen, dröhnt aus zweihundert Kehlen dem ersten Boten des Todes das erste Hurra entgegen. Dann aber begann es zu knattern und zu dröhnen, zu singen und zu heulen, und mit fiebrigen Augen zog es nun jeden nach vorne, immer schneller, bis plötzlich über Rübenfelder und Hecken hinweg der Kampf einsetzte, der Kampf Mann gegen Mann. Aus der Ferne aber drangen die Klänge eines Liedes an unser Ohr und kamen immer näher und näher, sprangen über von Kompanie zu Kompanie, und da, als der Tod gerade geschäftig hineingriff in unsere Reihen, da erreichte das Lied auch uns, und wir gaben es nun wieder weiter: Deutschland, Deutschland über alles, über alles in der Welt!
Nach vier Tagen kehrten wir zurück. Selbst der Tritt war jetzt anders geworden. Siebzehnjährige Knaben sahen nun Männern ähnlich.
Die Freiwilligen des Regiments List hatten vielleicht nicht recht kämpfen gelernt, allein zu sterben wußten sie wie alte Soldaten.
Das war der Beginn[44]."

Von der emphatischen Begeisterung für den Kampf, die aus Hitlers ersten Kriegsbriefen spricht, blieb schon im Laufe des Jahres 1915 nicht mehr viel zurück, was bereits die Feldpostkarten beweisen, die er während der feuchten Winterkälte im Februar 1915 schrieb. Meist dankte er seitdem nur noch für Postsendungen, klagte über schlechtes Wetter und gestand, daß er fürchte, „durch das ewige Artilleriefeuer nervös"* zu werden. Das aggressive „Heldentum" hatte einem duldenden und leidend die Pflicht erfüllenden „Heldentum" Platz gemacht.

* Diese Formulierung wiederholt sich häufig in seinen Briefen.

An
Wohlg.
Herrn Joseph Popp
Schneidermeister
München
Schleißheimerstr. 34/III

Lieber Herr Popp!

Ihren lieben Brief habe ich erhalten. Danke bestens dafür. Das Paketchen von Frau Seiler habe ich erhalten und mich auch durch Karte bedankt. Jedenfalls hat Frau Seiler diese Karte nicht erhalten. Ich bin Ihnen sehr dankbar, daß Sie mich darauf aufmerksam machten. Ich werde sofort nochmals schreiben. Das Wetter ist trostlos ewig Regen und wieder Regen. Vorgestern furchtbar Kanonend.(onner). Engländer wurden bei St. Eloi geschlagen, das ist gleich rechts von uns. Alle Gegenangriffe sind zusammengebrochen. Unsere schwere Artillerie schoß prachtvoll. Gestern Nachts kam Nachricht von Hindenburgsieg. In den Schützengräben wurde er mit dröhnenden „Hurrahs" aufgenommen. Bei den Engländern gieng darauf eine gewaltige Schießerei los. Natürlich in den Sternenhimmel. Jedenfalls aber soll unser großer deutscher Feldmarschall Hoch leben.*

* Auf die Veröffentlichung von Briefen und Karten, die Hitler sowohl während des Krieges als auch später an die Familien Popp und Hepp schrieb, wird verzichtet, wenn es sich dabei um Mitteilungen handelt, die weder zur Erklärung Hitlers noch für die historische Forschung und das allgemeine öffentliche Interesse von Bedeutung sind.

Lieber Herr Popp!
Ihren werten Brief habe ich erhalten
Danke bestens dafür. Das Päckchen
von [illegible] Frau Kaiser habe ich erhalten
[illegible] Dienstag auf diese Karte [illegible]. Jeden-
falls hat Herr Kaiser diese Karte
nicht erhalten. Ich bin Ihnen sehr dankbar
daß Sie mich darauf aufmerksam
machten. Ich werde sofort nochmals
schreiben. Das Wetter ist besser es
wenig Regen und vorgestern
fürchterlicher Kanonade. Engländer
wurden bei St. Eloi geschlagen, der
Ort gleich besetzt von uns. Alle Gegen-
angriffe sind [illegible]
Unsere [illegible]
Gestern [illegible] Nachricht vom Hinden-
burgsieg. In den Schützengräben
wurde er mit dröhnendem "Hurrah"
aufgenommen. Bei den Engländern
ging darauf ein gewaltiges Schießen
los. Natürlich ins blaue Himmelsfirmament.
Jedenfalls aber soll unser großer deutscher
Feldmarschall hoch leben.

Ausführlichen Brief werde ich
ehestens schreiben. Seien
Sie einstweilen herzlich gegrüßt.
Sie sowohl als ganze Familie
von Ihrem Ergebn.

Adolf Hitler

Noch eine Bitte. Möchten Sie so
gut sein und mir die 2 Trikothemden
schicken? Ich könnte sie jetzt
gut brauchen.

Absender.
Gefr. Adolf Hitler
bay. 3. I. J./16
VI b. R. Dion. (Regimentsstab).

An
Wohlg
Herrn Joseph Popp

Schneidermeister

München

Schleissheimerstr. 34/III

Zehn Jahre später bezeichnete Hitler das Jahr 1915 als Zäsur. Die überschwenglichen Briefe gehörten von da ab der Vergangenheit an. Hitler zog sich in sich selbst zurück. „So ging es nun weiter Jahr für Jahr“, schrieb er in „Mein Kampf“ und fuhr fort: „an Stelle der Schlachtenromantik ... war das Grauen getreten. Die Begeisterung kühlte allmählich ab, und der überschwengliche Jubel wurde erstickt von der Todesangst. Es kam die Zeit, da jeder zu ringen hatte zwischen dem Trieb der Selbsterhaltung und dem Mahnen der Pflicht. Auch mir blieb dieser Kampf nicht erspart. Immer, wenn der Tod auf Jagd war, versuchte ein unbestimmtes Etwas zu revoltieren, bemühte dann sich als Vernunft dem schwachen Körper vorzustellen und war aber doch nur die Feigheit, die unter solchen Verkleidungen den einzelnen zu umstricken versuchte. Ein schweres Ziehen und Warnen hub dann an, und nur der letzte Rest des Gewissens gab oft noch den Ausschlag. Je mehr sich aber diese Stimme, die zur Vorsicht mahnte, mühte, je lauter und eindringlicher sie lockte, um so schärfer ward dann der Widerstand, bis endlich nach langem innerem Streite das Pflichtbewußtsein den Sieg davontrug. Schon im Winter 1915/16 war bei mir dieser Kampf entschieden. Der Wille war endlich restlos Herr geworden. Konnte ich die ersten Tage mit Jubel und Lachen mitstürmen, so war ich jetzt ruhig und entschlossen. Dieses aber war das Dauerhafte. Nun erst konnte das Schicksal zu den letzten Proben schreiten, ohne daß die Nerven rissen oder der Verstand versagte[45].“

Als er während der ersten Oktober-Hälfte 1917 seinen Heimaturlaub von der Front bei seinen Verwandten in Spital und einen Kurzurlaub in Berlin verbringt, schreibt er seinem Kriegskameraden Ernst Schmidt[46] eine Karte, auf der mit keinem Wort vom Krieg die Rede ist.

Lieber Schmidt
Bin erst Dienstag hier angekommen
Familie Arendt ist sehr lieb,
hätte es mir nicht besser wünschen
können. Die Stadt ist groß-
artig. So richtig eine Weltstadt.
Der Verkehr ist auch jetzt noch
gewaltig. Bin fast den
ganzen Tag fort. Habe jetzt
endlich Gelegenheit die Museen
etwas besser zu studieren.
Kurz: es fehlt mir nichts.
Es grüßt Die Dein
A. Hitler.

An
Gefrt.
Ernst Schmidt

Wurzbach
199
(Thüringen)

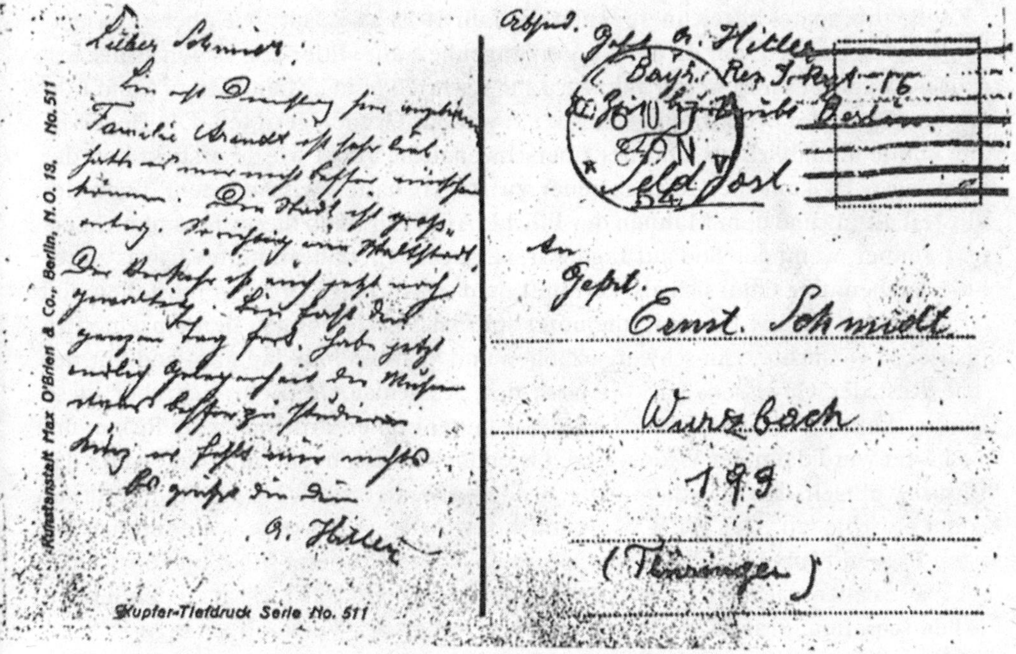

Obere Reihe: Hitler (2. v.r.) als verwundeter Soldat im Ersten Weltkrieg.

Der rund dreißigjährige Hitler. Nach seinen eigenen Angaben in „Mein Kampf“ war zu der Zeit seine Weltanschauung bereits seit einem Jahrzehnt – bis auf unwesentliche Aspekte – „fertig“, was jedoch nicht zutraf.

3. Kapitel

Auf der Suche nach einem neuen Profil

Nach dem Kriege enthalten seine Briefe nur sehr selten noch Mitteilungen über seine Empfindungen und Gedanken. Meist gibt er sich so distanziert und betont maßvoll, daß den Briefpartnern die Lust zur Fortsetzung der Korrespondenz vergehen muß. Einigen alten Freunden aus der Jugendzeit und Kindheit wie beispielsweise Fritz Seidl und Fritz Lauböck allerdings antwortet er bis Ende 1923 noch ungekünstelt freundschaftlich, geht auf Jugendstreiche der Linzer Zeit bis 1907 ein und duldet sogar die Duzform, die er auch selbst noch wählt*. So schrieb er beispielsweise dem Regierungsrat Lauböck: „Lieber Fritz! Mit unendlicher Freude erhielt ich gestern Deine lieben Zeilen, die mich an die sonnige Lausbubenzeit erinnerten, die wir beide im Verein mit anderen . . . verbrochen haben. Ich war erst neulich in Linz und bin dabei durch all' die alten Straßen und Gäßchen vorbei an unserem alten Grabenhaus auch durch die Ge . . ennerstr. und habe zufällig auch dabei an Dich gedacht. Das . . . Ereignis, daß Du nun noch lebst, und in Graz bist, und mir schriebst hätte ich . . . dort nicht erwartet, denn eine ganze Reihe der Kameraden sind ja . . . dem Krieg zum Opfer gefallen[48]." Lauböcks Reaktion auf diesen herzlichen Brief ist nicht überliefert. Vorhanden sind jedoch spätere Postkarten Hitlers, auf denen er Fritz Lauböck mit „Lieber Herr Regierungsrat" und „Lieber Herr Lauböck" anredet.

Die nächste Zäsur in Hitlers Leben und Weltanschauung bildeten die deutsche Niederlage und die Revolution im November 1918[47]. Nachdem bei ihm schon 1915, nicht einmal ein Jahr nach dem Beginn des 1914 so emphatisch von ihm begrüßten und vom deutschen Heer nicht nur bis 1915 ruhmvoll siegreich geführten Krieges, das Frösteln und „Grauen" getreten war, sah er sich nun vor die auch ihm anders als 1914 erscheinende Frage gestellt, wieso der Krieg, die Niederlage und die Revolution gekommen waren**.

* Vgl. z. B. S. 114 und S. 155.
** Zum Wandel der Wertung des Krieges vgl. S. 106.

Ihnen lieber Herr Regierungs-
rat sowie ihrer lieben Frau
Gemahlin und Kindern
wünsche beste Grüße mit
Hoffnung auf baldiges
Wiedersehen

Ihr sehr ergebener
A. Hitler

Wilhelms des I. Motto für:
„Vom Fels zum Meer“ hier müßte
es heißen:
„Aus Knoblauchduft
zur Bergesluft“

An

Herrn

Regierungsrat

Lauböck

in Rosenheim

Bahnhofsgebäude

Bayern

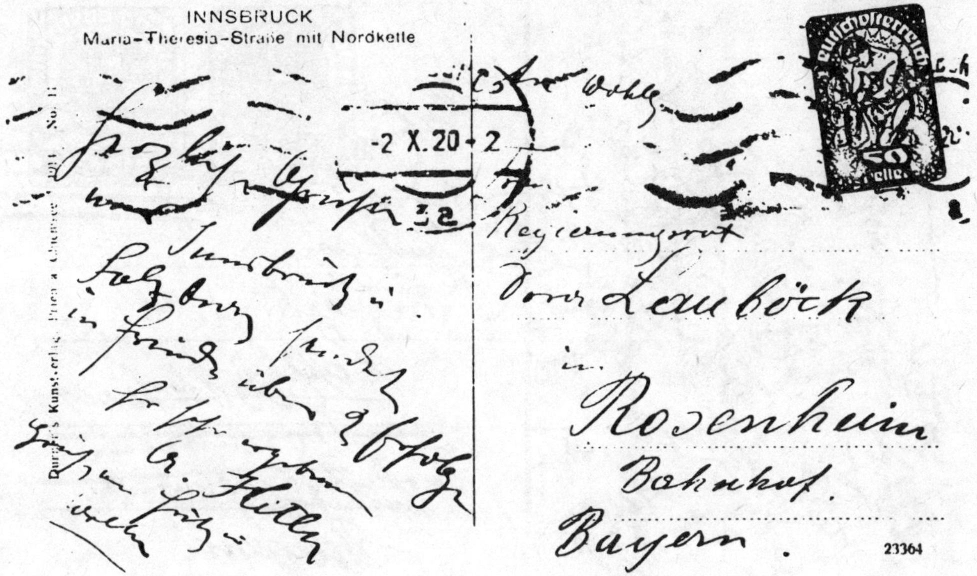

Herzliche Grüße
aus Innsbruck u(nd)
Salzburg sendet
in Freude über 2 Erfolge

Ihr sehr ergebener
A. Hitler

Grüße an Fritz u(nd)
Wolter*

An Wohlg.

Frau

Regierungsrat

Dora Lauböck

Rosenheim

Bahnhof

Bayern

* Es handelt sich dabei um Laubböcks Söhne.

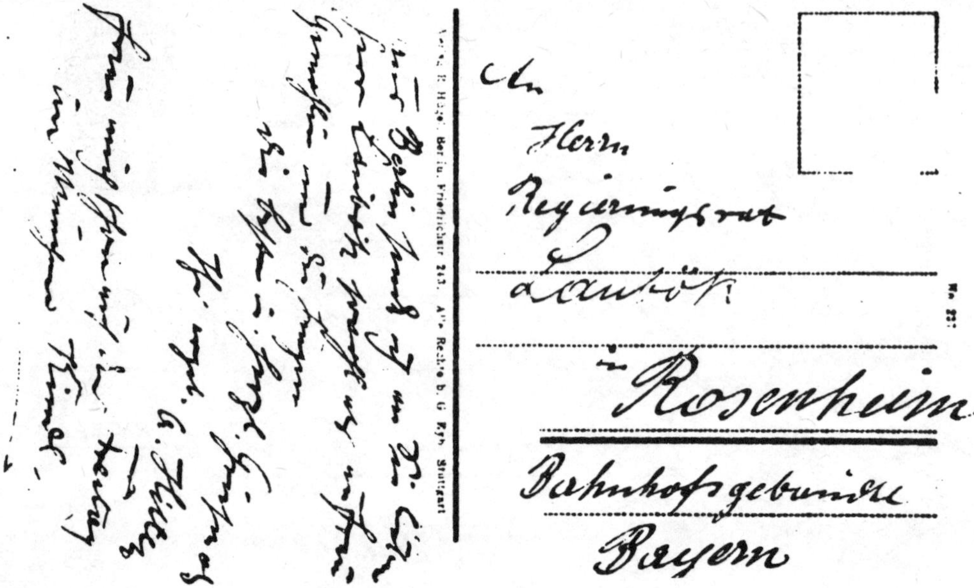

An

Herrn

Regierungsrat

Laubök

in

Rosenheim

Bahnhofsgebäude

Bayern

Aus Berlin sende ich an Sie lieber
Herr Lauböck sowohl als an Frau
Gemahlin und die Jungen
die besten u.(nd) herzl.(ichsten) Grüße als
Ihr ergeb.(ener)
A. Hitler

Freue mich schon auf Freitag
im Münchner Kindl

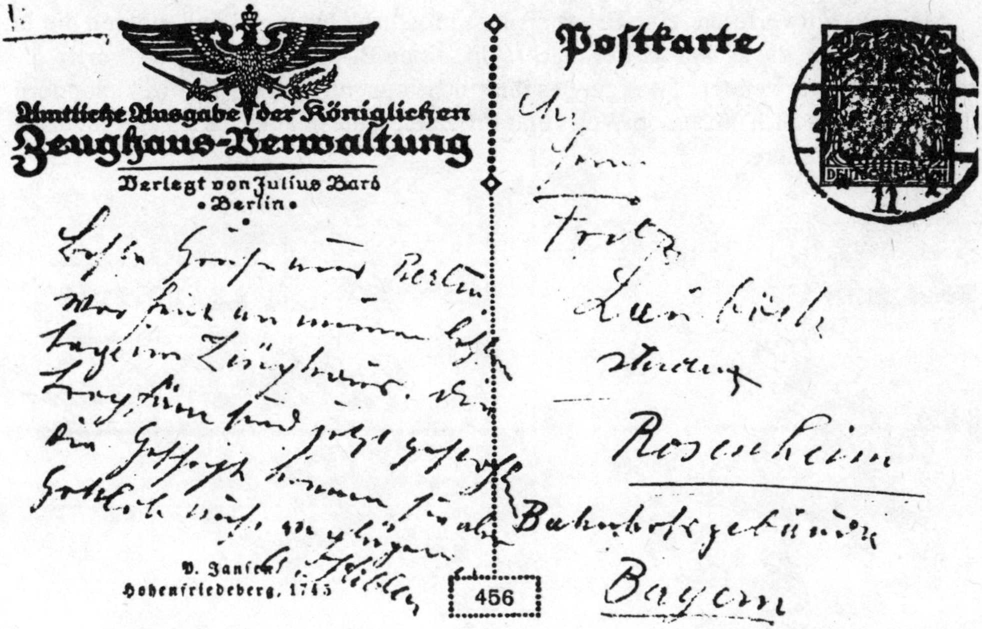

An
Herrn
Fritz

Laubböck
student

Rosenheim

Bahnhofsgebäude

Bayern

Beste Grüße aus Berlin.
War heut an meinem letzten
Tage im Zeughaus. Die
Trophäen sind jetzt gestohlen.
Die Geschichte können sie aber
Gottlob nicht weglügen.

A. Hitler

Meistens antworteten seine Briefpartner „plötzlich“ befangen und redeten ihn in einer Weise an, die es ihm schwer machte, in seinen Briefen weiterhin das vertrauliche „Du“ zu verwenden. So erging es ihm nicht nur mit August Kubizek, sondern unter anderem auch mit Jakob Weiss und Fritz Seidl, die er auch nach 1933 zunächst mit „Du“ anredete.

Adolf Hitler Berlin, den 20.2.1933.

Lieber Weiss Jackl !

Herzlichen Dank für Deinen Glückwunsch. Ich freue mich besonders über die Anteilnahme meiner alten Kameraden.

In alter Erinnerung

Herrn Jakob Weiss,
Abens/Hallertau.

Nach seinem November-Putsch von 1923, den Hitler nicht ohne schwere gesundheitliche Folgen überstanden hat*, beginnt er schon in der Haft damit, sich zum Parteiführer mit staatsmännischen Konturen zu stilisieren. Wo immer sich eine Möglichkeit bietet, schreibt er aphoristisch formulierte Wendungen gewollt prophetischen Inhalts auf Postkarten, Autogrammzettel und auch in Bücher hinein, die er verschenkt.

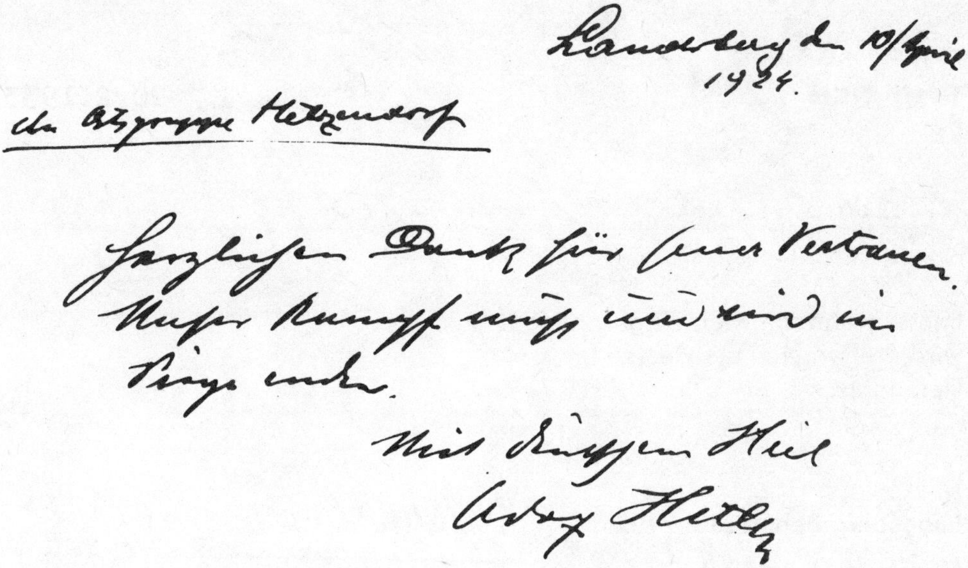

Landsberg den 10/April
1924.

an Ortsgruppe Hetzendorf

Herzlichen Dank für Euer Vertrauen.
Unser Kampf muß und wird im
Siege enden.

Mit deutschem Heil
Adolf Hitler

* Hitlers „linker Arm und das linke Bein zittern. Den linken Unterarm kann er nur beschränkt bewegen. Zwanzig Jahre später erklärt sein Leibarzt Dr. Theo Morell, daß Hitlers Krankheit möglicherweise psychogener Art gewesen sei. Das abrupte Ende seines Putsches vor der Feldherrnhalle in München, seine Mitschuld am Tod von rund 20 Menschen, die Auflösung seiner Partei und seine Verhaftung haben ihn gezeichnet.“ Vgl. Maser, *Adolf Hitler* . . ., S. 326.

Immer wenn die Freiheit geschändet wird, treffen sich die Besten im Gefängnis.

Adolf Hitler

Landsberg den 15/Juni 1924

Wilhelmshaven, 26. 5. 32

Mit der Hoffnung mithelfen zu können am Wiederaufbau einer dem Reiche würdigen Flotte

Adolf Hitler

Am 29. November 1921, vier Monate nach seiner ersten „Machtergreifung“ und Proklamation zum „Führer“ der NSDAP*, hatte er sich in seiner ersten Autobiographie noch sehr viel bescheidener dargestellt. „Lieber Herr Doktor!“**, schrieb er da und fuhr fort: „Wie mir Herr Eckart*** mitteilt, haben Sie wieder einmal Interesse über meine Entwicklung zum Parteiführer gezeigt. Ich erlaube mir deshalb, Ihnen einen kurzen Aufriß über meine Person zu geben:

Ich bin am 20. April 1889 in Braunau a. Inn als Sohn des dortigen Postoffizials Alois Hitler geboren. Meine gesamte Schulbildung umfaßt 5 Klassen Volksschule und 4 Klassen Unterrealschule. Ziel meiner Jugend war, Baumeister zu werden und ich glaube auch nicht, daß wenn mich die Politik nicht gefaßt hätte, ich mich einem anderen Beruf jemals zugewandt haben würde. Da ich, wie Sie wahrscheinlich wissen, bereits mit 17 Jahren väterlicher- und mütterlicherseits verwaist war, im übrigen ohne jedes Vermögen dastand, mein gesamter Barbetrag bei meiner Reise nach Wien betrug rund 80 Kronen, war ich gezwungen, sofort als gewöhnlicher Arbeiter mir mein Brot zu verdienen. Ich ging als noch nicht 18jähriger als Hilfsarbeiter auf einen Bau und habe nun im Verlaufe von 2 Jahren so ziemlich alle Arten von Beschäftigungen des gewöhnlichen Taglöhners durchgemacht. Nebenbei studierte ich, soweit meine Mittel es zuließen, Kunstgeschichte, Kulturgeschichte, Baugeschichte und beschäftigte mich nebenbei mit politischen Problemen. Aus einer mehr weltbürgerlich empfindenden Familie stammend, war ich unter der Schule der härtesten Wirklichkeit in kaum einem Jahr Antisemit geworden. Schon damals jedoch konnte ich mich keiner der bereits bestehenden Parteien anschließen.

Unter unendlicher Mühe gelang es mir, mich nebenbei als Maler soweit auszubilden, daß ich durch diese Beschäftigung von meinem 20. Lebensjahr ab ein, wenn auch zunächst kärgliches, Auskommen fand. Ich wurde Architektur-Zeichner und Architektur-Maler und war praktisch mit meinem 21. Lebensjahr vollkommen selbständig. 1912 ging ich in dieser Eigenschaft dauernd nach München. Im Verlauf der 4 Jahre, vom 20. bis 24. hatte ich mich mehr und mehr mit politischen Dingen beschäftigt, weniger durch Besuch von Versammlungen als vielmehr durch gründliches Studium volkswirtschaftlicher Lehren, sowie der damals zur Verfügung stehenden gesamten antisemitischen [in der Abschrift heißt es fälschlich „antiesemitischen“; wahrscheinlich handelt es sich um einen Übertragungsfehler; der Verf.] Literatur.

* Vgl. S. 129.
** Der Name des Empfängers ist nicht zu ermitteln.
*** Dietrich Eckart (1868–1923), Journalist, Dichter und Dramatiker: u.a. „Heinrich VI“, „Froschkönig“, „Familienväter“, „Heinrich der Hohenstaufe“, „Peer Gynt“ (Ibsen-Nachdichtung) und „Lorenzaccio“. Intimer und sehr beziehungsreicher Freund Hitlers, der ihm viel verdankte. Vgl. dazu Maser, *Die Frühgeschichte der NSDAP*, u.a. S. 179ff. Vgl. dort auch die Hinweise S. 509.

Seit meinem 22. Jahr warf ich mich mit besonderem Feuereifer über militärpolitische Schriften und unterließ die ganzen Jahre niemals, mich in sehr eindringlicher Weise mit der allgemeinen Weltgschichte zu beschäftigen.

Aktiv betätigt habe ich mich in der Politik auch in diesen Jahren nicht. Ich vermied es, irgendwo als Redner aufzutreten schon aus dem Grunde, weil keine der damals bestehenden Parteien mir innerlich irgendwie sympathisch gewesen wäre.

Auch in dieser Zeit war das letzte Ziel unverrückbar, Baumeister zu werden.

Am 5. August 1914 meldete ich mich auf Grund eines genehmigten Majestätgesuches beim 1. bayr.Inf.Regiment zum Eintritt in die deutsche Armee. Nach einigen Tagen zurückgestellt wurde ich dem 2. Inf.Reg. überwiesen und trat am 16. August in die damals in Aufstellung begriffenen Formationen des Bayr.Res.Inf.Regt.s Nr. 16 ein. Das Regiment marschierte unter dem Namen: Regiment ‚List' als erstes Bayrisches Freiwilligen-Regiment ins Feld und empfing Ende Oktober 1914 in der ‚Schlacht an der Yser' die Feuertaufe.

Es war eines jener Freiwilligen-Regimenter, die damals im Verlaufe von wenigen Tagen oft nahezu vollständig aufgerieben wurden.

Am 2. Dez. 1914 erhielt ich das Eiserne Kreuz 2. Klasse. Ich blieb dauernd beim Regiment und wurde in der Schlacht an der Somme am 7. Okt. 1916 zum erstenmal verwundet (durch Granatsplitter am linken Oberschenkel) und kam am 10. Okt. 1916, am Jahrestage meines Ausmarsches, als Verwundeter zum ersten Male wieder in die Heimat.

Nach 2 monatlicher Behandlung im Lazarett Beelitz bei Berlin wurde ich im Dez. 1916 dem Ersatzbatl. 2. Inf.Reg.München überwiesen und meldete mich wieder freiwillig ins Feld. Am 1. März 1917 war ich wieder bei meinem Stammregiment und erhielt am 17. 9. 1917 das Militärverdienstkreuz 3. Kl. mit Schwertern, am 9. Mai 1918 das Regimentsdiplom, am 4. 8. 1918 das Eiserne Kreuz 1. Kl., am 18. 5. 1918 das Verwundetenabzeichen in schwarz und am 25. 8. 1918 Dienstauszeichnung 3. Klasse.

In der Nacht vom 13./14. Oktober 1918 erhielt ich eine sehr schwere Gelbkreuzvergiftung, im Verlaufe deren ich zunächst vollständig erblindete. Ich wurde von Werwick in Flandern abtransportiert und dem Vereinslazarett Pasewalk bei Stettin überwiesen. Da meine Erblindung in verhältnismäßig kurzer Zeit wieder wich, und das Augenlicht allmählich wieder zurückkehrte, außerdem ja m 9. Nov. die Revolution ausgebrochen war, ersuchte ich um möglichst schnelle Überführung nach München und war seit Dez. 18 wieder beim Ers.Batl. 2. Inf.Reg. Während der Räteperiode auf der Konskriptionsliste stehend, wurde ich nach Niederschlagung der roten Herrschaft in die Untersuch.Kommiss. des 2. Inf.Reg. kommandiert u. von dort als Bildungsoffizier dem Schützenregiment 41 überwiesen. Ich hielt in diesem Regiment sowie in anderen Formationen nun zahlreiche Aufklärungsvorträge über den Wahnsinn der roten Blutdiktatur und konnte mit Freude erleben, daß aus den infolge der allgemeinen Reichswehrverminderung aus dieser ausscheidenden Heeresangehörige der 1. Truppe meiner späteren Anhänger entstand.

Im Juni 1919 schloß ich mich der damals 7 Mitglieder zählenden Deutschen Arbeiterpartei an, in der ich nun endlich auf politischem Gebiete die Bewegung gefunden zu haben glaubte, die meinem Ideal entsprach. – Heute ist die Zahl ihrer Anhänger in München allein auf über 4 1/2 Tausend gewachsen, und ich darf mit Stolz wohl einen großen Teil aus dieser Arbeit mir zuschreiben.

Gestatten Sie mir, daß ich nun schließe und verbleibe ich

mit vorzüglicher Hochachtung

Ihr A. Hitler

Aufschlußreich ist in diesem Zusammenhang, daß einige dieser Angaben auch in „Mein Kampf" zu finden sind, obwohl es sich um konstruierte „Tatsachen" handelt. So behauptet Hitler, daß sein Vater, der Zollamtsoberoffizial Alois Hitler, „Postoffizial" gewesen sei, daß er „4 Klassen Unterrealschule" absolviert habe (die Schulen in Linz* und Steyr, die er besuchte, waren Oberrealschulen), daß er nach dem Tode seiner Mutter „ohne Vermögen" nach Wien gegangen sei, weshalb er „gezwungen (war), sofort als gewöhnlicher Arbeiter . . . (sein) Brot zu verdienen", daß er 1912 für immer nach München gegangen sei (er ging erst 1913 nach München), daß er nach der Niederwerfung der kommunistischen Räte „Bildungsoffizier" gewesen sei (er war „Vertrauensmann", „V-Mann"), daß er sich 1919 der angeblich 7 Mitglieder zählenden Deutschen Arbeiterpartei angeschlossen habe (er war nicht 7., sondern 55. Mitglied mit der Mitgliedsnummer 555 und hatte seit Juli 1921 sogar die Mitgliedsnummer 3680). Falsch ist auch, daß er sich der Deutschen Arbeiter-Partei bereits im Juni 1919 angeschlossen habe. Erst im September 1919 wurde er in die Partei aufgenommen.

Spontane Äußerungen und gefühlsbetonte Schilderungen von Eindrücken und Gedanken meint Hitler sich seit seinem Scheitern vor der Feldherrnhalle nicht mehr leisten zu können, was zur Folge hat, daß seine Mitteilungen meist noch unpersönlicher als in der Zeit von 1918 bis November 1923 klingen. Geradezu exemplarisch dafür ist sein Brief vom 1. Oktober 1924 aus Landsberg am Lech an eine Frau Deutschenbauer, der er für einen „Zwetschkenkuchen" dankt. Obwohl er sie seit seiner Militärzeit kannte, die er gern als eine der wichtigsten Phasen seines Lebens bezeichnete, hielt er seinen Brief ausgesprochen höflich und tat, als handelte es sich um eine selbstverständliche „Aufmerksamkeit".

* Sie nannte sich Staats-Realschule.

Landsberg/L. 1. 10. 24.

Liebe Frau Deutschenbauer!

Vor einigen Tagen erhielt ich einen Zwetschkenkuchen, den mir Frau Reichart in liebenswürdiger Weise von Ihnen überbrachte. Es war mir eine kleine Erinnerung an die Zeit, die ich einst als Soldat in Ihrer Nähe zugebracht habe, sowie ein Zeichen dafür, daß Sie mich auch jetzt noch nicht vergessen haben. Nehmen Sie also für diese Aufmerksamkeit meinen herzlichsten Dank entgegen.

Mit vielen Grüßen an Sie und den Herrn Gemahl

bin ich Ihr sehr ergebener
Adolf Hitler

Anders lesen sich Hitlers Formulierungen gelegentlich in Briefen aus dieser Zeit an politisch einflußreiche Gesinnungsfreunde, wie sein Schreiben vom 20. Oktober 1924 an den Bezirkskommandanten des Vaterländischen Schutzbundes von Freystadt in Österreich verrät*.

Landsberg/L. 20. 10. 24.

Vaterländischer Schutzbund
Bezirkskommando Freystadt
Ob. Ostr.
Zu Händen W. Hollitscher
Bezirkskommandant

Sehr geehrter Herr Bezirkskommandant!

Vor einigen Tagen erhielt ich Ihre Ankündigung der Fahnenenthüllung des „Vaterländischen Schutzbundes" Bez. Kommando Freystadt. Nachträglich bitte ich meine besten Wünsche aus diesem Anlaße noch in Emp-

* 2 Jahre später, im September 1926 allerdings, ermahnt er bereits die Führer des Schutzbundes in einer völlig anderen Tonart, im Kampf um das gemeinsame Ziel nicht zu erlahmen. Vgl. S. 127.

fang nehmen zu wollen; ebenso meinen herzlichsten Dank für die mir übersandten Treugrüsse. Im übrigen hege ich nur die einzige Sehnsucht, dass der Tag kommen möge, an dem meine einstige Heimat im Kranze der deutschen Staaten eines gemeinsamen Großdeutschlands eingeschlossen sein wird.

Mit treudeutschem Gruß
Ihr sehr ergebener
Adolf Hitler

Sobald er es aber mit Privatpersonen zu tun hat, denen er sich nicht ganz besonders verbunden fühlt, steht hinter seinen Zeilen der sich selbst stilisierende Hitler, der sich als Maß aller Dinge zu geben versucht, auch wenn die Briefpartner ihn persönlich recht gut kennen und nähere Kontakte zu ihm pflegen, wie es mit der Familie Deutschenbauer der Fall war.

München, 7. Mai 1925.

Sehr geehrter Herr Deutschenbauer mit Familie!

Nehmen Sie bitte für Ihre Glückwünsche anlässlich meines Geburtstages meinen herzlichsten Dank entgegen.

Mit deutschem Heilgruß
Adolf Hitler

Nur bei ein paar Briefpartnern, die sich vorübergehend als persönliche „Freunde" Hitlers bezeichnen zu können meinten, leistete Hitler sich gelegentlich Ausnahmen. Ihnen schrieb er dann sogar mit der Hand, was er selbst von Landsberg aus tat, obwohl er dort noch besonders empfindlich unter den Folgen des Putsches litt* und nicht nur seine Korrespondenz, sondern auch das Manuskript für „Mein Kampf"[65] in die Maschine diktierte**. Seine Feststellung vom 29. März 1942, daß es ihm »bereits« 1935 schwergefallen sei, Briefe mit der Hand zu schreiben[66], ignoriert die Tatsache, daß er schon 10 Jahre zuvor nahezu alles mit der Maschine schreiben lassen mußte, so daß oft kaum herauszufinden ist, wer die jeweiligen Fehler machte. Daß er die deutsche Rechtschreibung – bis auf die Interpunktion – nicht erst beherrschte, seit er nicht mehr Staatenloser, sondern bereits deutscher Staatsbürger[68] war, bezeugen seine handschriftlichen Briefe. Zu diesen „Freunden" gehörte ein Münchener Komponist, dem er am 10. Oktober 1924 aus Landsberg schrieb:

* Vgl. S. 115.
** Vgl. S. 148.

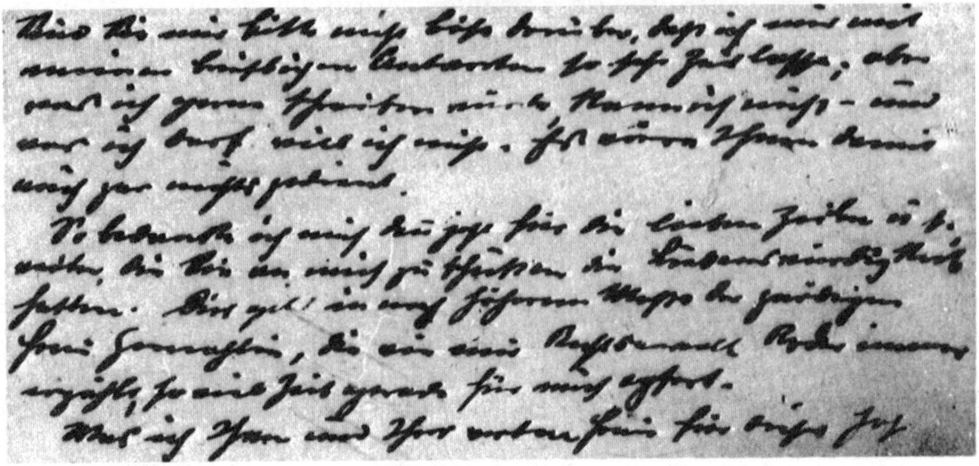

Und Sie mir bitte nicht böse darüber, daß ich mir mit meinen künftigen Antworten so viel Zeit lasse; aber wenn ich gern schreiben würde, kann ich nicht – und muß ich doch, will ich nicht. Es wäre Ihnen damit auch gar nicht gedient.

So bedanke ich mich nur jetzt für die lieben Zeilen zu be- [illegible], die Sie an mich zu schreiben die Liebenswürdigkeit hatten. Dies gilt in noch höherem Maße der gnädigen Frau Gemahlin, die mir [illegible] immer [illegible] so viel Zeit gerade für mich opfert.

Was ich Ihnen und Ihrer verehrten Frau für diese Zeit

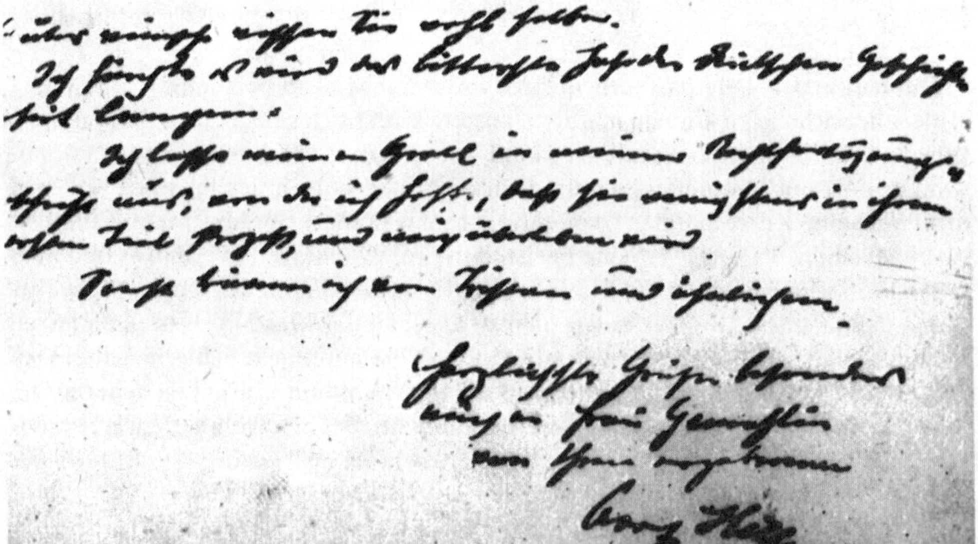

über [illegible] wissen Sie wohl selber.

Ich fürchte, es wird das bitterste Jahr der deutschen Geschichte seit langem.

Ich lasse meinen Groll in meiner Rechtfertigungsschrift aus, von der ich hoffe, daß sie wenigstens in ihrem ersten Teil Aufsehen, und ewig überleben wird.

Sonst können ich nur hoffen und [illegible].

Herzlichste Grüße besonders auch an Frau Gemahlin von Ihrem ergebenen

Georg [illegible]

Sind Sie mir bitte nicht böse darüber, daß ich mir mit
meinen brieflichen Antworten so sehr Zeit lasse; aber
was ich gerne schreiben würde, kann ich nicht – und
was ich darf will ich nicht. Es wäre Ihnen damit
auch gar nichts gedient.
So bedanke ich mich denn jetzt für die lieben Zeilen und so
weiter, die Sie an mich zu schicken die Liebenswürdigkeit
hatten. Dies gilt in noch höherem Maße der gnädigen
Frau Gemahlin, die wie mir Herr Rechtsanwalt . . . immer
erzählt, so viel Zeit gerade für mich opfert.
Was ich Ihnen und Ihrer werten Frau für dieses Jahr
Gutes wünsche wissen Sie wohl selber.
Ich fürchte es wird das bitterste Jahr der deutschen Geschichte
seit langem.
Ich lasse meinen Groll in meiner Rechtfertigungs-
schrift aus, von der ich hoffe, daß sie wenigstens in ihrem
ersten Teil Prozeß, und mich überleben wird.
Sonst träume ich von Tristan und ähnlichem.

Herzliche Grüße besonders
auch an Frau Gemahlin
von Ihrem ergebenen

Adolf Hitler

Obwohl Hitler aus den tragischen Ereignissen von 1923 vor der Feldherrnhalle eigentlich gelernt haben mußte, daß es als Politiker nicht ratsam ist, sich öffentlich in Nebensächlichkeiten unnötig festzulegen, ist von solchen Erkenntnissen wenig spürbar. Immer wieder redete er auch nach 1924 von feststehenden „Überzeugungen", endgültigen „Entschlüssen", „Entscheidungen" und „Absichten", wo es gar nicht nötig war. So erklärte er der Frau des eben erwähnten Komponisten am 28. Mai 1928 auf eindrucksvolle und überzeugende Weise, daß er nicht in der Lage sei, die ihm angetragene Patenschaft für ihren Sohn zu übernehmen, da er ein unstetes Leben führe und den Verpflichtungen nicht nachzukommen vermöge, die billigerweise mit Patenschaften verbunden seien. Infolge seiner Einsichten und seiner Erfahrungen, so versicherte er feierlich, habe er „den unabänderlichen Entschluß gefaßt, niemals wieder eine Patenschaft zu übernehmen".

Mit großer Freude erhielt ich Nachricht von
der glücklichen Geburt Ihres Knaben. Gott sei Lob
daß Sie selbst die schweren Stunden so gut über=
standen haben. Ihnen und dem Jungen wünsche ich
von Herzen alles Gute. Um so mehr tut es mir
leid, daß ich Ihrem Wunsch, die Patenstelle zu über=
nehmen nicht entsprechen kann. Meiner innersten
Überzeugung nach hat jeder Knabe ein Recht von
seinem Paten wenigstens eine gewisse Aufmerksamkeit
zu erwarten. Bei meinem unsteten Leben, der
Unsicherheit meines ganzen Daseins und besonders
meiner Zukunft wäre ein solches Vorgehen meinerseits
mehr als zweifelhaft. So ist dies ja der Grund weshalb
ich selbst mich nicht zu einer Heirat entschließen
kann. Ich habe deshalb schon seit Jahren grund=
sätzlich jede Patenschaft abgelehnt. Meine
letzte Patenschaft übernahm ich während meiner
Festungshaft für den kleinen Jungen von
Otto Esser, dessen Vater sich damals auf der Flucht
im Ausland befand. Aber schon in diesem
Falle war es mir nicht möglich dem Jungen
die Aufmerksamkeit zu widmen, die er
vielleicht von seinem Paten hätte erwarten
dürfen. Abgesehen davon daß mir mein da=
maliger Schritt von anderen Seiten sogar noch
übel genommen wurde. Ich habe deshalb erst
recht den unabänderlichen Entschluß gefaßt
niemals wieder eine Patenschaft zu übernehmen.

Mit großer Freude erhielt ich Kenntniß von
der glücklichen Geburt Ihres Knaben. Gott sei Lob
daß Sie selbst die schweren Stunden so gut überstanden haben. Ihnen und dem Jungen wünsche ich
von Herzen alles Gute. Um so mehr tut es mir
leid, daß ich Ihrem Wunsch die Patenschaft zu übernehmen nicht nachkommen kann. Meiner innersten
Überzeugung nach hat jedes Kind ein Recht von
seinem Paten wenigstens eine gewisse Aufmerksamkeit
zu erwarten. Bei meinem unsteten Leben, der
Unsicherheit meines ganzen Daseins und besonders
meiner Zukunft wäre eine solche Hingabe meinerseits
mehr als zweifelhaft. Es ist dies ja der Grund weshalb
ich selbst mich nicht zu einer Heirat entschließen
kann. Ich habe deshalb schon seit Jahren grundsätzlich jede Patenschaft abgelehnt. Meine
letzte Patenschaft übernahm ich während meiner
Festungshaft für den kleinen Jungen von
Esser dessen Vater sich damals auf der Flucht
im Ausland befand. Aber schon in diesem
Falle war es mir nicht möglich dem Jungen
die Aufmerksamkeit zu widmen die er
vielleicht von seinem Paten hätte erwarten
dürfen. Abgesehen davon, daß mir mein damaliger Schritt von vielen Seiten sogar noch
übel genommen wurde. Ich habe deshalb erst
recht den unabänderlichen Entschluß gefaßt
niemals wieder eine Patenschaft zu übernehmen.

Ihr Adolf Hitler

Trotz dieses „unabänderlichen" Entschlusses wich Hitler im Laufe der Zeit nicht nur ausnahmsweise von seinem diesbezüglichen Vorsatz ab. Nicht nur die Kinder seiner nächsten Paladine Himmler, Bormann, Göring und Goebbels beispielsweise konnten „Onkel Adolf" schließlich als Patenonkel bezeichnen, sondern auch ungezählte Söhne und Töchter kinderreicher Familien, die er gar nicht kannte. Routinemäßig hieß es in den von ihm unterzeichneten Briefen an die Mütter dann meist:

oben: Hitler und Ludendorff am 26. Februar 1924 nach dem Hitler-Ludendorff-Prozeß.

unten: Hitler am 20. Dezember 1924 unmittelbar nach seiner Entlassung aus der Festungshaftanstalt

Sehr geehrte Frau . . .
Mir wurde heute die Bitte um Übernahme der Patenschaft Ihres zuletzt geborenen Sohnes vorgetragen.
Ich erfülle diese Bitte gern und nehme die Patenschaft an.
Ihrem Sohne wünsche ich das Beste für sein fernes Leben.
Mit deutschem Gruß!
Adolf Hitler

Briefe, wie Bismarck sie an Bekannte und Freunde schreiben konnte, gelangen Hitler weder von 1914 bis 1923 noch von 1923 bis 1933 und von 1933 bis 1945. Niemals hätte er beispielsweise einem Journalisten geschrieben, was Bismarck den Redakteur Wagner von der Kreuzzeitung am 30. Juni 1850 wissen ließ. „Ich führe hier", schrieb er, „ein bodenlos faules Leben, rauchen, lesen, spazierengehen und Familienvater spielen . . . ich liege im Grase, lese Gedichte, höre Musik und warte, daß die Kirschen reif werden."

Die Briefe, die Hitler nach seiner vorzeitigen Entlassung aus der Festungshaftanstalt Landsberg am Lech schrieb, fügen sich zwar kontinuierlich an die vorausgegangene Haft-Korrespondenz an, aber sie bestätigen bald, daß Hitler bereits einen Teil von dem Bild realisiert hat, das er in Landsberg von sich selbst entwarf.

Adolf Hitler

München, 29. 9. 26

Vaterländischer Schutzbund
Viertel unter dem Wienerwald
Baden b/Wien

Die Bilder von Ihren Propagandafahrten erfreuten mich sehr. Konnte ich mich doch an Hand derselben überzeugen – nachdem ich nicht selbst hinüberkommen kann – dass auch in meiner alten Heimat wirklich aktive Gruppen vorhanden sind.

Erlahmen Sie nicht und arbeiten Sie weiter nach besten Kräften; wenn überall auf unser grosses gemeinsames Ziel durch die Tat hingestrebt wird, bleibt der Enderfolg nicht aus!

Heil dem kommenden nationalsozialistischen
Gross-Deutschland!
Adolf Hitler

Adolf Hitler

München, den 5. Sept. 1932.
Braunes Haus

An die
Gemeinde
Reisberg.
Bez. Wolfsberg/Kärnten.

Für die Ehrung, die Sie mir mit der Verleihung des Ehrenbürgerrechtes Ihrer Gemeinde erwiesen haben, danke ich Ihnen sehr.
Ich nehme die mir angetragene Ehrenbürgerschaft an.

Mit deutschem Gruss!
Adolf Hitler

Abweichungen vom routinemäßigen Bürostil unterliefen Hitler im Laufe der Zeit nur noch, wenn es sich beim Anlaß zur Korrespondenz um die Frühgeschichte der NSDAP oder um seine eigene Frühzeit handelte. So beschäftigte er sich selbst noch am Ende des Zweiten Weltkrieges, als alle seine Hoffnungen auf einen für ihn günstigen Ausgang längst geschwunden waren, mit so nebensächlichen Dingen wie Fälschungen von Bildern, die ihm von geschäftstüchtigen Händlern und Scharlatanen zugeschrieben wurden[50]. Wann immer Dokumente oder Zeugenberichte aus der Frühzeit auftauchten, engagierte er sich, was dieser Brief vom 15. Dezember 1933 an Wiegand exemplarisch beweist.

Adolf Hitler

Berlin, den 15. Dez. 1933.

Sehr geehrter Herr Wiegand!

Es ist mir leider erst heute möglich, Ihnen für Ihre Zeilen vom 11. v.Mts. zu danken, vor allem aber auch für die Abbildung der ersten Mitgliederliste der Deutschen Arbeiterpartei, um deren Übersendung ich Sie bei Ihrem letzten Besuch gebeten hatte.

Die Liste ist mir besonders wertvoll,
sie gehört ja leider zu den wenigen Erinnerungsstücken
an die früheste Zeit des Kampfes, in der Sie ja selbst
aktiv mitgearbeitet haben.

Herzlichen Dank auch für die Übersendung des von Ihnen verfaßten kleinen Buches „Brauder Heinrich", das ich gerne annehme.

Mit den besten Wünschen
Ihr
Adolf Hitler

Herrn
F. Wiegand,
Leipzig.
Gottschedstr. 24/II

Die Parteigenossen Hitlers haben ihrem Führer, wie Hitler seit Sommer 1921 bezeichnet wurde, den gescheiterten Putsch vor der Feldherrnhalle nicht nur schon im November 1923 verziehen, sondern ihm augenblicklich auch die Gewißheit gegeben, richtig gehandelt zu haben, unbedingt gebraucht zu werden und nach wie vor allein als Führer der „nationalsozialistischen Bewegung" infrage zu kommen. Nach wie vor suchten sie seinen Rat, hörten sie auf sein Urteil und fügten sich ihm, wo und wann immer er es wünschte. Wie weit das gelegentlich auch in relativ nebensächlichen Dingen ging, zeigt der hier zitierte Hitler-Brief vom 20. Oktober 1924.

Landsberg/L. 20. 10. 24.

Sehr geehrter Herr Richter!

Ihre Anfrage ist leicht zu beantworten.
Ich halte es für selbstverständlich, daß bei an sich
gleichen Waren und gleichen Preisen, der Deutsche als Käufer
das deutsche Fabrikat zu wählen hat. In der Industrie, Technik
und Chemie gibt es nun viele Erzeugnisse, die man häufig
gezwungen ist aus dem Auslande zu bezeiehen, da sie ebenso
wie gewisse Rohstoffe im eigenen Lande einfach nicht vorhanden
sind oder nicht erzeugt werden. Ein Deutscher, der, angenommen,

einen Gebrauchswagen von 4 bis 5 Personen Fassungsraum nötig hat, ohne aber mehr Geld als 3 bis 4000 Mark anwenden zu können wird sich ohne weiteres einen Fordwagen auch bei nationaler Gesinnung kaufen können, solange es eben nicht ein deutsches Fabrikat in gleicher Preislage und gleichem Werte gibt. Er schadet auch dadurch ja der deutschen Industrie nicht, da er im anderen Falle eben doch einen deutschen Wagen nicht kaufen kann. Endlich aber erhält das Reich gerade von diesen fremden Wägen einen enormen Einfuhrzoll, der auch der Nation zu Gute kommt.

Erst, wenn wir selber über einen solchen Wagen verfügen ist es selbstverständliche Pflicht eines jeden Deutschen, das deutschen Fabrikat zu erwerben.

Mit herzlichem Dank für die Grüsse der Ortsgruppe Gmund, die ich hiermit erwidere, bin ich

Ihr sehr ergebener
Adolf Hitler

In der Landsberger Festungshaftanstalt, die Hitler gelegentlich als seine Hochschule auf Staatskosten bezeichnete, entstand neben „Mein Kampf"* auch eine Reihe kleinformatiger, sorgfältig ausgeführter Tuschskizzen mit architektonischen Motiven. Sie sind nicht so gekünstelt, nicht so gewollt „staatsmännisch" artikuliert wie die Briefe und Aphorismen aus dieser Zeit. Aus ihnen spricht noch der Hitler der „Vorzeit", auf den der „Staatsmann" nur „aufgepfropft" erscheint. Während er – zukunftsgerichtet engagiert – sein Buch „Mein Kampf" diktierte[51], „staatsmännisch" stilisierte Briefe und gestelzte Autogramme schrieb und seinen Anhängern Lehren aller Art zuteil werden ließ, versuchte er der Gegenwart, die ihn überstürzt in Anspruch nahm, zu entfliehen und zur „heilen" Vergangenheit zurückzukehren, wenn er malte und Bauwerke skizzierte. Die Tatsache, daß er diese Skizzen buchstäblich bis an sein Lebensende bei sich hatte und wie Kleinodien aufbewahrte**, verrät darüber hinaus, daß er traditionsgebunden rückwärts in die Zukunft ging,

* Vgl. S. 141.

** Kurz bevor er in Berlin im Bunker der Reichskanzlei seinem Leben ein Ende setzte, entnahm seine Sekretärin Christa Schröder sie mit seiner Erlaubnis dem Schreibtisch, steckte sie ein und gab sie während der Gefangenschaft – um sie behalten zu dürfen – als Arbeiten ihres Großvaters aus.

auch wenn er in mancher Hinsicht weit vorausplante. Schon in der Zeit, in der diese Skizzen entstanden, sind aus den schriftlichen Äußerungen die einander zum Teil

aufhebenden positiven und negativen Charaktereigenschaften, Anlagen, Verhaltensregeln, Fähigkeiten, Stärken und Schwächen herauszulesen[52], die Hitlers Wesen und Entscheidungen nicht nur als Politiker und Staatsmann beherrschten.

An diesen Skizzen fällt besonders auf, daß in ihnen nichts von den die Wirklichkeit maßlos vergrößernden und vergröbernden Zügen zu erkennen ist, die kritische Beobachter in Hitlers Vorstellungen schon vor 1914 erkannt zu haben meinten[53]. Sie gleichen nicht nur den Entwürfen der zu dieser Zeit in Deutschland besonders bekannten Architekten German Bestelmeyer, Wilhelm Kreis, Paul Bonatz, Peter Behrens und Alfred Messel, sondern spiegeln auch Hitlers Architekturvorstellung unverfälscht wider. Nicht zufällig trug er die Skizzen gewöhnlich zusammen mit einem Vierklee-Blatt und einer frühen Einladung seiner Linzer Realschule zu einem Schulball in seiner Brieftasche[54] oder bewahrte sie in seinem Schreibtisch auf. Daß er während seiner Haft zugleich auch das größte und gewaltigste Bauwerk entwarf, das es jemals in der Geschichte gegeben[55] hat, einen monumentalen Kuppelbau mit einer Lichtöffnung von 46 m, einer Höhe von 220 m und einem Innenraum mit einem Durchmesser von 250 m, in dem 150 000 bis 180 000 Personen Platz finden sollten*, ist kein Beweis für eine womöglich grundsätzlich zweigleisige Auffassung.

Nicht Hitler, sondern Albert Speer machte dieses Bauwerk, das Hitler bis 1950 als monumentales Nationaldenkmal der Weltmacht Großdeutschland errichtet sehen wollte, zum Maßstab-Modell auch für andere Repräsentativbauten und Städtebauplanungen. Hitlers ursprünglicher Kuppelbau-Entwurf** und das von Albert Speer initiierte und in seinem Auftrage angefertigte Modell zeigen deutlich, wie vergröbernd, schier maßlos vergrößernd und mathematisch kalt pervertierend sich Speers Ideen auswirkten. Nicht selten hat Hitler ihn und die von Speer beeinflußten Kollegen getadelt, zuweilen gedanken- und proportionslos zu planen und respektlos niederreißen zu wollen, was von den Alten stamme. So lehnte er beispielsweise am 6. November 1937 den Plan des Reichsbahn-Architekten Kleinschmidt ab, das Empfangsgebäude für den Berliner Südbahnhof 115 m hoch zu bauen[56], dessen Fassadengestaltung Speer vorbehalten worden war. 70 m äußere und 60 m innere Höhe seien die obere Grenze, belehrte Hitler seine Architekten, die weder die Peilschneise zum Berliner Flugplatz noch den auf 120 bis 130 m Höhe geplanten Triumphbogen in ihre Berechnungen einbezogen hatten[57]. Und als Speer am 11. September 1940 diplomatisch geschickt andeutete, daß er das Reichstagsgebäude gern abgetragen sehen würde, da es städtebaulich störe, ließ Hitler keinen Zweifel daran, daß er eine derartige Maßnahme unter keinen Umständen wünsche. „Ihr habt", sagte Hitler, der in Gesprächen mit Architekten gern einen kollegialen Ton wählte, „auch gar keine Ehrfurcht vor den alten Sachen[58]." Und am 15. März 1941 erklärte er im Rahmen einer ähnlichen Besprechung mit Architekten, daß der Reichstag zu seinen Lebzeiten stehen bleiben werde, auch wenn er ihn wegen seiner schiefen Lage in der

* Dieser Bau hätte das 17fache Fassungsvermögen der Peterskirche aufgewiesen.
** Vgl. die Abbildung in Speers Erinnerungen (S. 160) und die Abbildung S. 134f.

Stadtlandschaft störe. Falls einer nach ihm das Gebäude abreiße, solle er es auch verantworten. Er selbst jedenfalls werde so etwas nicht tun, zumal sich mit dem eklektizistisch-renaissancistisch gestalteten Bau besondere Erinnerungen an seinen politischen Kampf verbänden[59].

Dieses Modell entstand unter Speers Regie nach einer Skizze Hitlers aus dem Jahre 1925. Es ist eine typische Speer-Version, die nicht unwesentlich von Hitlers Entwürfen abweicht. Hitlers Skizze zeigt deutlich Formelemente, die auf den Einfluß der zu der Zeit sehr bekannten Architekten Wilhelm Kreis, Paul Bonatz,

Peter Behrens, Alfred Messel und German Bestelmeyer hinweisen. Auf dem beherrschenden Kubus ruht eine Flachkuppel, die sich dem Hauptbaukörper ebenso selbstverständlich zuordnet wie der giebelbekrönte Portikus, der in seinen Abmessungen den maßstäblichen Bezug zum Menschen herstellt. Speers Versuch, bei seinem Entwurf zur Großen Halle die Vorstellungen Hitlers zu verwirklichen, kann nur schwerlich als geglückt bezeichnet werden. Die abgerundete Geschlossenheit und instinktsichere Form der Hitler-Skizze, die als musische Leistung erscheint, ist in der bis ins Detail genauen Ausarbeitung Speers proportionslos vergröbert und verflacht.

Der „Architekt" Hitler, den seine frühen und späten Baupläne noch 1945 intensiv beschäftigten, ließ den von ihm auserwählten Architekten relativ freie Hand. Albert Speer erhielt am 25. Juni 1940, drei Tage nach dem Waffenstillstand mit Frankreich, geradezu eine Generalvollmacht*, als Architekt zu tun, was immer er für richtig oder gut hielt.

ADOLF HITLER

Hauptquartier BERLIN, DEN 25/Juni 1940

Berlin muß in kürzester Zeit durch seine bauliche Neugestaltung den ihm durch die Größe unseres Sieges zukommenden Ausdruck als Hauptstadt eines starken neuen Reiches erhalten.

In der Verwirklichung dieser nunmehr **wichtigsten Bauaufgabe des Reiches** sehe ich den bedeutendsten Beitrag zur endgültigen Sicherstellung unseres Sieges.

Ihre Vollendung erwarte ich bis zum Jahre 1950.

Das Gleiche gilt auch für die Neugestaltung der Städte München, Linz, Hamburg und die Parteitagbauten in Nürnberg.

Alle Dienststellen des Reiches, der Länder und der Städte sowie der Partei haben dem Generalbauinspektor für die Reichshauptstadt bei der Durchführung seiner Aufgaben jede geforderte Unterstützung zu gewähren.

Zu den typischen Architekturskizzen des „Dilettanten" Hitler, die sich von Speers akademisch kalten Entwürfen stets durch ihre Harmonie und Geschlossenheit unterscheiden, gehören vor allem seine Entwürfe für Linz, München und Berlin.

Linz, dessen städtebaulicher Gestaltung er bis zu seinem Lebensende sein ganz besonderes Augenmerk widmete, skizzierte er nicht selten auch als Silhouette, wie es auf dieser Zeichnung geschehen ist, die die Stadt donauabwärts zeigt: auf der

rechten Seite, der Südseite des Flusses, sind hinter dem hohen Bauwerk die Kuppeln des einstigen Hermann-Göring-Werkes (jetzt: VÖST) angedeutet. Die auf der nördlichen Flußseite erkennbare Kuppelhalle wollte Hitler später durch ein Bismarck-Denkmal von Wilhelm Kreis ersetzt sehen.

Nach der Idee des „Dom des Invalides“ in Paris, den er als historisches Bauwerk so schätzte, daß er ihn drei Tage nach dem Eintritt der Waffenruhe in Paris zusammen mit Albert und Arno Breker besichtigte[60], entwarf er ein Gebäude, das er einmal in München errichten lassen wollte, wie die Zahl „176 m“ unter dem Grundriß bezeugt, die die Entfernung von der Brienner Straße zur Ecke Gabelsbergerstraße in München bezeichnet.

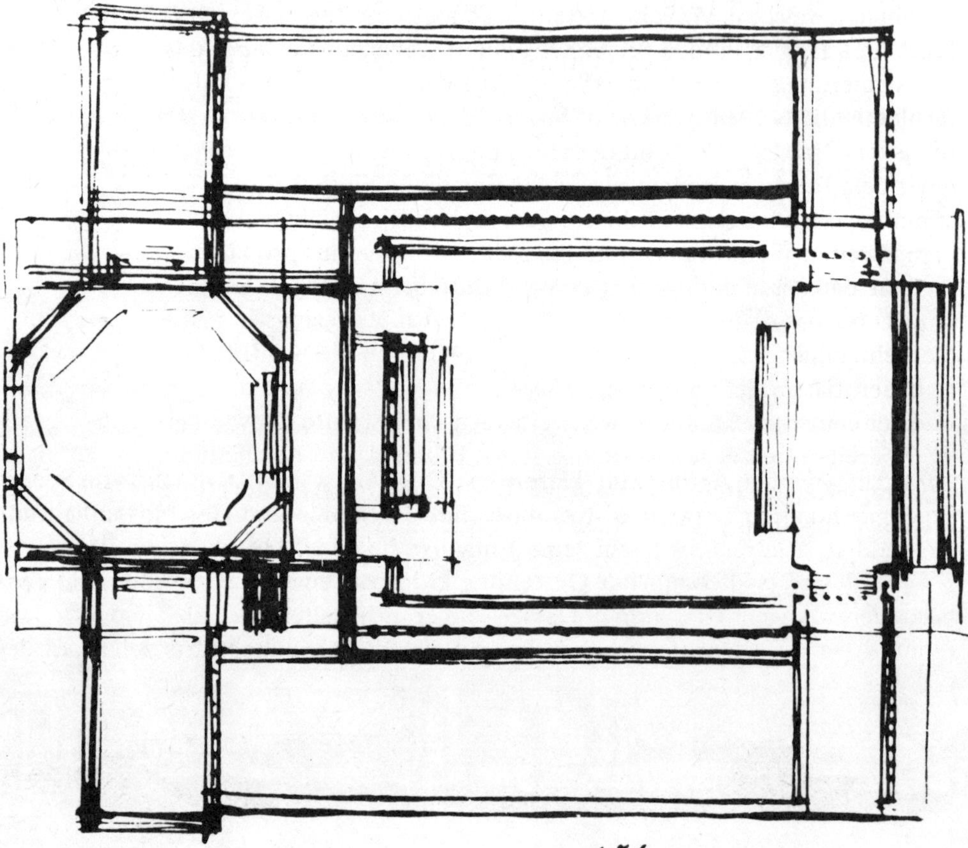

Hitler beschäftigten seit seiner Schulzeit jedoch nicht nur Städteplanung und Architektur, sondern auch der Bau von Schiffen, die er, obwohl in den Materialschlachten des Ersten Weltkrieges zum seefremden Binneneuropäer geworden, besser kannte als die meisten seiner Marinefachleute. So erklärte Großadmiral Karl Dönitz 1967: „Seeoffiziere, die längere Zeit in der näheren Umgebung von Hitler gewesen waren, z. B. sein Marineadjutant, der Konteradmiral von Puttkammer, haben mir erzählt, daß Hitler eine außerordentlich hohe Sachkenntnis der Schiffstypen gehabt hat, welche in Weyers Flottentaschenbuch bei den einzelnen Nationen aufgeführt sind. Er war infolge seines sehr guten Gedächtnisses über das Deplacement, die Armierung und den Schutz dieser Typen besser unterrichtet als die . . . Marinefachleute, die bei ihm waren[61]." So war seine „staatsmännisch" artikulierte Wendung vom 26. Mai 1932, „mit der Hoffnung, mithelfen zu können am Wiederaufbau einer dem Reiche würdigen Flotte"* keine bloße Floskel zur Gewinnung einer bestimmten Bevölkerungsschicht, sondern tatsächlich ein Herzensanliegen Hitlers. Vor dem Zweiten Weltkrieg wurmte ihn sicher nicht nur aus propagandistischen Erwägungen, daß das in der internationalen Schiffahrt sehr begehrte „Blaue Band" nicht „am Top eines deutschen Schiffes"[62] wehe. Am 3. Dezember 1938 wies er seinen Verkehrsminister Dorpmüller an, in 3 bis 4 Jahren ein Schiff für den Zivilverkehr zu bauen, das größer und schneller als die „Queen Mary" und die „Normandie" sei[63] und der deutschen Schiffahrt weltweites Ansehen schaffe. Obwohl Hitler sich zu der Zeit bereits intensiv mit seinem ersten „Blitzfeldzug" beschäftigte, versprach er, Rüstungs-Kapazitäten (u. a. Hellinge, Ingenieure und Arbeiter) freizumachen, über die der Großadmiral Erich Raeder verfügte[64].

* Vgl. S. 116. Hitlers Interpunktion ist hier (durch ein Komma) korrigiert.

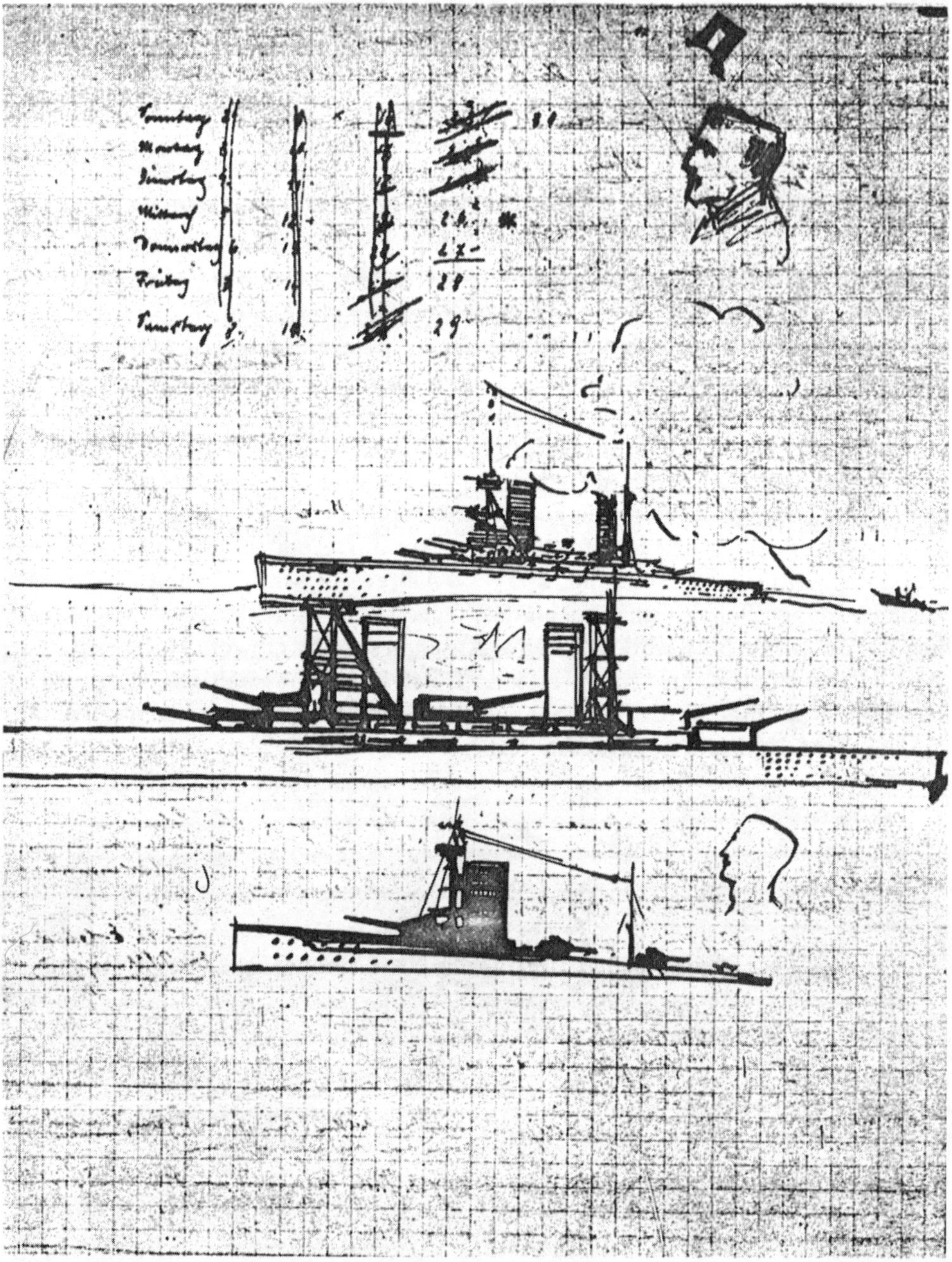

S. 141: Von Hitler korrigierte Seite für *Mein Kampf*.

Blatt 22

auf das Heer, [redacted] auf den König und die Krone. Und wie wurde damals Bismarcks Tat bezeichnet ? Als Verfassungsbruch, als Hochverrat. Die ganze liberale Presse brach [redacted] den junkerlichen Hochverräter. Was hat aber seine Tat legalisiert? Gewiss wäre wohl auch [redacted] ein Hochverrat geworden, wenn nicht aus dieser Tat heraus [redacted] Sedan gekommen wäre, das Deutsche Volk zu seiner Einigung gelangt und [redacted] nach dem siegreichen Kriege dieser Kanzler [redacted] unter Zustimmung aller deutschen Stämme dem Könige die Deutsche Kaiserkrone aufs Haupt gesetzt [redacted] hätte. Und das, was das kleine Brandenburg einst im Kampfe gegen das Erzhaus Habsburg schon begonnen, nämlich die Vorbereitung der Einigung aller deutschen Stämme, das ist im Zusammenschluss zum Deutschen Kaiserreiche aus jener Bismarckschen Tat geworden. Und wenn wir einen neueren Staatsstreich ins Auge fassen, so möchte ich an das Verhalten von Kemal Pascha erinnern, der sich selbst über die heilige Gewalt des Oberhauptes der Mohamedanischen Religion hinweggesetzt hat und der Türkei durch seinen Staatsstreich eine nationale Regierung gebracht hat. Die Tat Kemal Paschas ist letzten Endes legalisiert worden durch die [redacted] der Freiheit für sein türkisches Volk, seine Tat würde Hochverrat gewesen sein, so aber ward sie zum Segen für das Osmanenvolk. Und was zeigt uns das Beispiel Mussolinis ? Hat er nicht sich bis aufs Aeusserste eingesetzt [redacted] Italiens [redacted] und durch seinen Marsch nach Rom den König und den Staat [redacted] vom Marasmus [redacted] Ich frage nun: Wie war denn eigentlich die Lage in Deutschland 1918? Keineswegs war die Verelendung und Erkrankung des Volkes [redacted] eine derartige, dass eine Revolution als Naturnotwendigkeit hätte empfunden werden müssen. Das alte Preussen und das ehemalige Reich war ohne Zweifel [redacted] am saubersten verwaltete Länder der ganzen Welt. [redacted] Kein Staat verfügte über eine so ehrenhafte [redacted] Beamtenschaft, wie das alte Deutschland, kein Volk besass eine Armee, in der höchste Ehrenhaftigkeit zur Tradition geworden war. Und wie innen so auch nach aussen. 26 Staaten haben sich bemüht, dieses Reich zu Boden

Am 7. April 1925, rund drei Monate nach seiner vorzeitigen Entlassung aus der Festungshaftanstalt Landsberg am Lech, bat der Österreicher Hitler den Magistrat der Stadt Linz um die „Entlassung aus der österreichischen Staatsbürgerschaft". Der Antrag wurde in seinem Sinne entschieden, so daß er von 1925 bis zu seiner Ernennung zum Regierungsrat* im Februar 1932 staatenlos war.

An den

Magistrat der Landeshauptstadt

Linz a. d. Donau.

Betreff:
Gesuch um Entlassung aus der
Österreichischen Staatsbürgerschaft.

Hoher Magistrat!

Ich bitte um meine Entlassung aus der österreichischen Staatsbürgerschaft.
Gründe:
Ich befinde mich seit dem Jahre 1912 in Deutschland, habe nahezu 6 Jahre im deutschen Heere gedient, darunter $4^1/_2$ Jahre an der Front und beabsichtige nunmehr die deutsche Staatsbürgerschaft zu erwerben.
Da ich zurzeit nicht weiss, ob meine österreichische Staatsangehörigkeit nicht ohnehin bereits erloschen ist, ein Betreten des österreichischen Bodens durch eine Verfügung der Bundesregierung jedoch abgelehnt wurde, bitte ich um eine günstige Entscheidung meines Gesuches.
Personalien: Adolf Hitler, geboren am 20. April 1889 zu Braunau am Inn, bisher zuständig nach Linz a. d. Donau.
Meine Dokumente sind seit dem November 1923 nicht mehr auffindbar und vermutlich verloren gegangen.

Hochachtungsvoll

Adolf Hitler

München, den 7. April 1925.

* Am 26. Februar 1932 leistete Adolf Hitler den Eid auf „die Reichs- und Landesverfassung" und schwor, „Gehorsam den Gesetzen und gewissenhafte Erfüllung" seiner Amtspflichten als Regierungsrat. Durch diesen „Staatsakt" wurde er nicht nur Regierungsrat im braunschweigischen Staatsdienst, sondern zugleich auch deutscher Staatsbürger. Dok. Bundesarchiv Koblenz, NS 26,6.

Wahrheitsgemäß trug Hitler bei Übernachtungen von 1925 bis 1932 in Hotels als Nationalität „Staatlos“ ein, wie er es z.B. am 6. Oktober 1927 im „Hotel Phönix“ in Hamburg tat.

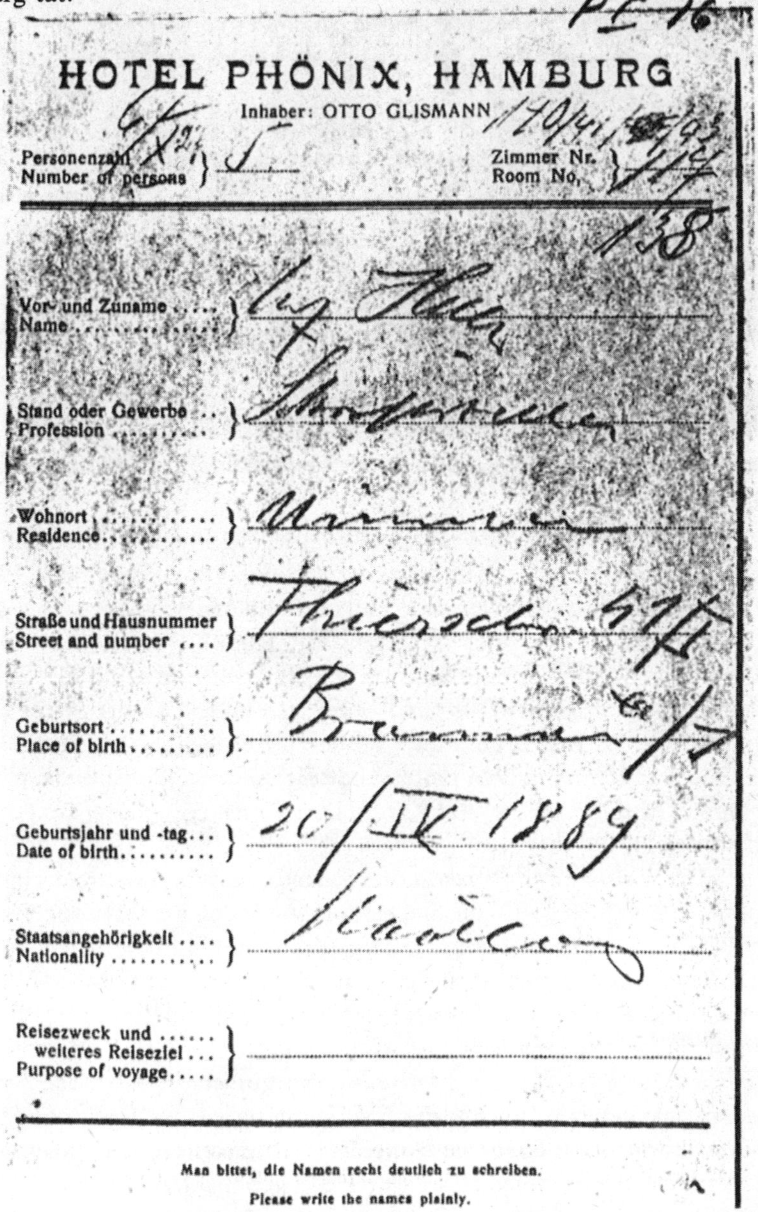

HOTEL PHÖNIX, HAMBURG

Inhaber: OTTO GLISMANN

Personenzahl / Number of persons

Zimmer Nr. / Room No.

Vor- und Zuname / Name

Stand oder Gewerbe / Profession

Wohnort / Residence

Straße und Hausnummer / Street and number

Geburtsort / Place of birth

Geburtsjahr und -tag / Date of birth: 20/IV 1889

Staatsangehörigkeit / Nationality

Reisezweck und weiteres Reiseziel / Purpose of voyage

Man bittet, die Namen recht deutlich zu schreiben.

Please write the names plainly.

Hitler begrüßt im Frühjahr 1938 während des Einmarsches in Österreich einen seiner einstigen Leondinger Volksschullehrer.

So wenig maßvolles Stilgefühl Hitler 1924 und 1925 beim Diktat seines Buches „Mein Kampf" verriet, so sehr überraschte er seine Umgebung nach 1933 damit, daß er sich durchaus zu zügeln verstand und auch die deutsche Sprache souverän beherrschte. Als zum Beispiel der Architekt Dr. Rudolf Wolters, der vor Hitlers Machtübernahme Städteplaner in Sibirien gewesen war und seit 1937 als Hauptabteilungsleiter im Amt seines Duz- und Studienfreundes Albert Speer fungierte*, einen Text für die Presse vorbereitete, die die Öffentlichkeit darüber informieren sollte, daß die 3 Säulentrommeln umfassende Berliner Siegessäule um eine weitere Säulentrommel erhöht und versetzt werde, korrigierte Hitler den Text und verbesserte ihn stilistisch.

Während Dr. Wolters, der als gewandter Fachpublizist bereits einen Namen hatte, die Formulierung wählte, „wird die Siegessäule (nach der Versetzung) einen weitaus besseren Platz haben", strich Hitler das „besseren" durch und ersetzte es durch das passendere Wort *„würdigeren"*, fügte ein paar Zeilen weiter unten das Verb „dominierenden" ein und korrigierte Wolters, der geschrieben hatte: „Bei ihrer Versetzung wird die Siegessäule in geringem Maße verändert." Hitlers Zusatz *„werden"* (hinter „verändert") beweist überzeugend, wie gut er die deutsche Sprache beherrschte. Instinktsicher ist auch seine Einfügung im gesperrt geschriebenen Text. Wolters Feststellung, daß die Siegessäule durch eine weitere Säulentrommel höher gemacht werden solle, ergänzte Hitler durch den geschickten Hinweis, daß die *„bisher zu niedrig geratene"* Gesamthöhe der Säule aufgestockt werde.

* Wolters war von 1941 bis Ende 1944 auch der Initiator und Verfasser der sogenannten „Chronik", des Tagebuches der Dienststellen Speer. Speer bezieht sich in seinen Erinnerungen auf sie.

An dieser Stelle wird die Siegessäule einen weitaus würdigeren Platz haben als bisher, da sie sich nicht nur in der Blickrichtung der 12 km langen geraden Ostweststrasse befindet, sondern auch den verschiedenen Diagonalstrassen und -Wegen des Tiergartens einen weithin sichtbaren beherrschenden Abschluss gibt.

Bei ihrer Versetzung wird die Siegessäule in geringem Masse verändert werden.

Durch Einfügen einer vierten unteren Säulentrommel wird die bisher zu niedrig geratene Gesamthöhe des Denkmals um 6,4o m auf rd. 27 m vergrössert.

Fussgängertunnel, die unter dem Platz des Grossen Sterns entstehen werden, ermöglichen dem Fussgänger sowohl die kreuzungsfreie Unterquerung der Ostwestachse an dieser Stelle, als auch den gefahrlosen Zugang zur Mittelinsel des Platzes.

Mit der Versetzung der Siegessäule wird am 1. Juli begonnen.

Ähnliche Erfahrungen mußte Wolters auch Ende 1938 machen, als Hitler das alte Berliner Rathaus störte, das er als zu provinziell empfand. Um den Abriß nicht ohne Vorbereitung der Öffentlichkeit befehlen zu müssen, sollte Dr. Wolters anonyme Leserbriefe in die Presse lancieren und dafür plädieren, daß der Rathausturm das Bild der Reichshauptstadt störe*. Bevor die „Leserzuschriften" an die Presse gingen, las Hitler sie nicht nur, sondern korrigierte sie auch.

- 3 -

Straße Steigerung.

Doch eins stört dieses Bild - es sind nicht die fehlenden alten Bäume, auch nicht die dünnen Laternchen, - es stört einen Turm, der Rathausturm.

Irgendwie steht er nicht richtig, irgendwie in Größe, Form, in städtebaulicher Position. Nicht, daß er aus der Achse gerückt ist - das ist es nicht. Auch nicht die fremde, kunsthistorische Form. Er paßt hier nicht hin - in diese Achse des neuen Berlin: Vom Knie über den Stern mit der Säule, über das klassische Preußentor, über das Schloßmonument Schlüters.

In diese Reihe gehört der Turm nicht, dieses etwas ausdrucks- und kraftlose Gebilde, das irgendwelchen südlichen Meisterwerken so schlecht nachgebildet ist.

Wie wäre es, wenn er gelegentlich verschwände! Ich glaube, daß sich kaum jemand fände, der gegen einen Abriß etwas einzuwenden hätte.

Ein Reichsbürger.

* Da die Berliner Bevölkerung negativ auf diese Leserbriefe reagierte, befahl Hitler schließlich, daß in der Angelegenheit nichts weiter unternommen werden solle. Persönliche Auskunft von Dr. Wolters (18. 12. 1972). Dok. im Besitz des Autors.

Wolters hatte geschrieben: „... es stört der Turm, der Rathausturm." Hitler wünschte: „... es stört ein Turm, der Rathausturm", wodurch der Text zweifellos gewann. Und auch die weiteren Einfügungen Hitlers trugen dazu bei. So hieß es bei Wolters:

„Irgendwo steht er (der Turm) nicht richtig, irgendwie in Größe, Form, in städtebaulicher Position. Nicht, daß er aus der Achse gerückt ist – das ist es nicht. Auch nicht die fremde, kunsthistorische Form. Er paßt hier nicht hin – in diese Achse des neuen Berlin*."

Nach Hitlers Korrektur lautete der Text für die Presse:

„Irgendwo steht er nicht richtig, irgendwie in Größe, Form, in städtebaulicher Position. Nicht, daß er aus der Achse gerückt ist – das ist es nicht. Auch nicht die uns heute so fremde, kunsthistorische Form. Er paßt hier nicht hin – in diese Achse des alten und neuen Berlin."

Nicht ohne Witz ist Hitlers letzte Einfügung. Da diese Kampagne im Jahre 1938 stattfand, im Jahre des „Anschlusses" Österreichs an das Deutsche Reich, ergänzte er Wolters Unterschrift „Ein Reichsbürger" und machte daraus: „Ein neuer Reichsbürger[69]."

Nach der Entlassung aus der Haft, im Dezember 1924, beschränkte sich Hitler bei Diktaten auf Redeentwürfe** und wenige Briefe. Mit der Hand schrieb er seitdem noch weniger als zuvor. Grüße an die Raubals***, Glückwünsche und Kondolenzschreiben*, meist nur ein paar Zeilen, entstanden buchstäblich zwischen Tür und Angel. Nur Eva Braun, seit 1929 mit ihm bekannt, seit Anfang 1932 seine Geliebte, erhielt privat stets nur handgeschriebene Briefe von ihm. Ihrer Schwester Gretl schrieb sie am 23. April 1945, eine Woche vor ihrem Selbstmord im Bunker der Reichskanzlei: „Vernichte ... ein Kuvert das an den Führer adressiert ist und sich im Bunker im Safe befindet. Bitte nicht lesen! Die Briefe des Führers und meine Antwortentwürfe ... bitte ich wasserdicht zu verpacken und eventuell zu vergraben. Bitte nicht vernichten!!"**

* Dok. im Besitz von Dr. Wolters.
** Vgl. S. 223.
*** Seine Linzer Verwandten. Der erste Raubal als Verwandter war der – ihm nicht besonders gewogene – Mann seiner Halbschwester Angela, die Mutter seiner Geliebten „Geli" Raubal, die sich im September 1931 das Leben nahm. Vgl. Maser, *Adolf Hitler* ..., S. 23, 36, 59, 62, 66, 305, 312, 313, 315, 316, 318, 320, 321, 323–326, 363, 369, 389, 448 und 479.
* Vgl. z.B. das Schreiben von 1928 an „Vater Zegg", S. 151.
** Gun, Nerin E.: *Eva Braun – Hitler. Leben und Schicksal.* Velbert und Kettwig 1968, S. 191. Die von Eva Braun erwähnte Korrespondenz ist nicht mehr vorhanden. Persönliche Auskunft von Eva Brauns Schwester Ilse (31. 10. 1972).

Die allgemeine Korrespondenz, die Hitler unterschrieb, besorgten seit der Zeit, seit er über Sekretäre verfügte, routinemäßig die von ihm ausgewählten Männer seines Vertrauens, von denen nach Rudolf Schüssler[70] und Max Amann[71], Rudolf Hess[72] und Albert und Martin Bormann die namhaftesten waren. Niemandem von ihnen gelang eine perfekte Kopie des Hitler-Stils. So ist denn auch aus Maschinentexten – nicht nur infolge der jeweils behandelten Thematik – eindeutig herauszulesen, welche Briefe Hitler selbst diktierte.

Adolf Hitler

München, den 21. Sept. 1932.
Braunes Haus

Sehr geehrter Herr Hoyer!

Erst heute komme ich leider dazu, Ihnen für das Bild „Der SA-Mann", das Sie mir zur Ausschmückung des Braunen Hauses zugehen liessen, zu danken.

In Ihrem Gemälde haben Sie den Kampfgeist der SA treffend zum Ausdruck gebracht.

Mit deutschem Gruss!
Adolf Hitler

Herrn
H. O. Hoyer,
Oberstdorf.
Landhaus Hoyer*.

* Von Hitler diktierter und unterschriebener Brief vom 21. 9. 1932. Für den Maler Hitler war dieser Brief eine Routineangelegenheit, die er in wenigen Minuten erledigte. Bundesarchiv Koblenz, NS 26,14.

Berlin, den 9. Nov. 1936

Adolf Hitler

Sehr geehrter Herr von Elmayer-Vestenbrugg!

Mit dem mir gewidmeten Exemplar Ihres Buches „Georg Ritter von Schönerer, der Vater des politischen Antisemitismus" haben Sie mir eine besondere Freude bereitet.

Ich bitte Sie, noch nachträglich meinen besten Dank dafür entgegenzunehmen.

Mit deutschem Gruß
Adolf Hitler

Herrn
Rudolf von Elmayer-Vestenbrugg,
München 2 NO
Schönfeldstrasse 8/II*.

Die meisten der früheren Bekannten Hitlers, die auch nach dem Kriege noch Post von ihm bekamen, stellten schon 1919 befremdet fest, daß er sich grundsätzlich geändert habe. Selbst die Familie Popp, die er bis 1915 in seinen Briefen mit Gefühlsregungen geradezu überschüttet und nach dem Kriege nur zufällig in einem Restaurant wiedergetroffen hatte[73], meinte dies zu erfahren[74], obwohl die handschriftliche Widmung, die Hitler Joseph[75] Popp Weihnachten 1925 in sein eben erschienenes Buch „Mein Kampf" hineinschrieb, einen solchen Wandel nicht bestätigt. Hitlers Formulierung „Herrn Josef Popp anläßlich des Weihnachtsfestes 1925 in alter Erinnerung herzlichst zugeeignet. Adolf Hitler", wirkt durchaus persönlich, herzlich und ungekünstelt. Ebenso unbefangen, wenn auch betont wohlerzogen höflich, klingt sein Glückwunschschreiben aus der gleichen Zeit an den mit ihm befreundeten Komponisten, dem er zum 50. Geburtstag gratuliert.

* Von Hitler diktierter und unterschriebener Brief vom 9. 11. 1936. Obwohl Hitler sich 1924 in „Mein Kampf" (S. 107f. und 120) ausführlicher und ausgesprochen lobend über Georg von Schönerer, den Exponenten der „Los-von-Rom-Bewegung" und der österreichischen Alldeutschen, geäußert hatte und Bücher meist sofort las, ließ er es hier mit einer bloßen „Empfangsbestätigung" bewenden.

Zu Ihrem 50ten Geburtstage gestatten Sie
mir daß ich meine herzlichsten Glückwünsche
zum Ausdruck bringe. Dabei bitte
ich auch gleich mich für die Zeichen
liebenswerter Zuneigung bedanken zu
dürfen die Sie mir im Gefängnis
zukommen ließen.
Hoffentlich habe ich noch einmal die
Möglichkeit meinen Dank persönlich
abstatten zu können.
So grüße ich Sie und besonders
auch Ihre liebe Frau Gemahlin auf
das herzlichste als Ihr ergebener

Adolf Hitler

In einem Kondolenzschreiben, das er am 18. Januar 1929 einem alten Bekannten namens Zegg schreibt, leistet er sich die Anrede „Lieber Vater Zegg“* und läßt trotz aller Anteilnahme den Abstand spüren, den er, inzwischen reifer und überlegener als 1924/25, sowohl formvollendet als auch förmlich zwischen sich und den Adressaten setzt.

18./ Jan(uar) 1929

Lieber Vater Zegg!

Soeben erfahre und lese ich
vom Tode Ihrer lieben Frau.
Außerdem erzählt mir soeben Schaub
daß Sie auch Ihre Tochter verloren
haben. Zu diesem großen Unglück
lieber Zegg nehmen Sie auch meine
allerherzlichsten und aufrichtigen
Beileidsempfindungen entgegen.
Ich fühle mit Ihnen.

In aufrichtigem
Mitleid Ihr
Adolf Hitler

Im Briefwechsel mit seinem einstigen Linzer Geschichtslehrer Prof. Dr. Leopold Poetsch allerdings, den er in „Mein Kampf“ rühmend als den Lehrer hervorhebt, der seinem Leben die entscheidende Wendung gegeben habe**, ist diese „staatsmännische“ Reserviertheit im ersten Hitler-Brief nicht zu spüren. Hitler bemüht sich um eine Wärme und persönliche Beziehung, wie es seit seinen Briefen von 1914 und 1915 nicht mehr aus seinen schriftlichen Mitteilungen herauszulesen ist. Die Korrespondenz zwischen ihm und Poetsch beginnt im Juni 1929 auf Initiative von Poetsch und zieht sich über Jahre hin, soweit es sich um persönliche Briefe von Poetsch an Hitler handelt. Von Hitlers Seite aus wurde rasch eine Beziehung daraus, die seine

* Vgl. die Reproduktion des Briefes S. 152.

** Vgl. Hitler, S. 12. Dort heißt es über Poetsch z. B.: „Es wurde vielleicht bestimmend für mein ganzes späteres Leben, daß mir das Glück einst gerade für Geschichte einen Lehrer gab, der es als einer der ganz wenigen verstand . . . diesen Gesichtspunkt zum beherrschenden zu machen.“

18/Jan. 1929.

AH

Lieber Vater Fegg!

Soeben erfahre nun erst ich vom Tode Ihrer lieben Frau. Außerdem erzählte mir Herr Schaub daß Sie auch Ihre Tochter verloren haben. Zu diesem großen Unglück lieber Fegg nehmen Sie auch meine allerherzlichste und aufrichtigste Beileidsbezeugung und innigen entgegen. Ich fühle mit Ihnen.

In aufrichtigem
Mitleid

Ihr
Adolf Hitler

engsten Mitarbeiter (z. B. Rudolf Hess) aufrechterhielten und zu einer reinen Routineangelegenheit machten. Nachdem Poetsch seinem einstigen Schüler am 20. Juni 1929 in einem handschriftlichen Brief unter der Anrede „Hochgeschätzter Herr Hitler" gebeten hatte, ihm für seinen Familiennachlaß eine Abschrift der Stelle aus „Mein Kampf" zukommen zu lassen, die ihn persönlich, Leopold Poetsch, betraf*, antwortete Hitler ihm am 2. Juli 1929 hocherfreut. Aus seiner Antwort leuchtet noch einmal die Fähigkeit auf, sich selbst mitzuteilen und eigene Regungen zu offenbaren, wie er es 1914 getan hatte.

Adolf Hitler
Kanzlei:
München 13, Schellingstr. 50
Fernspr. 29031 und 297217 (NBST.)
Postscheckkonto: München 11263

München, den 2. Juli 1229

Hochverehrter Herr Schulrat,

von einer Reise zurückkehrend, finde ich Ihre Zeilen vom 20. Juni vor. Sie können sich kaum vorstellen, welche Freude Sie mir mit diesen gemacht haben. Riefen Sie mir doch mit einem Schlag die Erinnerungen an die Jugendjahre wach und an die Stunden bei einem Lehrer, dem ich unendlich viel verdanke, ja, der mir zum Teil die Grundlage gegeben hat für den Weg, den ich inzwischen zurücklegte.

Statt der erbetenen Abschrift aus meinem Buche, lasse ich Ihnen dieses selbst zugehen; Sie werden die betreffende Stelle zu Beginn des ersten Bandes finden. Bei einer Neuauflage desselben wird Ihr Vorname selbstverständlich berichtigt.

Mit herzlichen Grüssen und dem Ausdruck meiner Verehrung,

Ihr Ihnen stets ergebener
Adolf Hitler

* Bundesarchiv Koblenz, NS 26/15. Poetsch erklärte in seinem handschriftlichen Brief („Hochgeschätzter Herr Hitler"), daß er „die einfache Ansprache" zu entschuldigen bitte, weil er nicht wisse, welche Anrede ihm zukomme.

Acht Jahre später, Hitler hat sich inzwischen seiner Umgebung entzogen, fühlt sich ernsthaft krank und bereits an der Schwelle seines Grabes[76], schreibt er seinem alten Lehrer noch einmal persönlich. Aber dieser Brief ist der Brief eines Fremden. Poetsch, der Hitler 1929 mit ein paar Zeilen noch große Freude und „Erinnerungen an die Jugendjahre" bereitet und herzliche Dankesgefühle ausgelöst hatte, erscheint jetzt nur noch als ein alter Mann, dem Hitler einmal auf seinem Wege zum Ruhm begegnet ist. Die einstige Schüler-Lehrer-Beziehung ist einer Atmosphäre gewichen, in die sich seit 1937 jedermann gestellt sah, der es mit Hitler unmittelbar zu tun hatte.

Der Führer und Reichskanzler Berlin, den 30. Juni 1937.

Sehr geehrter Herr Professor!

Durch Vermittlung des Herrn Ministerialrats Karl Hagmüller in Wien erhielt ich heute Ihr Schreiben vom 4.Juni mit Ihrem Lichtbild aus dem Jahre 1900, also aus der Zeit, da Sie mein Lehrer waren. Ich habe mich über Ihre Zeilen wie über die wohlgelungene Photographie aufrichtig gefreut und sage Ihnen in Erinnerung an diese Jahre herzlichen ~~Dank dafür.~~ Ich freue mich zu hören, dass Sie trotz hohen Alters gesund und rüstig sind, und wünsche, dass Ihnen diese gute Gesundheit auch fernerhin erhalten bleibe.

Mit freundlichen Grüssen verbleibe ich

Ihr ergebener

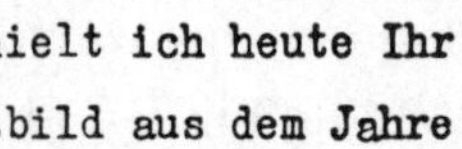

Unmittelbar nachdem Hitler Reichskanzler geworden war, schrieb August Kubizek ihm ein paar Zeilen, ohne mit einer Antwort zu rechnen, die dann aber doch eintraf.

Adolf Hitler

München, den 4. August 1933.
Braunes Haus

Mein lieber Kubizek!

Erst heute wird mir Dein Brief vom 2. Februar vorgelegt. Bei den Hunderttausenden von Schreiben, die ich seit dem Januar erhielt, ist es nicht verwunderlich. Umso grösser war meine Freude, zum ersten Mal nach so vielen Jahren eine Nachricht über Dein Leben und Deine Adresse zu erhalten. Ich würde sehr gerne – wenn die Zeit meiner schwersten Kämpfe vorüber ist – einmal persönlich die Erinnerung an diese schönsten Jahre meines Lebens wieder wachrufen. Vielleicht wäre es möglich, dass Du mich besuchst.

Dir und Deiner Mutter alles Gute wünschend bin ich in Erinnerung an unsere alte Freundschaft

Dein
Adolf Hitler

Herrn
Stadtamtsleiter Aug. Kubizek,
Eferding/O.Ö.

Als es nach dem Anschluß Österreichs in Linz zu einer erneuten Begegnung kam, begrüßte Kubizek, dem jede Vertraulichkeit „ungehörig“ erschien, Hitler mit sehr formellen Worten, die er vorher sorgfältig einstudiert hatte, was Hitler auch nicht entging. Er war erleichtert, als Hitler auch ihn dann mit „Sie“ anredete.

Adolf Hitler kurz vor der Machtübernahme. Schon zu dieser Zeit schrieb er nur noch selten mit der Hand.

Einer der letzten von Hitler vor dem Beginn des Zweiten Weltkrieges mit der Hand geschriebenen Texte bildet sein Testament vom 2. Mai 1938.

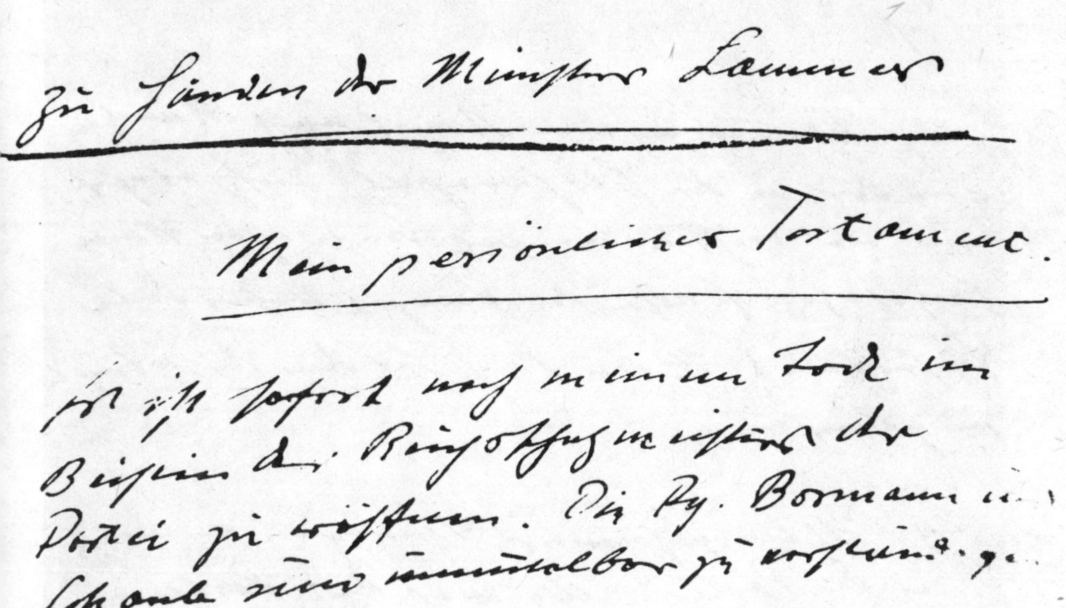

Zu Händen des Ministers Lammers

Mein persönliches Testament.

Es ist sofort nach meinem Tod im
Beisein des Reichsschatzmeisters der
Partei zu eröffnen. Die Pg. Bormann und
Schaub sind unmittelbar zu verständigen.

Mein Testament.

Für den Fall meines Todes verfüge ich:

1.) Mein Leichnam kommt nach München und wird dort in der Feldherrnhalle aufgebahrt und im rechten Tempel der ewigen Wache beigesetzt. (Also der Tempel neben dem Führerbau) Mein Sarg hat dem der übrigen zu gleichen.

2.) Mein gesamtes Vermögen vermache ich der Partei. Die mit dem Parteiverlage abgeschlossenen Verträge werden dadurch nicht berührt. Über die noch vorhandenen oder künftigen Einnahmen aus meinen Werken verfügt die Partei

3.) Die Partei muß dafür folgende Beiträge jährlich zur Auszahlung bringen:

Mein Testament –

Für den Fall meines Todes verfüge ich:

1.) Mein Leichnam kommt nach München wird dort in der Feldherrnhalle aufgebahrt und im rechten Tempel der ewigen Wache beigesetzt. (Also der Tempel neben dem Führerbau) Mein Sarg hat dem der übrigen zu gleichen.

2.) Mein gesamtes Vermögen vermache ich der Partei. Die mit dem Parteiverlage abgeschlossenen Verträge werden dadurch nicht berührt. Über die noch vorhandenen oder künftigen Einnahmen aus meinen Werken verfügt die Partei

3.) Die Partei* muß dafür folgende Beträge jährlich zur Auszahlung bringen:

* Am 17. 2. 1960, 15 Jahre nach Hitlers Tod, stellte das Amtsgericht München einen „Erbschein über die Erbfolge von Adolf Hitler . . . auf Grund Testaments (vom 29. 4. 1945) und Ausschlagung nach Wegfall der Vorerbin, der NSDAP“, für Paula Hitler (vgl. die Anm. auf der nächsten Seite) aus (Z.: 2994/48). Die 1938 von Hitler als Haupterbin vorgesehene Partei existierte bereits unmittelbar nach Hitlers Tod nicht mehr.

a.) An Fräulein Eva Braun – München
auf Lebenszeit monatlich 1000 Mark
(ein tausend Mark) also jährlich 12000 Mark.

b.) An meine Schwester Angela* – Dresden
auf Lebenszeit monatlich 1000 Mark
(eintausend Mark) also jährlich 12000 Mark.
Sie hat davon ihre Tochter Trial zu unterstützen.

c.) An meine Schwester Paula** – Wien
auf Lebenszeit monatlich 1000 Mark
(eintausend Mark) also jährlich 12.000 Mark.

d.) An meinen Stiefbruder Alois Hitler
einen einmaligen Betrag von 60000 Mark
sechzigtausend Mark).

e.) An meine Haushälterin Frau Winter
München auf Lebenszeit monatlich
150 Mark (einhundertfünfzig Mark)

f.) An meinen alten Julius Schaub
den einmaligen Betrag von 10.000 Mark

* Angela Hitler (1883) war eine Tochter aus der Ehe Alois Hitlers (Adolfs Vater) mit Franziska Matzelsberger († 1884). Sie führte ihrem Halbbruder bis 1935 den Haushalt. Ihre Tochter Angela („Geli") nahm sich, angeblich von Adolf Hitler schwanger, am 18. 9. 1931 in Hitlers Münchener Wohnung das Leben.

** Paula Hitler (21. 1. 1896–1. 6. 1960) war Adolfs einzige Schwester. Ihre Eltern waren, wie bei Adolf, Alois und Klara Hitler. Das ihr laut Erbschein vom 17. 2. 1960 zustehende Erbe (²/₃ des Hitler-Besitzes) fiel nach ihrem Tode infolge einer Entscheidung des Amtsgerichts Berchtesgaden (Nr. VI 108/60) vom 25. 10. 1960 an die Kinder ihrer Halbschwester Angela Hitler.

a.) An Fräulein Eva Braun – München
auf Lebenszeit monatlich 1000 Mark
(eintausend Mark) also jährlich 12.000 Mark

b.) An meine Schwester Angela – Dresden
auf Lebenszeit monatlich 1000 Mark
(eintausend Mark) also jährlich 12.000 - Mark
Sie hat davon ihre Tochter Friedl zu unterstützen.
c.) An meine Schwester Paula – Wien
auf Lebenszeit monatlich 1000 Mark
eintausend Mark) also jährlich 12.000 - Mark.

d.) An meinen Stiefbruder Alois Hitler
einen einmaligen Betrag von 60.000 Mark
(sechzigtausend Mark).

e.) An meine Haushälterin Frau Winter
München auf Lebenszeit monatlich
150 Mark (einhundertfünfzig Mark)

f.) An meinen alten Julius Schaub
den einmaligen Betrag von 10.000 Mark

und auf Lebenszeit eine monatliche Rente von 500 Mark (fünfhundert Mark).

g.) für meinen Diener Krause eine Rente von monatlich 100 Mark (einhundert Mark) auf Lebenszeit.

h.) für die Diener Linge und Junge einmalig je 3000 (dreitausend) Mark

i.) für meine Verwandten in Spital Niederösterreich den einmaligen Betrag von 30.000 Mark (dreißigtausend M.) Die Verteilung dieses Betrages bestimmt meine Schwester Paula Hitler in Wien.

4.) Die Einrichtung der Zimmer in meiner Münchener Wohnung in dem einst meine Nichte Geli Raubal

..912

und auf Lebenszeit eine monatliche
Rente von 500 Mark (fünfhundert
Mark).

g.) Für meinen Diener Krause eine
Rente von monatlich 100 Mark
(einhundert Mark) auf Lebenszeit.

h.) für die Diener Singe und Junge
einmalig je 3000 (dreitausend) Mark

i.) für meine Verwandten in Spital
Niederösterreich den einmaligen Betrag
von 30.000 Mark (dreißigtausend) Mark
die Verteilung dieses Betrages bestimmt
meine Schwester Paula Hitler in Wien.

4.) Die Einrichtung des Zimmers*
in meiner Münchener Wohnung
in dem einst meine Nichte Geli Raubal

* In das unter Punkt 4 erwähnte Zimmer, in dem sich nach Gelis Tod eine „Geli"-Plastik von Josef Thorak und ein „Geli"-Porträt von Adolf Ziegler befanden, zog Hitler sich vor dem Kriege während der Weihnachtstage stets zurück, um einsam seiner einstigen Geliebten zu gedenken.

wohnte, ist meiner Schwester Angela
zu übergeben.

5.) Meine Bücher und Briefschaften
sind von Pg. (Parteigenosse) Julius Schaub zu
sichten und soweit sie persönlich
privater Art sind entweder zu vernichten
oder meiner Schwester Paula zu
übergeben. Pg. Julius Schaub
hat darüber allein zu entscheiden.

6.) Meine sonstigen Wertsachen, mein
Haus auf dem Obersalzberg*, meine
Möbel, Kunstwerte, Bilder, u.s.w.
gehen in das Eigentum der Partei
über. Sie sind vom Reichsschatzmeister
zu verwalten.
Soweit sich diese Gegenstände
in meiner Berliner Wohnung in
der Reichskanzlei befinden, sind
sie von Pg. Schaub festzustellen.

* Hier hatte Hitler seiner Sekretärin und seinem einstigen Kriegskameraden Max Amann 1925 nach seiner Entlassung aus der Landsberger Haftanstalt in der Villa „Haus Wachenfeld“ den Text für den 2. Band seines Buches „Mein Kampf“ diktiert. Sein „Haus auf dem Obersalzberg“, der „Berghof“, war von ihm nicht nur skizziert, sondern auch bis in Einzelheiten hinein aufgezeichnet und berechnet worden.

möchte ich meiner Schwester Angela
zu übergeben.

5.) Meine Bücher und Briefschaften
sind von Pg. Julius Schaub zu
sichten und soweit sie persönlich
privater Art sind entweder zu vernichten
oder meiner Schwester Paula zu
übergeben. Pg. Julius Schaub
hat darüber allein zu entscheiden.

6.) Meine sonstigen Wertsachen, mein
Haus auf dem Obersalzberg, meine
Möbel, Kunstwerke, Bilder, u.s.w.
gehen in das Eigentum der Partei
über. Sie sind vom Reichsschatzmeister
zu verwalten.

Soweit sich diese Gegenstände
in meiner Berliner Wohnung in
der Reichskanzlei befinden, sind
sie vom Pg. Schaub festzustellen.

Blatt 2.)

7.) Der Reichsschatzmeister ist berechtigt kleinere Gegenstände als Andenken zur Erinnerung an ihren Bruder meinen beiden Schwestern Angela und Paula zu überlassen

8.) Ich erwarte daß die Partei für meinen Adjudanten Brückner und für den Adjudanten Schaub auf Lebenszeit würdig sorgt.
Ebenso für Herrn und Frau Kannenberg

9.) Zum Vollstrecker dieses Testamentes bestimme ich den Pg. Franz X. Schwarz als den Reichsschatzmeister. Im Falle seines Ablebens oder seiner Verhinderung den Pg. Reichsleiter Martin Bormann.

Berlin den 2. Mai 1938

A Hitler

7.) Der Reichsschatzmeister ist
berechtigt kleinere Gegenstände als
Andenken zur Erinnerung an ihren
Bruder meinen beiden Schwestern
Angela und Paula zu überlassen.

8.) Ich verordne daß die Partei
für meinen Adjudanten Bruckner
und für den Adjudanten Wiedemann
auf Lebenszeit würdig sorgt.
Ebenso für Herrn und Frau Kannenberg.

9.) Zum Vollstrecker dieses Testaments
bestimme ich die Pg. Franz. H. Schwarz
als den Reichsschatzmeister. Im Falle
seines Ablebens oder seiner Verhinderung
den Pg. Reichsleiter Martin Bormann.

Berlin den 2. Mai 1938

Adolf Hitler

Schauspielerisch affektiert posiert Hitler „staatsmännisch“ martialisch, eine Hundepeitsche in den Händen, für ein Foto, das ihn als bedeutenden Parteiführer und Politiker zeigen soll.

4. Kapitel

Vor der Schwelle zur Macht

Hitler, der zeitlebens zum Geld ein ähnliches Verhältnis wie zur Rechtschreibung hatte, nach 1933 keine Kirchensteuern zahlte, obwohl er niemals aus der Katholischen Kirche austrat, auf seine Veranlassung am 15. März 1935 als Steuerzahler aus den Unterlagen des Münchener Finanzamtes verschwand*, sorgte sich in seinem Testament vor allem um die finanzielle Zukunft seiner Verwandten** und der Leute seiner unmittelbaren Umgebung, denen gegenüber er sich dankbar erweisen zu müssen meinte. Ihn selbst hatte das Glück stets buchstäblich verwöhnt, soweit es sich um seine finanziellen Belange handelte. Schon als Jüngling verfügte er infolge von Erbschaften[77] über soviel „Taschengeld", daß nicht nur berufstätige junge Akademiker froh gewesen wären, regelmäßig so umfangreiche Mittel zur Hand zu haben. Und als er sich dann im September 1919 parteipolitisch zu betätigen begann, floß ihm Geld von Menschen zu, die er gar nicht näher kannte. Tausende Mark stifteten ihm und seiner Partei schon 1920 Industrielle und andere Gönner, nachdem sie ihn – zum Teil nur einmal – hatten reden hören[78]. So paßte seine „Klage" vom 4. Juli 1942 denn auch ins Bild, daß er als „schlecht" bezahlter Reichskanzler großartige Stiftungen an Galerien, Museen und Städte und die Unterhaltung des Führerhauptquartiers nur aus seiner Privatschatulle leisten könne[79], weil sein Buch „Mein Kampf" ihm sehr hohe Honorare einbringe***.

* Hitler gab Anfang 1934 für das Finanzamt an, 1933 neben seinem Gehalt als Reichskanzler (jährlich 60000 Reichsmark) 1232335 Reichsmark eingenommen zu haben. Vgl. dazu DER SPIEGEL vom 6. 4. 1970, S. 92f. Im Führerhauptquartier gab Hitler am 4. 7. 1942 fälschlich an, als Reichskanzler jährlich lediglich 36000 Reichsmark zu bekommen. Vgl. Picker, S. 432.

** Bei den Spitaler Verwandten, die Hitler im Testament (S. 162) bedachte, verbrachte er sowohl seine Schulferien, einen langen Genesungsurlaub und seinen Fronturlaub während des Ersten Weltkrieges. Vgl. Maser, *Adolf Hitler* . . ., u.a. S. 72f. und S. 134ff. Von diesen Verwandten distanzierte er sich bald in zunehmendem Maße.

*** Mit einer Gesamtauflage von rund 10000000 Exemplaren bis 1945 und Übersetzung in 16 Sprachen gehörte „Mein Kampf" zu den am meisten aufgelegten und übersetzten Büchern der Welt. Vgl. Maser, *Hitlers Mein Kampf*, S. 29ff.

Daß Hitler erst im November 1932, mehr als 8 Monate nach seiner Ernennung zum Regierungsrat, auf sein Gehalt von jährlich 5223,20 Reichsmark* verzichtete, obwohl er bereits am 28. Februar, 2 Tage nach seiner Vereidigung, mit Erfolg** um seine Beurlaubung für den Wahlkampf zur Wahl des Reichspräsidenten*** gebeten hatte, paßt schlecht in das Bild, das gewöhnlich von Hitler als einem gänzlich „geldfremden" Politiker gezeichnet wird. Er verzichtete auf die Bezüge erst, nachdem politische Gegner ihn (seit April 1932 besonders massiv) in der Presse angeklagt hatten, das Amt des Regierungsrates nur dem Scheine nach angetreten zu haben, da er nur als deutscher Staatsbürger Reichskanzler oder Reichspräsident werden konnte, was er schließlich anstrebte.

München, den 10 November 32

An

den Vorsitzenden des braunschweigischen Staatsministeriums,

Herrn Minister Dr. Küchenthal.

Hiermit erkläre ich, daß ich für die Zeit meiner Beurlaubung auf die Zahlung meiner Dienstbezüge verzichte.

* Dok. des Braunschweigischen Staatsministeriums vom 29. 2. 1932. Bundesarchiv Koblenz, NS 26/6. Bei den Angaben des Braunschweigischen Staatsministeriums vom 8. 3. 1932, daß Hitlers Jahresgehalt 5091,20 Reichsmark betrage (Bundesarchiv Koblenz, NS 26/5), wurden die 3% vom Grundgehalt (4400 Reichsmark) als örtlicher Sonderzuschlag nicht mitgerechnet, die Hitler nach einer Verfügung vom 25. 2. 1932 zustanden. Bundesarchiv Koblenz, NS 26/7.

** Am 5. März bewilligte das Braunschweigische Staatsministerium sein Urlaubsgesuch. Bundesarchiv Koblenz, NS 26/6.

*** 30,23% der Wähler entschieden sich am 13. 3. 1932 während des ersten Wahlganges für Hitler als Reichspräsidenten, 36,68% der abgegebenen gültigen Stimmen waren es am 10. 4. 1932. Als Hitler dann am 16. 2. 1933 um seine Entlassung als Regierungsrat aus dem braunschweigischen Staatsdienst bat, war er bereits Reichskanzler. So lautete die Anrede der Entlassungsbestätigungen denn auch nicht mehr wie bis dahin Herr Hitler und Regierungsrat Hitler, sondern Herr Reichskanzler Adolf Hitler.

Geschehen

zu Berlin am 26. Februar 1932

in der Braunschweigischen Gesandtschaft.

37

Vor mir erschien heute der laut Verfügung des Herrn Vorsitzenden des Braunschweigischen Staatsministeriums und des Herrn Braunschweigischen Finanzministers vom 25. Februar 1932 Nr. D Pers. Hitler im braunschweigischen Staatsdienste angestellte nunmehrige Regierungsrat Adolf Hitler, geboren am 20. April 1889 in Braunau a/Inn. Dieser leistete nach Eröffnung des Erforderlichen den durch die Verordnung des Staatsministeriums über die Vereidigung der öffentlichen Beamten vom 31. Oktober 1919 (G.u.V.S.Nr. 143 S.407) vorgeschriebenen Diensteid, wie folgt:

„Ich schwöre Treue der Reichs- und Landesverfassung, Gehorsam den Gesetzen und gewissenhafte Erfüllung meiner Amtspflichten."

v. g. u. u.

Adolf Hitler

Regierungsrat.

Zur Beglaubigung:

Boden.

Gesandter, Wirkl. Geheimer Rat.

München, den 19.10.32

An
die Braunschweigische Vertretung beim Reich,
z.H. des Herrn Gesandten Ex. Boden, Berlin.

Leider besteht keine Aussicht, daß mit die fortlaufenden politischen Kämpfe in der nächsten Zeit die Erfüllung meines Dienstauftrages ermöglichen.

Ich lege daher ein Urlaubsgesuch vor und bitte Sie, dasselbe an den Herrn Vorsitzenden des Braunschweigischen Staatsministeriums weiterzu-

München, den 19. 10. 32

An
die Braunschweigische Vertretung beim Reich,
z.Hd. des Herrn Gesandten Ex.Boden, Berlin.

Leider besteht keine Aussicht, daß mir die fortlaufenden politischen Kämpfe in der nächsten Zeit die Erfüllung meines Dienstauftrages ermöglichen.
Ich lege daher ein Urlaubsgesuch vor und bitte Sie, dasselbe an den Herrn Vorsitzenden des Braunschweigischen Staatsministeriums weiterzuleiten.

Hitler	z.Zt.Berlin, den 26.2.32
[illegible]	Hotel Der Kaiserhof.

777

An die

Braunschweigische Gesandschaft

33

Berlin

Lützowplatz 11

Betreff Urlaub.

Hiermit bitte ich , mir bis zum Ende des Reichspräsidenten- Wahlkampfes Urlaub gewähren zu wollen.

Hochachtungsvoll !

A Hitler

Adolf Hitler
Regierungsrat
i. braunschweigischem Staatsdienst

München, den 10. 3. 32
Braunes Haus

777 I

31

An die

braunschweigische Gesandtschaft

Berlin

Lützowplatz 11

3/II

Hiermit bitte ich mir weiterhin Urlaub bis zur Beendigung des zweiten Wahlganges der Reichspräsidentenwahl gewähren zu wollen.

Hochachtungsvoll

A Hitler

Zwei Wochen nach seiner Berufung zum Reichskanzler diktierte Hitler an das Braunschweigische Innenministerium ein zwei Zeilen umfassendes Schreiben, das trotz der floskelhaft formalen „Bitte“ um „Entlassung aus dem Braunschweigischen Staatsdienst“ weder eine Anrede noch eine Grußformel enthielt.

D. Pers A.

Adolf Hitler

Berlin, den 16. Februar 1933.

An das

Braunschweigische Staatsministerium

des Innern

B r a u n s c h w e i g .

Hiermit bitte ich das Staatsministerium um meine Entlassung aus dem Braunschweigischen Staatsdienst.

Adolf Hitler

Der Reichspräsident Paul von Hindenburg hat Adolf Hitler, den Führer der NSDAP, mit der Regierungsbildung beauftragt.

Hitler, Martin Bormann (links) und Reichsaußenminister Joachim von Ribbentrop im Führerhauptquartier 1943.

Als Hitler am 30. Januar 1933 an die Macht kam, brauchte er nur noch die Relikte des Parteienstaates zu beseitigen, dessen Verfassung von 1919 in zunehmendem Maße immer mehr an Bedeutung verloren hatte. Zu Hitlers Erfolg hatte bereits der Bruch der großen Koalition im Frühjahr 1930 entscheidend beigetragen, noch bevor sein kometenhafter Aufstieg begann. Die politischen Parteien hatten sich selbst ausgeschaltet und Hitler und seiner Partei den Weg zur Errichtung des von Hitler „stufenweise" vorbereiteten nationalsozialistischen Einparteienstaates geebnet, der dann innerhalb weniger Monate verwirklicht war. „Nicht nur die Exponenten der Parteien ließen sich durch das planmäßig inszenierte Zusammenspiel von ‚oben' und ‚unten' überrumpeln, das darauf hinauslief, daß Hitler und seine Paladine immer beruhigende Erklärungen abgaben."[80]

Hitler agitierte in der kritischen Phase der Republik nicht nur sehr geschickt und selbstbewußt, sondern verfaßte auch Briefe, die durch ihre unmittelbare Veröffentlichung für ihn und seine Sache „arbeiteten"[81]. So schrieb er am 16. November 1932, einen Tag vor dem Rücktritt des von ihm nicht tolerierten Kabinetts von Papen, dessen Sturz er wünschte, einen Brief an den Reichskanzler und beantwortete dessen Schreiben vom 13. November 1932, in dem es unter anderem geheißen hatte: „Durch die Wahl vom 6. November", aus der die NSDAP trotz ihrer Stimmenverluste dennoch als stärkste Partei hervorgegangen war, „ist eine neue Lage eingetreten und damit eine neue Möglichkeit für die Zusammenfassung aller nationalen Kräfte erneut geschaffen. Der Herr Reichspräsident hat mich beauftragt, nunmehr Parteien festzustellen, ob und inwieweit diese bereit seien, die Durchführung des in Angriff genommenen politischen und wirtschaftlichen Programms der Reichsregierung zu unterstützen. Obschon die nationalsozialistische Presse geschrieben hat, es sei ein naives Unterfangen, wenn der Reichskanzler v. Papen nunmehr mit den für die nationale Konzentration in Betracht kommenden Persönlichkeiten verhandeln wolle, und es sei darauf die Antwort zu geben: ‚Mit Papen gäbe es keine Verhandlung', würde ich es für eine Pflichtverletzung halten und auch vor meinem Gewissen nicht verantworten können, wenn ich mich nicht trotzdem im Sinne meines Antrages an Sie wenden würde. Ich weiß zwar aus der Presse, daß Sie die Forderung der Übertragung des Kanzlerpostens aufrechterhalten, und bin mir ebenso bewußt, in welchem Maße die dagegenstehenden Gründe, welche die Entscheidung des 13. August herbeiführten, fortbestehen, wobei ich nicht erneut zu versichern brauche, daß meine Person dabei keine Rolle spielt."[82]

16. 11. 1932.

Herrn Reichskanzler von Papen.

Sehr geehrter Herr Reichskanzler!

Ihr unter dem 13. November an mich gerichtetes Ersuchen um eine Aussprache über die Lage und die zu fassenden Beschlüsse veranlasst mich, nach reiflicher Überlegung Folgendes zu erwidern:

Ich schliesse mich trotz aller Bedenken Ihrer Auffassung, Herr Reichskanzler, dass man sich als Führer einer grossen Partei den „augenblicklich verantwortlich führenden deutschen Staatsmann" zu einer „Aussprache über die Lage und die zu fassenden Beschlüsse" nicht versagen sollte, an. Allein die Nation erwartet von einer solchen Aussprache doch wohl mehr als eine nur theoretische Behandlung der augenblicklich sie bewegenden Nöte und Sorgen. Ausserdem habe ich meine Auffassungen darüber so oft in Wort und Schrift bekanntgegeben, dass sie Ihnen, Herr Reichskanzler, ohnehin bekannt sein dürften. So gering mir deshalb der Nutzen einer derartigen nur allgemeinen Besprechung zu sein scheint, so gross können die schädlichen Folgen werden. Denn Millionen unserer Volksgenossen erwarten von einer solchen in diesem Augenblick stattgehabten und ihnen bekanntgewordenen Unterredung positive Ergebnisse. Und mit Recht. Von Besprechungen der Lage allein wird niemand geholfen. Ich halte daher in diesem Moment eine solche Aussprache nur dann für angezeigt, wenn nicht von vorneherein schon das negative Ergebnis feststeht. Aus diesem Grunde fühle ich mich verpflichtet, Ihnen, sehr geehrter Herr Reichskanzler, in vier Punkten die Voraussetzungen mitzuteilen, unter denen ein solcher Gedankenaustausch stattfinden könnte.

Punkt 1. Ich bin nicht in der Lage, zu einer mündlichen Aussprache zu kommen, sondern bitte, dass, wenn überhaupt ein solcher Gedankenaustausch gewünscht wird, dies schriftlich geschieht. Die Erfahrungen über die bisher gehabten und unter Zeugen stattgefundenen mündlichen Unterredungen haben gezeigt, dass das Erinnerungsvermögen der beiden Parteien nicht zu einer gleichen Wiedergabe des Sinnes und des Inhaltes der Verhandlungen geführt hat. Sie schreiben gleich eingangs Ihres Briefes, dass Sie, Herr Reichskanzler, einst zur Durchführung Ihres Auftrages, eine möglichst „weitgehende Konzentration aller nationalen Kräfte herbeizuführen", die Unterstützung des Präsidialkabinetts durch die N.S.D.A.P. zugesichert erhalten hätten. Tatsache ist, dass ich im Beisein des Hauptmanns Goering, auf eine Bemerkung, dass nach den Wahlen eine Umbildung des Kabinetts vorgenommen werden könnte, erklärte, ich würde dies gar nicht fordern, wenn die Regierung ihrer nationalen Aufgabe gerecht würde. Ein mir in den gleichen Tagen übermitteltes Ansinnen, eine schriftliche Tolerierungserklärung abzugeben, habe ich sofort zurückgewiesen mit der Betonung, dass dies selbstverständlich gar nicht in Frage kommen könne. Es sei unmöglich, von mir die Ausstellung einer Blankovollmacht für Herren zu verlangen, die mir zum Teil persönlich, auf alle Fälle aber politisch unbekannt wären. Schon die in den ersten sechs Wochen ergriffenen wirtschaftlichen und politischen Massnahmen dieses Kabinetts haben dieser meiner vorsichtigen Zurückhaltung Recht gegeben!

Wie sehr mündliche Besprechungen zu irrigen Meinungen verleiten können, geht ja auch aus der von Ihnen, Herr Reichskanzler, seither verschiedentlich aufgestellten Behauptung hervor, ich hätte seinerzeit die gesamte Macht gefordert, während ich tatsächlich nur die Führung beanspruchte. Sie selbst sollten ja dem neuen Kabinett als Reichsaussenminister angehören, General Schleicher als besondere Vertrauensperson des Herrn Reichspräsidenten Reichswehrminister sein und ausser dem Reichsinnenminister und zwei bzw. höchstens drei politisch gänzlich belanglosen Ministerien sollte alles teils von bereits amtierenden, teils durch Besprechung mit den vorgesehenen Parteien zu bestimmenden Männern besetzt werden. Sie, Herr Reichskanzler, haben nun unsere damals mehr als bescheidene Forderung so missverständlich gedeutet, dass ich gewitzigt durch diese Erfahrungen nicht mehr gewillt bin, von der einzig sicheren Methode einer schriftlichen Behandlung solcher Fragen abzugehen. Ich muss dies umsomehr, als ich gegenüber den sogenannten amtlichen Darstellungen ohnehin machtlos bin. Sie, Herr Reichskanzler, haben die Möglichkeit, Ihre Auffassung über eine Unterhaltung nicht nur durch den von Ihnen allein mit Beschlag belegten
Rundfunk dem deutschen Volke mitzuteilen, sondern durch das Auflageverfahren sogar den Lesern meiner eigenen Presse aufzuoktroyieren.
Diesem Verfahren gegenüber bin ich vollständig wehrlos.
Sollten Sie daher, Herr Reichskanzler, gewillt sein, unter Berücksichtigung der anderen drei Punkte in eine Aussprache einzutreten, dann bitte ich, mir schriftlich Ihre Auffassungen bezw. Ihre Anfragen übermitteln zu wollen, die ich dann in gleicher Weise schriftlich beantworten werde.

Punkt 2. Das Eintreten in eine solche Aussprache hat nur dann einen Sinn, wenn Sie mir, Herr Reichskanzler, vorher Aufklärung darüber zu geben bereit sind, inwieweit Sie sich nun tatsächlich als führender deutscher Staatsmann auch ausschliesslich verantwortlich (fühlen)* und ansehen. Ich bin unter keinen Umständen gewillt, das Verfahren des 13. August an mir wiederholen zu lassen. Denn es ist in meinen (Augen) nicht angängig, daß der „verantwortlich führende deutsche Staatsmann" in irgendeinem Moment der Verantwortung eine Teilung (seiner) Verantwortlichkeit vornimmt. Ich stütze mich hierbei nur auf (den) Passus Ihres Briefes, in dem Sie selbst neuerdings von Gründen (sprechen), die die Entscheidung des 13. August herbeigeführt hätten (...) fortbestünden, wobei Sie wieder einfügen, dass Ihre Person (dabei) keine Rolle spielen würde! Herr Reichskanzler, ich darf hier (...) für immer Folgendes feststellen: Genau so wie ich mich als (Führer) der nationalsozialistischen Bewegung für die politischen Ent(schlüsse) der Partei, solange ich ihr Führer bin, grundsätzlich ver(antwortlich) fühle, genau so sind Sie grundsätzlich verantwortlich (für die) politischen Entschlüsse der Reichsführung, solange Sie Reichskanzler sind. Aus dieser Überzeugung heraus habe ich Sie (auch am) 13. August angesichts des Scheiterns unserer Besprechung gebeten, die Verantwortung hierfür selbst zu übernehmen und nicht (den Herrn) Reichspräsidenten damit zu belasten. Ich erklärte Ihnen, (daß ich) infolge Ihrer Versicherung der Unmöglichkeit einer Erfüllung unserer Forderungen, deren Gründe beim Reichspräsidenten liegen (sollten), selbstverständlich es ablehnen müsse, bei diesem dann (überhaupt) vorzusprechen. Ich sagte Ihnen, dass solange ein Reichs(kanzler) die politische Verantwortung trage, derselbe auch ver(pflichtet) wäre, seinen Souverän – einerlei, ob dies nun ein König (oder ein Präsident) sei – zu decken. Auf Ihre Frage, wie ich mir das (vorstellte), schlug ich Ihnen vor, ein amtliches Communiqué aus(zuarbeiten) des Inhalts, dass zwischen Ihnen, Herr Reichskanzler, und (mir als) dem Führer der nationalsozialistischen Bewegung eine Be(sprechung) über eine Umbildung der Reichsregierung stattgefunden habe, die ergebnislos verlaufen und deshalb abgebrochen worden sei. Denn da ich nun schon einmal im Reichspräsidenten-Wahlkampf als Konkurrent aufgetreten war, schien es mir gerade der Millionenmasse

* Der linke Rand dieser Briefseite ist so stark beschädigt, daß der Text teilweise nicht mehr entziffert werden kann. Die sinngemäße (und vermutliche wörtliche) Ergänzung ist jeweils in Klammern gesetzt.

meiner eigenen Anhänger gegenüber nicht richtig zu sein, im Falle der nunmehr zu erwartenden Ablehnung meiner Person, den Reichspräsidenten selbst irgendwie in Erscheinung treten zu lassen. Sie waren der verantwortlich führende Politiker des Reiches und Sie mussten gerade in diesem Fall meiner Überzeugung nach erst recht die Verantwortung übernehmen. Ausser Ihr Gewissen hätte dies nicht zugelassen und dann wären Sie verpflichtet gewesen, zu demissionieren. Leider waren Sie nicht zu bewegen, diesen Ihnen zukommenden Teil der Verantwortung auf sich zu nehmen. Ich habe den meinen getragen. Statt dessen gelang es Ihrer Kanzlei, durch eine List – erst gegen meinen Wunsch und der mir von Ihnen gegebenen Erklärung – mich dennoch zur Unterredung mit dem Reichspräsidenten zu locken. Das Ihnen vorher genau bekannte Ergebnis mag in Ihren Augen Sie vielleicht einer Verantwortung enthoben haben; ich wurde jedenfalls dadurch nicht vernichtet, der 85jährige Herr Reichspräsident aber dafür in den Tagesstreit gezogen und mit einer schweren Verantwortung beladen! Ich möchte nicht noch einmal eine Wiederholung dieses Spieles erleben. Ich bin daher nur dann gewillt, in einen solchen schriftlichen Gedankenaustausch über die deutsche Lage und die Behebung unserer Not einzutreten, wenn Sie Herr Reichskanzler erst eindeutig Ihre ausschließliche Verantwortung für die Zukunft festzulegen bereit sind.

Punkt 3. Ich bitte Sie, Herr Reichskanzler, mir mitzuteilen, zu welchem Zwecke eine Einbeziehung der nationalsozialistischen Bewegung überhaupt gewünscht wird. Wollen Sie mich und damit die nationalsozialistische Bewegung dafür gewinnen, das – wie Sie in Ihrem Briefe schreiben – von der Reichsführung in Angriff genommene politische und wirtschaftliche Programm zu unterstützen, so ist auch darüber jede schriftliche Diskussion unwesentlich, ja überflüssig. Ich will und kann ja kein Urteil abgeben über das, was die Regierung als Programm ihres Wollens ansieht, da mir selbst bei genauester Überlegung dieses Programm nie ganz klar geworden ist. Allein, wenn es sich um eine Fortsetzung der bisher betätigten inneren, äusseren und wirtschaftspolitischen Massnahmen handeln sollte, dann muss ich jede Unterstützung der nationalsozialistischen Partei hierfür versagen, denn ich halte diese Massnahmen teils für unzulänglich, teils für undurchdacht, teils für völlig unbrauchbar, ja sogar gefährlich. Ich weiss, Sie sind einer anderen Meinung, Herr Reichskanzler, aber ich halte die praktische Tätigkeit Ihrer Regierung schon jetzt für eine zumindest als erfolglos erwiesene.

Punkt 4. Herr Reichskanzler, Sie sprechen in Ihrem Brief davon, dass durch den 6. November eine „neue Möglichkeit für die Zusammenfassung aller nationalen Kräfte“ geschaffen wurde. Ich darf Ihnen eingestehen, dass mir der Sinn dieser Ihrer Andeutung gänzlich unklar ist. Ich habe die Auffassung, dass sich diese Möglichkeit durch die Auflösung des Reichstages am 12. September natürlich nur verschlechtert hat; denn das Ergebnis ist auf der einen Seite eine unerhörte Stärkung des Kommunismus, auf der anderen eine Neubelebung kleinster Splitterparteien ohne jeden praktischen politischen Wert. Die Bildung einer irgendwie politisch tragfähigen Plattform im deutschen Volk ist damit parteimässig nur noch denkbar unter Einschluss der Deutschnationalen – und der Deutschen Volkspartei. Denn den von Ihnen anscheinend gehegten Plan oder Einbeziehung der S.P.D. lehne ich von vorneherein ab. Nun hat, wie Sie, Herr Reichskanzler, ja selbst wissen, gerade der Führer der Deutschnationalen Volkspartei vor der Wahl auf das Unzweideutigste jedes Zusammengehen mit dem Zentrum als nationalen Verrat und als nationales Verbrechen gebrandmarkt. Ich glaube nicht, dass Herr Geheimrat Hugenberg nun plötzlich so charakterlos werden könnte, nach der Wahl zu tun, was er vor der Wahl so scharf verurteilte. Damit aber erscheint mir Ihr Versuch, Herr Reichskanzler, solange unklar und damit ebenso zeitraubend wie zwecklos, als Sie mir nicht mitzuteilen in der Lage sind, dass Herr Hugenberg sich nunmehr doch eines anderen besonnen hat.

Diese vier Punkte, Herr Reichskanzler, muss ich als Voraussetzung für einen Meinungsaustausch bezw. einer schriftlich zu führenden Aussprache meinerseits ansehen. Zuzustimmen oder abzulehnen, liegt bei Ihnen.

Am Schluss darf ich Ihnen noch versichern, Herr Reichskanzler, dass mich der Wahlkampf mit keinerlei nachtragender Bitternis erfüllt. Ich habe in den 13 Jahren meines Kampfes für Deutschland soviel an Verfolgungen und persönlichen Angriffen zu erdulden gehabt, dass ich allmählich wirklich lernte, die grosse Sache, der ich diene, über das armselige eigene Ich zu stellen. Das Einzige, was mich mit Bitternis erfüllt, ist, zusehen zu müssen, wie unter der wenig glücklichen Hand Ihrer Staatsführung, Herr Reichskanzler, von Tag zu Tag von einem nationalen Gut vertan wird, an dessen Schaffung ich vor der deutschen Geschichte einen redlichen Anteil besitze. Dieser Verbrauch an nationalem Hoffen, Glauben und Vertrauen in die deutsche Zukunft ist es, der mich mit Schmerz und Gram erfüllt, allerdings auch stählt in meinem Entschluss, unverrückbar auf den Forderungen zu bestehen, die meines Erachtens allein unsere Krise überwinden können.

In ausgezeichneter Hochachtung bin ich, sehr geehrter Herr Reichskanzler,

Ihr
ergebener
Adolf Hitler

N.S.
Da mir mitgeteilt wurde, dass von dem Inhalt Ihres Schreibens, Herr Reichskanzler, General von Schleicher Kenntnis erhielt, erlaube ich mir diesem auch meinerseits eine Abschrift der Antwort zuzuleiten.

Am 19. November, zwei Tage nach dem Rücktritt des Präsidialkabinetts* von Papen, wurde Hitler vom Reichspräsidenten empfangen, der ihn seitdem für fähig und würdig hielt, Reichskanzler zu werden, nachdem er zuvor gemeint hatte, daß der Führer der NSDAP bestenfalls nur als Vizekanzler in Frage komme. Hitler, der überzeugt war, daß er in der Lage sei, eine Basis für eine Zusammenarbeit mit den anderen Parteien zu finden und ein Ermächtigungsgesetz beim Reichstag durchzubringen, hatte dem Reichspräsidenten erklärt, daß er die NSDAP für ein Kabinett nur zur Verfügung zu stellen bereit sei, wenn er selbst an dessen Spitze berufen werde. Hindenburg fühlte sich verpflichtet, den Versuch zu wagen, Hitler mit der Bildung einer Mehrheitsregierung zu beauftragen. Am 21. November empfing er ihn erneut zu einem Gespräch, bei dem Hitler ihm dieses (vorsorglich vorbereitete) Schriftstück übergab.

Hochverehrter Herr Reichspräsident!

Aus Mitteilungen der Presse und einer mir abgegebenen Bestätigung durch den Herrn Staatssekretär Meissner erfahre ich von der Absicht Eurer Exzellenz, mich offiziell zu ersuchen, in Verhandlungen mit den anderen Parteien einzutreten, ohne dass vorher die Bildung des neuen Präsidialkabinetts vorgenommen wird. Dieser Antrag erscheint mir so wichtig, dass ich im Interesse der Autorität des

* Hindenburg verstand unter einem Präsidialkabinett eine Regierung, die nicht von einem Parteiführer, sondern von einem überparteilichen Mann geführt wurde.

Namens und des Wollens Eurer Exzellenz sowohl als im Interesse der so notwendigen Rettung des deutschen Volkes meine Stellungnahme hierzu schriftlich begründe.

Seit dreizehn Jahren stehe ich im Kampf gegen das parlamentarische System. Ich sehe in ihm einen unbrauchbaren Vorgang der politischen Willensbildung sowohl als des politischen Willensausdrucks der Nation. Diese Überzeugung ist seitdem, angeregt durch eine unermüdliche Propaganda von mir und meinen Mitarbeitern, Gemeingut vieler Millionen deutscher Menschen geworden. Diese haben es daher begrüsst, dass Eure Exzellenz den Entschluss fassten, der neuen Erkenntnis Rechnung tragend, einen Umbau der Staatsführung vorzunehmen. Soll aber diese neue Staatsführung nicht in einer Katastrophe enden, dann muss sie einen verfassungsmässig zulässigen Ausgangspunkt finden und in einer angemessen kurzen Zeit zum wirklichen Willensträger der Nation werden. Sie muss daher eine innere lebendige Beziehung zu einem an sich schon tragfähigen Teil des deutschen Volkes erhalten. Diesen Prozentsatz dann weiterhin organisch zu vermehren, um allmählich die ganze Nation zu erfassen, ist ihre Aufgabe. Unterbleibt dies, so entsteht eine sich nur auf Bajonette stützende und damit aber auch nur auf sie allein angewiesene Diktatur. Wenn nicht aus inneren Anlässen, so wird bei der ersten aussenpolitischen Belastung der Zusammenbruch eintreten. Die Folge kann nur der Bolschewismus sein. Ich habe daher – das Scheitern der Regierung von Papen an den Erfahrungen der ersten sechs Wochen voraussehend – am 13. August die Überzeugung vertreten, dass nur durch eine Betrauung der nationalsozialistischen Bewegung mit dieser Mission diese Aufgabe erfolgreich durchgeführt werden könne.

Aus Gründen, die hier nicht berührt werden sollen, glaubten Eure Exzellenz, Herr Reichspräsident, meinen damaligen Vorschlag ablehnen zu müssen.

Nach nunmehr sechsmonatiger Regierung ist – wie von mir vorausgesagt – das Kabinett Papen in eine rettungslose Isolierung nach innen, Deutschland in eine ebensolche nach aussen geraten. Die Ergebnisse des Versuchs einer Rettung unserer Wirtschaft und einer Beseitigung der Arbeitslosigkeit sind teils unbefriedigend, teils überhaupt nicht fühlbar. Die soziale Not ist grauenhaft. Das allgemeine Vertrauen ist auf den Nullpunkt gesunken. Die Bolschewisierung der breiten Massen schreitet rapide vorwärts.

Wenn heute eine neue Regierung diese politisch, wirtschaftlich und finanziell furchtbare Erbschaft übernehmen soll, dann wird ihre Tätigkeit von Erfolg nur begleitet sein können, wenn sich in ihr eine ebenso grosse Autorität von oben wie die starke Kraft von unten vereinigt.

Wenn ich daher als Führer der nationalsozialistischen Bewegung von Eurer Exzellenz nunmehr wieder nach Berlin gerufen worden bin, um an der Behebung dieser schwersten Krise unseres Volkes mitzuwirken, dann kann dies nach meinem besten Wissen und Gewissen und nach meiner Einsicht nur geschehen, wenn die Bewegung und ich selbst diejenige Stellung erhalten, die zur Erfüllung dieser Aufgabe nötig ist, der Bewegung aber kraft ihrer Stärke auch zukommt. Denn die harte Notwendigkeit, Deutschland höher zu stellen als die Parteien, wird erst dann anerkannt werden, wenn der stärksten Bewegung als Verhandlungsfaktor von vornherein die Stellung gegeben wird, die bisher noch sämtlichen Trägern der Präsidialgewalt von Eurer Exzellenz verliehen wurde. Vom Standpunkt der Gerechtigkeit aus ist diese Forderung nicht weniger zu vertreten. Denn die nationalsozialistische Bewegung bringt in jeder Regierung mit 196 Mandaten allein schon 2/3 der für eine legale Tätigkeit notwendigen Zahl an Abgeordneten mit.

Ich kann Eurer Exzellenz meinen festen Entschluß versprechen ein von mir vorgeschlagenes, unter meiner Führung stehendes und von Eurer Exzellenz genehmigtes Präsidialkabinett mit jeden verfassungsmässigen Voraussetzungen zu versehen, die für eine lange und gedeihliche Arbeit zur Wiederaufrichtung unseres politisch und wirtschaftlich ruinierten Volkes nötig sind. Ich richte dafür an Eure Exzellenz nur eine einzige Bitte, mir zumindest das an Autorität und an Stellung geben zu wollen, was selbst die Männer vor mir erhielten, die zu dem grossen Wert der Autorität und der Bedeutung des Namens von Eurer Exzellenz ihrerseits nicht soviel mitbringen konnten als ich. Denn wenn ich schon gezwungen bin, der Verfassung wegen für die legale Tätigkeit der kommenden Regierung um Parteien zu werben, dann bringe ich doch, Herr Reichspräsident, selbst die allergrösste Partei mit. Mein eigener Name aber und die Existenz dieser grössten deutschen Bewegung sind Pfänder, die durch einen ungünstigen Ausgang unseres Einsatzes vernichtet werden müssen. Dann aber, Herr Reichspräsident, sehe ich hinter uns nicht eine Militärdiktatur, sondern das bolschewistische Chaos.

Sollte aber die Absicht bestehen, nunmehr überhaupt zu rein altparlamentarischen Regierungsformen zurückzukehren, dann müsste meiner Überzeugung nach dieses Wollen Eurer Exzellenz offen bekanntgegeben werden. In diesem Falle aber bitte ich ehrerbietigst, auf die weitgehenden Folgen eines solchen Entschlusses hinweisen zu dürfen. Ich würde dies auf das tiefste bedauern.

Ich darf daher zusammenfassend Eure Exzellenz bitten, diese meine Gründe würdigen zu wollen und von einem solchen Versuch der Lösung der Krise abzusehen.

Die Besprechung, in der Hindenburg Hitler festzustellen bat, ob er im Falle seiner Kanzlerschaft eine arbeitsfähige Mehrheit mit festem und einheitlichem Programm im Reichstag haben würde, endete mit der Auflage an Hitler, dem Reichspräsidenten bis zum 24. November seine Antwort mitzuteilen. Hitler, der im Moment nicht ernsthaft daran interessiert war, die Regierung zu übernehmen, antwortete sofort. Dem Staatssekretär Dr. Otto Meißner schrieb er noch am 21. November 1932:

Herrn
Staatssekretär Dr. Meissner,
Reichspräsidentenpalais.

Sehr verehrter Herr Staatssekretär!

Erfüllt von der grossen Verantwortung in dieser schweren Zeit, habe ich eine gründliche Durchprüfung des mir heute vom Herrn Reichspräsidenten zugestellten Auftrags vorgenommen. Nach eingehenden Aussprachen mit führenden Männern meiner Bewegung und des sonstigen öffentlichen Lebens bin ich dabei zunächst zu folgendem Ergebnis gekommen:

Ein Vergleich der beiden Schriftstücke, des mir gewordenen Auftrags einerseits und der vorausgesetzten Bedingungen andererseits, ergibt in einer Reihe von Punkten einen mir unlösbar erscheinenden Widerspruch. Ehe ich dazu Stellung nehme und davon meine endgültige Entscheidung abhängig mache, darf ich Sie, Herr Staatssekretär, bitten, die Ansicht des Reichspräsidenten festzustellen und mir mitzuteilen, welche Regierungsform der Herr Reichspräsident wünscht und in diesem Falle im Auge hat. Schwebt ihm ein Präsidialkabinett

vor unter Sicherstellung der verfassungsmässig nötigen parlamentarischen Tolerierung, oder will seine Exzellenz ein parlamentarisches Kabinett mit Vorbehalten und Einschränkungen der mir bekanntgegebenen Art, die ihrem ganzen Wesen nach nur von einer autoritären Staatsführung eingehalten und damit versprochen werden können. Sie werden, Herr Staatssekretär, bei einem kritischen Vergleich der beiden Dokumente unter Berücksichtigung der verfassungsrechtlichen Voraussetzungen, der verfassungsmässigen Stellung und damit Verantwortung einer parlamentarischen Regierung die Wichtigkeit dieser grundsätzlichen Klärung von selbst erkennen. Hinzufügen möchte ich noch, dass Herr Reichskanzler Brüning einer der parteipolitischen Führer des Zentrums war und geblieben ist und dennoch in seinem zweiten Kabinett Präsidialkanzler wurde. Ich selbst habe mich nicht als ,,Parteiführer" gefühlt, sondern einfach als Deutscher, und nur um Deutschland vom Druck des Marxismus zu erlösen, gründete und organisierte ich eine Bewegung, die weit über die Grenzen des deutschen Reiches hinaus lebt und wirksam wird. Dass wir in die Parlamente gingen, hat seinen Grund nur in der Verfassung, die uns zwang, diesen legalen Weg zu beschreiten.
Ich selbst aber habe mich bewusst von jeder parlamentarischen Tätigkeit ferngehalten. Der Unterschied zwischen meiner und der Auffassung des Kabinetts Papen über die Möglichkeit einer autoritären Staatsführung liegt nur darin, dass ich gerade bei dieser voraussetze, dass sie eine Verankerung im Volke besitzt. Dies im Interesse der deutschen Nation gesetzmässig herbeizuführen, ist mein sehnlichster Wunsch und mein vornehmstes Ziel.

Mit dem Ausdruck vorzüglichster Hochachtung

Ihr sehr ergebener
Adolf Hitler

Dr. Meißner antwortete Hitler am 22. November und teilte ihm die Vorstellungen des Reichspräsidenten mit, die er nicht akzeptieren wollte. Zur Bildung eines parlamentarischen Mehrheitskabinetts, wie es Hindenburg zu der Zeit vorschwebte, sah Hitler sich nicht in der Lage. Am 23. November schrieb er:

Adolf Hitler

z. Zt. Berlin, den 23. November 1932.

Herrn Staatssekretär Dr. Meißner.
Reichspräsidentenpalais.

Sehr verehrter Herr Staatssekretär!

Die Antwort auf Ihr gestriges Schreiben darf ich mir erlauben, in drei Punkten zusammenzufassen:

A. Ihrer Definition des Sinnes und Wesens eines Präsidialkabinetts habe ich Folgendes entgegenzuhalten:

Die Behauptung, daß das Präsidialkabinett überparteilicher sein könnte als ein parlamentarisches, widerlegt sich erstens aus der Art des Werdens eines solchen Kabinetts und zweitens aus der Begrenzung seiner Arbeitsfähigkeit sowohl, als auch aus der dabei angewandten Methode. Wenn ein Präsidialkabinett mit dem Artikel 48 zu regieren gezwungen ist, dann benötigt es – wie Sie selbst zugeben – wenn auch nicht die vorherige Zustimmung, dann aber umso mehr die nachträgliche Billigung einer parlamentarischen Mehrheit. Diese parlamentarische Mehrheit wird sich bei der Art unseres ganzen Verfassungslebens immer in Parteien ausdrücken. Damit ist es genau so abhängig von einer Parteimehrheit, wie auch das parlamentarische Kabinett. Damit muß der ein solches Kabinett führende Staatsmann genau so das Vertrauen der Mehrheit des Reichstags entweder besitzen oder erobern, als er selbstverständlich das Vertrauen des Reichspräsidenten benötigt. Im übrigen ist neuerdings durch ein Urteil des Staatsgerichtshofs die Anwendung des Artikels 48 auf ganz bestimmte Fälle und begrenzte Zeiten beschränkt worden, so daß eine allgemeine Erfüllung der Regierungspflichten auf diesen Artikel allein nicht mehr gestützt werden kann. Es ist daher in der Zukunft die Aufgabe eines Kanzlers, der – unter dem Druck der Not und der ihrethalben zu treffenden Entschlüsse – die Schwerfälligkeit des parlamentarischen Vorgehens als gefährliche Hemmungen ansieht, sich eine Mehrheit für ein aufgabemäßig begrenztes und zeitlich fixiertes Ermächtigungsgesetz zu sichern. Die Aussicht auf den Erfolg eines solchen Versuchs wird umso größer sein, je autoritärer auf der einen Seite die Position dieses

Mannes ist und je schwerer auf der anderen die an sich schon in seinen Händen befindliche parlamentarische Macht in die Wage fällt.

Ob ein Regierungsprogramm parteilich oder überparteilich erscheint, spielt keine Rolle. Wesentlich hingegen ist, daß es richtig ist, und daß es zum Erfolge führt. Ich protestiere dagegen, daß ein an sich richtiges Programm etwa deshalb nicht durchgeführt werden könnte, weil es Eigentum und Gedankengut einer Partei ist und mithin von einer Präsidialregierung, die überparteilichen Charakter besitzen müsse, abzulehnen sei. Da im allgemeinen Programme immer mehr Menschen anziehen werden, die dann zusammengefaßt zwangsläufig als Parteien in Erscheinung treten, könnten also in Zukunft nur solche Programme Verwendung finden, die hinter sich, um den überparteilichen Charakter zu wahren, auch keine Anhänger haben. Wie man dafür aber eine parlamentarische Mehrheit zur Tolerierung erreichen will, ist mir ein Rätsel, an dessen Lösung auch Herr von Papen scheiterte.

Ich habe demgegenüber erklärt, daß ich eine solche Art von Führung ablehne, weil sie zwangsläufig im Nichts endet und höchstens als letzten Schutz die Bajonette besitzt. Ich habe weiter die Überzeugung vertreten, daß es mir unter der Voraussetzung des Vertrauens des Herrn Reichspräsidenten am ehesten gelingen wird, eine solche Katastrophe zu vermeiden, weil sich immerhin zwei Drittel der zur Tolerierung nötigen Zahl von Abgeordneten schon in meiner Partei allein befinden. Der Schritt von 200 Abgeordneten zu 300 wird leichter sein, als der von 50 oder 60 zu 200.

B. Sie teilen mir, Herr Staatssekretär, mit, daß der Herr Reichspräsident nunmehr eine hundertprozentig parlamentarische Lösung wünsche. Das heißt, ich solle erst mit den Parteien ein Programm vereinbaren, dafür eine Mehrheit suchen und dann die Regierungsbildung rein parlamentarisch auf Grund dieser Mehrheit in die Wege leiten. Zunächst muß ich hier schon bemerken, daß man mir diese Aufgabe vor dem 12. September 1932 hätte stellen sollen. Sie wäre damals wirklich leichter zu lösen gewesen!

Sie kann aber überhaupt nicht gelöst werden, wenn die Stellung dieses Auftrags mit Bedingungen verbunden ist, die die Lösung an sich verhindern. Denn wenn schon der nurparlamentarische

Weg beschritten werden soll, dann können dafür aber auch keine anderen Voraussetzungen zur Auflage gemacht werden, als die in der Weimarer Verfassung selbst gegebenen.

Danach ist in erster Linie die parlamentarische Mehrheit maßgebend (Artikel 54) sowohl für die Beauftragung mit der Regierungsbildung, als auch für die Zusammensetzung des Kabinetts und für das Regierungsprogramm. Voraussetzungen von anderer Seite können nur insoweit aufgestellt werden, als sie der Verfassung entsprechen.

Da der Reichspräsident den Reichskanzler und die Reichsminister ernennt, hat er selbstverständlich die letzte Entscheidung über die Ministerliste. Aber nicht zu vereinbaren mit dem Artikel 53 der Verfassung wäre dann die Voraussetzung, daß die Besetzung des Auswärtigen Amtes und des Reichswehrministeriums Sache der persönlichen Entscheidung des Reichspräsidenten sei. Auch der Reichsaußen- und der Reichswehrminister können nur auf Vorschlag des Reichskanzlers ernannt werden. Denn nur so ist es dann diesem überhaupt möglich, die Richtlinien der inneren und äußeren Politik zu bestimmen, für die er doch gemäß dem Artikel 56 dem Reichstag gegenüber die Verantwortung zu tragen hat. Daran würde auch die Tatsache nichts ändern, daß der Reichspräsident das Reich völkerrechtlich vertritt, im Namen des Reichs Bündnisse und andere Verträge mit auswärtigen Mächten schließt, die Gesandten beglaubigt und empfängt (Artikel 45), und daß er den Oberbefehl über die gesamte Wehrmacht des Reiches ausübt (Artikel 47). Denn alle Anordnungen und Verfügungen des Reichspräsidenten, auch auf dem Gebiet der Wehrmacht, bedürfen nach der Verfassung für ihre Gültigkeit der Gegenzeichnung durch den Reichskanzler oder den zuständigen Reichsminister (Artikel 50).

Festlegung des Wirtschaftsprogramms, keine Wiederkehr des Dualismus zwischen Reich und Preußen, keine Einschränkung des Artikels 48, das sind alles Voraussetzungen, die bei einem parlamentarischen Mehrheitskabinett dem Reichspräsidenten nur nach Maßgabe der Artikel 68 ff über die Reichsgesetzgebung zustehen.

Wenn Sie nun, sehr verehrter Herr Staatssekretär, erklären, nach der bisher von dem Herrn Reichspräsidenten und seinem Amtsvorgänger geübten Staatspraxis seien jedem Kabinett grundsätzliche Forderungen auferlegt worden, so darf ich Ihnen darauf Folgendes erwidern:

1.) Noch nie in diesem Sinn und in diesem Umfang;

2.) noch nie war die katastrophale Lage Deutschlands innen-, außenpolitisch und insbesondere wirtschaftlich so wie heute, und daher noch nie die volle Autorität eines Reichskanzlers nötiger als jetzt und

3.) darf ich doch auch darauf hinweisen, daß noch zu keiner Zeit so schwere Eingriffe in das parlamentarische Regierierungssystem vorgenommen wurden, wie unter dem Präsidialkabinett des Herrn von Papen, die ich nun nachträglich den Parteien zur parlamentarischen Behandlung, und zwar zur Tolerierung und Billigung, vorlegen soll. Parteien, die diese Maßnahmen aus Selbsterhaltungstrieb einst aufs schärfste bekämpft haben! Und das alles in einem Zeitpunkt, in dem man die Position dieser Parteien noch dadurch stärkt, daß man erstens erklärt, ich besäße das besondere Vertrauen des Herrn Reichspräsidenten nicht, und sei zweitens deshalb befohlen, den reinen parlamentarischen Koalitionsweg zu gehen!

C. Sie schreiben, sehr verehrter Herr Staatssekretär, daß bei den Vorbesprechungen mit den anderen Parteiführern bereits deren Bereitwilligkeit geklärt worden sei, auf diese Vorbehalte einzugehen. Diese Erklärungen, Herr Staatssekretär, liegen jedenfalls nicht schriftlich vor. Aus der Besprechung, die der Reichstagspräsident Göring (vor der Erteilung des Auftrags des Herrn Reichspräsidenten an mich) mit anderen Parteien hatte, geht das Gegenteil hervor. Die Auslassung einer für eine Koalitionsmehrheit nötigen Partei (Bayerische Volkspartei) in ihrer offiziellen Parteikorrespondenz besagt das Gleiche. Die Zusicherung nun, daß ich im Fall des Scheiterns meiner Verhandlungen dem Herrn Reichspräsidenten ja die Gründe mitteilen könnte, ändert gar nichts an der Tatsache, daß man einfach mit Recht feststellen würde, die Erfüllung eines übernommenen Auftrags sei mir nicht gelungen.

Die Folgerungen, die sich daraus für die nationalsozialistische Bewegung und damit auch für das ganze deutsche Volk ergeben würden, liegen auf der Hand. Ich habe in redlichstem Bemühen Auftrag und Bedingungen immer wieder miteinander verglichen, bin aber genau so, wie meine sämtlichen Mitarbeiter, zu der Überzeugung gekommen, daß dieser Auftrag infolge seines inneren Widerspruchs in sich undurchführbar ist. Ich habe daher davon abgesehen, in diesen Tagen mit einer Partei Fühlung zu nehmen und bitte Sie deshalb, Herr Staatssekretär, Seiner Excellenz, dem hochverehrten Herrn Reichspräsidenten, folgende ehrerbietigste Meldung übermitteln zu wollen:

Den mir am Montag, den 22. ds. Mts. vom Herrn Reichspräsidenten erteilten Auftrag kann ich infolge seiner inneren Undurchführbarkeit nicht entgegennehmen und lege ihn daher in die Hand des Herrn Reichspräsidenten zurück.

Angesichts der trostlosen Lage unseres Vaterlandes, der immer steigenden Not und der Verpflichtung für jeden einzelnen Deutschen, sein Letztes zu tun, damit Volk und Reich nicht im Chaos versinken, möchte ich nach wie vor dem ehrwürdigen Herrn Reichspräsidenten und Feldmarschall des Weltkriegs die nationalsozialistische Bewegung mit dem Glauben, der Kraft und der Hoffnung der deutschen Jugend zur Verfügung stellen. Ich schlage daher unter vollständiger Umgehung aller immer nur verwirrenden Begriffe folgenden positiven Weg vor:

1.) Der Herr Reichspräsident fordert mich auf, vom Tage der Auftragserteilung an binnen 48 Stunden ein kurzes Programm über die beabsichtigten innen-, außen- und wirtschaftspolitischen Maßnahmen vorzulegen.

2.) Ich werde nach Billigung dieses Programms binnen 24 Stunden dem Herrn Reichspräsidenten eine Ministerliste vorlegen.

3.) Ich werde neben anderen aus der derzeitigen Regierung zu übernehmenden Ministern dem Herrn Reichspräsidenten selbst für das Reichswehrministerium als seinen mir bekannten persönlichen Vertrauensmann General von Schleicher, für das Reichsaußenministerium Freiherrn von Neurath vorschlagen.

4.) Der Herr Reichspräsident ernennt mich darauf zum Reichskanzler und bestätigt die von mir vorgeschlagenen und von ihm anerkannten Minister.

5.) Der Herr Reichspräsident erteilt mir den Auftrag, für dieses Kabinett die verfassungsmäßigen Voraussetzungen zur Arbeit zu schaffen und gibt mir zu dem Zweck jene Vollmachten, die in so kritischen und schweren Zeiten auch parlamentarischen Reichskanzlern nie versagt worden sind.

6.) Ich verspreche, daß ich unter vollem Einsatz meiner Person und meiner Bewegung mich aufopfern will für die Rettung unseres Vaterlandes.

Indem ich Ihnen, sehr verehrter Herr Staatssekretär, für diese Übermittlung danke, verbleibe ich

in vorzüglicher Hochachtung
Ihr sehr ergebener

Adolf Hitler

Schon am 24. November hielt Hitler, der ein Präsidialkabinett anstrebte, die von Dr. Meißner unterschriebene Antwort Hindenburgs auf seinen Verzicht in den Händen, eine Regierung zu bilden. Postwendend schrieb er an Meißner:

Adolf Hitler

z. Zt. Berlin, den 24. November 1932

Herrn Staatssekretär Dr. Meißner,
Reichspräsidentenpalais.

Sehr verehrter Herr Staatssekretär!

Indem ich Ihr Schreiben, das die Ablehnung meines Vorschlages zur Lösung der Krise durch den Herrn Reichspräsidenten enthält, zur Kenntnis nehme, muß ich abschließend noch ein paar Feststellungen treffen.

1) Ich habe nicht den Versuch der Bildung einer parlamentarischen Mehrheitsregierung für aussichtslos gehalten, sondern ihn nur infolge der daran geknüpften Bedingungen als unmöglich bezeichnet.
2) Ich habe darauf hingewiesen, daß, wenn Bedingungen gestellt werden, diese in der Verfassung begründet sein müssen.
3) Ich habe nicht die Führung eines Präsidialkabinetts verlangt, sondern einen mit diesem Begriff in keinem Zusammenhang stehenden Vorschlag zur Lösung der deutschen Regierungskrise unterbreitet.
4) Ich habe zum Unterschied anderer unentwegt die Notwendigkeit

eines in der Verfassung begründeten Zusammenarbeitens mit der Volksvertretung betont und ausdrücklich versichert, nur unter solchen gesetzmäßigen Voraussetzungen arbeiten zu wollen.

5) Ich habe nicht nur keine Parteidiktatur verlangt, sondern war wie im August dieses Jahres so auch jetzt bereit, mit all den anderen dafür infrage kommenden Parteien Verhandlungen zu führen, um eine Basis für eine Regierung zu schaffen. Diese Verhandlungen mußten erfolglos bleiben, weil an sich die Absicht bestand, das Kabinett Papen unter allen Umständen als Präsidialkabinett zu halten.

Es ist daher auch nicht nötig, mich zur Zusammenarbeit mit anderen aufbauwilligen Kräften der Nation gewinnen zu wollen, da ich dazu trotz schwerster Anfeindungen schon in diesem Sommer alles nur irgend Mögliche getan habe. Ich lehne es aber ab, in diesem Präsidialkabinett eine aufbaufähige Kraft zu sehen. Und ich habe ja auch in der Beurteilung der Tätigkeit und des Mißerfolges der Tätigkeit dieses Kabinetts bisher recht behalten.

6) Ich habe aus dieser Erkenntnis heraus auch immer gewarnt vor einem Experiment, das am Ende zur nackten Gewalt führt und daran auch scheitern muß.

7) Ich war vor allem nicht bereit und werde auch in der Zukunft niemals bereit sein, die von mir geschaffene Bewegung anderen Interessen zur Verfügung zu stellen, als denen des deutschen Volkes. Ich fühle mich dabei verantwortlich meinem Gewissen, der Ehre der von mir geführten Bewegung und der Existenz der Millionen deutscher Menschen, die durch die politischen Experimente der letzten Zeit zwangsläufig einer immer weiteren Verelendung entgegengeführt werden.

Im übrigen bitte ich, Seiner Excellenz, den Herrn Reichspräsidenten nach wie vor den Ausdruck meiner tiefsten Ergebenheit übermitteln zu wollen.

Mit vorzüglicher Hochachtung

Ihr sehr ergebener
Adolf Hitler

Hitler, der den mit der Maschine geschriebenen Briefentwurf handschriftlich korrigierte, schwächte einige Formulierungen ab, die die Regierung verletzen konnten.

So änderte er beispielsweise den ursprünglichen Text, „trotz schwerer Beschimpfungen von seiten der der Regierung nahestehenden Presse schon in diesem Sommer" in „trotz schwerster Anfeindungen schon in diesem Sommer" um und ersetzte „Regierungsexperimente der letzten Zeit" durch „politische Experimente der letzten Zeit".

Sehr verehrter Herr Staatssekretär!

Indem ich Ihr Schreiben, das die Ablehnung meines Vorschlages zur Lösung der Krise durch den Herrn Reichspräsidenten enthält, zur Kenntnis nehme, muß ich abschließend noch ein paar Feststellungen treffen.

1) Ich habe nicht den Versuch der Bildung einer parlamentarischen Mehrheitsregierung für aussichtslos gehalten, sondern nur die daran geknüpften Bedingungen als unmöglich.

2) Ich habe darauf hingewiesen, daß, wenn Bedingungen gestellt werden, diese in der Verfassung begründet sein müssen.

3) Ich habe nicht erklärt, bereit zu sein, die Führung eines Präsidialkabinetts zu übernehmen, sondern einen mit diesem Begriff gemeinten zu behandelnden Vorschlag zur Lösung der deutschen Regierungskrise unterbreitet.

4) Ich habe zum Unterschied anderer unentwegt die Notwendigkeit eines in der Verfassung begründeten Zusammenarbeitens mit der Volksvertretung betont und ausdrücklich versichert, nur unter solchen Voraussetzungen arbeiten zu wollen.

5) Ich habe nicht nur keine Parteidiktatur verlangt, sondern war bereits im August ds.Js. bereit, mit all den anderen dafür infrage kommenden Parteien Verhandlungen zu führen, um eine Basis für eine Regierung zu schaffen. Diese Verhandlungen mußten erfolglos bleiben, weil an sich die Absicht bestand, das Kabinett Papen unter allen Umständen als Präsidialkabinett zu halten.

- 2 -

- 2 -

Es ist daher auch nicht nötig, mich zur Zusammenarbeit mit anderen aufbauwilligen Kräften der Nation gewinnen zu wollen, da ich dazu trotz schwerer Beschimpfungen von Seiten der der Regierung nahestehenden Presse schon in diesem Sommer alles nur irgend Mögliche getan habe. Ich lehne es aber ab, in den Kräften, die hinter diesem Präsidialkabinett stehen, aufbauwillige zu sehen. Ich sehe in ihnen im Gegenteil Kräfte, die zur Zerstörung unseres Volkes und Vaterlandes führen müssen. Und ich habe in der Beurteilung der Tätigkeit und des Erfolges der Tätigkeit dieser Kräfte recht behalten.

6) Ich habe aus dieser Beurteilung heraus auch immer gewarnt vor einem Experiment, das am Ende zur nackten Gewalt zu greifen gezwungen sein wird und daran auch scheitern muß.

7) Ich war vor allem nicht bereit und werde auch in der Zukunft niemals bereit sein, die von mir geschaffene Bewegung anderen Interessen zur Verfügung zu stellen, als denen des deutschen Volkes. Ich fühle mich dabei verantwortlich meinem Gewissen, der Ehre der von mir geführten Bewegung und der Existenz der Millionen deutscher Menschen, die durch die Regierungsexperimente der letzten Zeit zwangsläufig der Verelendung entgegengeführt werden.

Von Hitler handschriftlich korrigierter Briefentwurf an Staatssekretär Dr. Meißner.

Einer neuerlichen Einladung des Reichspräsidenten begegnete Hitler am 30. November mit einer Absage.

Adolf Hitler
z. Zt. Weimar

den 30. November 1932.

Herrn
Staatssekretär Dr. Meissner
in
Berlin,
Reichspräsidentenpalais.

Sehr verehrter Herr Staatssekretär!

Soeben übermittelt mir Herr Reichstagspräsident Göring Ihre Einladung, morgen beim Herrn Reichspräsidenten abermals in einer Aussprache zur politischen Lage und zu den zu treffenden Massnahmen Stellung zu nehmen. Da ich mündlich und schriftlich meine diesbetreffenden Auffassungen gegenüber dem Herrn Reichspräsidenten und der Oeffentlichkeit bereits eingehendst dargelegt habe und mich darüber hinaus eine Woche lang in Berlin zu jeder Erläuterung zur Verfügung hielt, weiss ich nach gewissenhaftester Prüfung zu meinen damaligen Ausführungen nichts Ergänzendes noch vorzutragen, umsomehr als sich eine wesentliche Aenderung der politischen Situation nicht ergeben hat.

Im übrigen habe ich ja den positiven Vorschlag, der meiner innersten Überzeugung entsprechend, allein zu einer dauernden Behebung der Krise führen kann, dem Herrn Reichspräsidenten bereits ehrfurchtsvollst unterbreitet. Wie Sie, Herr Staatssekretär, mir mitteilen lassen, soll dieser Vorschlag nicht Grundlage der Besprechung sein. Ich glaube es daher auch vor der öffentlichen Meinung nicht mehr verantworten zu können, bei ihr durch neuerliche Besprechungen Hoffnungen zu erwecken, deren Nichterfüllung nur eine schwere Enttäuschung sein müsste. Da ich mich zu alledem mitten im Thüringischen Wahlkampf befinde, erscheint mir auch aus diesem Grunde ein somit nur informatorischen Zwecken dienender Besuch schwer möglich, und ich bitte daher den hochverehrten Herrn Reichspräsidenten ehrerbietigst, in diesem Augenblick von einer Einladung meiner Person gütigst absehen zu wollen.

Ich darf Sie, verehrter Herr Staatssekretär, weiter bitten, dem Herrn Reichspräsidenten erneut meine tiefste Ergebenheit zu versichern.

Mit dem Ausdruck meiner vorzüglichen Hochachtung

Ihr
Adolf Hitler.

Der greise Reichspräsident und der junge Reichskanzler bei einer Landfahrt.

Hitler, der der Wehrmacht am 31. August 1939 den Befehl zum Angriff gegeben hat, erklärt am 1. September 1939 vor dem Reichstag, daß ab 4.45 Uhr „zurückgeschossen“ werde.

5. Kapitel

Konsequenzen des Gescheiterten

Am 27. Oktober 1942, zwei Wochen nachdem Hitler seinen berüchtigten „Kommandobefehl“ gegeben hatte, der die Tötung sämtlicher feindlicher „Kommandounternehmungen in Europa oder in Afrika“ vorsah[84], erschien bei Brockhaus in Leipzig Sven Hedins Buch „Amerika im Kampf der Kontinente“*. Am 29. Oktober erhielt Hitler, der gerade wieder aus seinem Hauptquartier in Winniza in der Ukraine zur „Wolfsschanze“ nach Ostpreußen zurückgekehrt war, ein von Hedin auf einem Widmungsbogen (voraus-)signiertes und für Hitler mit einer persönlichen handschriftlichen Widmung versehenes Exemplar. Obwohl Hitler noch unter den quälenden Folgen einer schweren Kopfgrippe litt, die ihn in seinem Hauptquartier in Winniza buchstäblich niedergeworfen und zu dem Eingeständnis bewogen hatte[85], daß sein Gedächtnis nicht mehr wie zuvor intakt sei, las er das Buch noch am selben Tage und in der Nacht[86] zum 30. Oktober. Am 30. Oktober diktierte er an Sven Hedin einen Brief, den Hedin am 11. November 1942 auf dem Wege über die Deutsche Gesandtschaft erhielt[87].

Sehr verehrter Herr Doktor Sven von Hedin!

Sie hatten die Freundlichkeit, mir Ihr im Verlage F. A. Brockhaus, Leipzig, neuerschienenes Buch
„Amerika im Kampfe der Kontinente“
mit einer persönlichen Widmung zu übersenden. Ich danke Ihnen herzlich für die mir damit erwiesene Aufmerksamkeit.

* Nach Hedins Angaben wurden von dem antiamerikanisch artikulierten Buch (vgl. Hedin, Sven, *Ohne Auftrag in Berlin*, Tübingen und Stuttgart 1950, S. 276) in Deutschland mehr als 100 000 Exemplare verkauft. Zur Charakterisierung genügen die Kapitelüberschriften: Die Beziehungen zwischen Amerika und Deutschland seit der Gründung der Union – Die Vereinigten Staaten und Deutschland im ersten Weltkrieg – Warum kam der neue Weltkrieg? – Die sozialen Verhältnisse der USA zwischen den beiden Weltkriegen – Das erste Kriegsjahr – Roosevelt und die totalitären Staaten – Der Diktator der Demokratie – Amerika und der zweite Weltkrieg – Amerika und Rußland – Amerika und Finnland – Amerikanischer Imperialismus – England und die amerikanischen Kriegsziele – Nachwort: Nordamerikanische Außenpolitik.

Ich habe das Buch bereits durchgelesen und begrüße es ganz besonders, daß Sie so ausdrücklich auf die von mir bei Beginn des Krieges den Polen gemachten Angebote eingegangen sind. Wenn ich heute an diese Zeit zurückdenke, dann liegt das alles so ferne, und es erscheint mir so unwirklich, daß ich mich gerade selbst anklage, mit meinen Vorschlägen so weit gegangen zu sein. Denn in diesem Falle haben wieder einmal jene Menschen, die es böse zu machen gedachten, Gutes getan. Wäre Polen zu der von mir angebotenen Verständigung bereit gewesen, dann würde es nicht zum Kriege gekommen sein. In diesem Falle aber hätte Russland seine Rüstungen in einem Ausmaße vollenden können, das wir erst heute kennen und zu ermessen vermögen. Fünf Jahre noch Friede, und Europa wäre von dem Gewicht der bolschewistischen Kriegsmaschine einfach niedergewalzt worden. Denn es ist ja klar, daß nach der Erledigung der deutsch-polnischen Zwistigkeiten das Reich und vor allem die nationalsozialistische Bewegung sich in erster Linie der Kultur und vor allem den sozialen Fragen zugewandt haben würden. Wenn wir auch nicht die Rüstung direkt vernachlässigt hätten, so wäre sie doch in Grenzen geblieben, die wenige Jahre später zu einer hilflosen Unterlegenheit gegenüber diesem asiatischen Koloß hätte führen müssen. Das Schicksal Europas und damit einer mehrtausendjährigen Kultur würde unter diesen Umständen wohl ihr Ende gefunden haben. Denn wenn auch der Mann, d.h. der Soldat, in erster Linie den Krieg führt, so sind doch die ihm gegebenen Waffen nicht weniger entscheidend. Dem Bolschewismus aber wäre es gelungen, eine Synthese von Millionen ebenso fanatisierter wie brutaler Kämpfer mit einer unvorstellbaren Rüstung über das harmlose alte Europa sich hinwälzen zu lassen.

Ohne Zweifel ist der Schuldige an diesem Kriege, wie Sie sehr richtig zu Ende des Buches aussprechen, ausschließlich der amerikanische Präsident Roosevelt. Allein, indem er und seine Helfershelfer diesen Krieg anzettelten, haben sie sicherlich ungewollt, aber trotzdem den Kontinent der schönsten menschlichen Kultur gerade noch in letzter Minute aufgeweckt und mit offenen Augen einer Gefahr entgegentreten lassen, die wenige Jahre später wahrscheinlich nicht mehr zu bannen gewesen wäre. Ich zweifle nun keine Sekunde, daß wir mit unseren Verbündeten diesen Koloß so lange schlagen werden, bis er endgültig zerbricht.

Es ist jedenfalls mein unerschütterlicher Entschluß, die Waffen nicht eher niederzulegen, als nicht Europa sowohl vom Osten als auch vom Westen als endgültig gesichert und damit als gerettet angesehen werden kann.

Indem ich die Gelegenheit benutze, Ihnen verehrter Herr Sven von Hedin meine besten Wünsche für Ihre Gesundheit und Ihr weiteres Wohlergehen zu übermitteln, bin ich mit freundschaftlichem Gruß

Ihr ergebener

Adolf Hitler.

Mit seiner Bemerkung, 1939 mit seinen „Vorschlägen so weit gegangen zu sein", daß er sich jetzt „selbst anklage", meinte Hitler offenbar die 16 Punkte seines Entwurfs „für eine Regelung des Danzig-Korridorproblems sowie der deutsch-polnischen Minderheitenfrage", die unter anderem eine sofortige Eingliederung Danzigs ins Reich (Punkt 1), eine Abstimmung über die Eingliederung des Korridors mit den Städten Marienwerder, Graudenz, Kulm und Bromberg (Punkt 2), die Forderung nach Demilitarisierung (Punkt 12) der Halbinsel Hela und der Städte Danzig und der als „polnische Hafenstadt" anerkannten (Punkt 4) Stadt Gdingen, freie Straßen- und Bahnverbindungen* für den Staat, in den der Korridor nach der Abstimmung nicht eingegliedert (Punkt 9) werde und „einem Bevölkerungsaustausch mit Polen" (Punkt 9) im Falle der Entscheidung der Korridor-Bevölkerung für das Reich vorsahen[88]. Daß er diese Vorschläge – im Gegensatz zu seinen offiziellen Äußerungen – 1939 nicht ernst gemeint, sondern nur als Alibi für seinen vermeintlichen Friedenswillen nicht nur gegenüber dem deutschen Volk, sondern vor allem auch gegenüber England formulierte, dem er darüber hinaus eine Gelegenheit bieten wollte, sich von seinen Verpflichtungen gegenüber Polen loszusagen, braucht heute nicht mehr belegt zu werden[89]. Daß er seinen 1942 bereits „so ferne" liegenden Schachzug von 1939 gegenüber Sven Hedin, der in der Welt für ihn warb, ebenso darstellen

* Hitler forderte für den Fall, daß der Korridor zu Polen komme, für Deutschland „eine exterritoriale Verkehrszone, etwa in Richtung von Bütow–Danzig bzw. Dirschau gegeben zur Anlage einer Reichsautobahn sowie einer viergleisigen Eisenbahnlinie." Zit. nach Domarus II/3, S. 1292.

mußte wie vor dem deutschen Volk und der Welt, liegt auf der Hand. Nachdem er – im Brief an Hedin – den Anschein erweckte, als habe er Polen 1939 vor eine Alternative gestellt, die es – nach der Ablehnung seiner entsprechenden Vorschläge vom März 1939 – hätte wahrnehmen können, nutzte er die Gelegenheit, seinen Krieg gegen Rußland, den er nicht erst in „Mein Kampf" als unbedingt notwendig gefordert hatte*, auf eine Weise zu rechtfertigen, die von seinen frühen Auffassungen grundlegend abwich; denn im Oktober 1942, in Stalingrad festgelaufen und an anderen Fronten bereits wieder auf dem Rückzug, sprach er nicht von der notwendigen Landgewinnung für das deutsche Volk, sondern von der Rettung Europas vor dem Bolschewismus: „In diesem Falle (d.h. im Falle der Verhinderung des Krieges, der Verf.) . . . hätte Rußland seine Rüstungen in einem Ausmaße vollenden können, das wir erst heute kennen und zu ermessen vermögen. Fünf Jahre noch Friede, und Europa wäre von dem Gewicht der bolschewistischen Kriegsmaschine einfach niedergewalzt worden."

Übereinstimmend erklärte er denn auch am 8. November 1942 in einer Rede, die der Völkische Beobachter am 10. November veröffentlichte: „In diesen Tagen hat Sven Hedin ein Buch herausgegeben, in dem er dankenswerterweise mein damals den Engländern übermitteltes Angebot für Polen . . . zitiert. Ich habe eigentlich ein Frösteln gefühlt, als ich dieses Angebot wieder durchgelesen habe, und ich kann nur der Vorsehung danken, daß sie das alles anders geleitet hat . . . Denn wenn damals dieses Angebot angenommen worden wäre, dann wäre wohl Danzig deutsch, aber im übrigen alles doch beim alten geblieben. Wir hätten uns unseren sozialen Aufgaben gewidmet, hätten gearbeitet, unsere Städte verschönt, Wohnungen und Straßen gebaut, Schulen eingerichtet, wir hätten einen richtigen nationalsozialistischen Staat aufgebaut, und wir hätten dann natürlich wahrscheinlich weniger für die Wehrmacht ausgegeben. Und eines Tages wäre dann das Ungewitter aus dem Osten losgebrochen und wäre über Polen hinweg, ehe wir es uns versehen hätten, weniger als hundert oder fünfzig Kilometer östlich von Berlin gestanden. Daß das nicht so kam, verdanke ich den Herren, die damals mein Angebot ablehnten. Allerdings vor drei Jahren konnte ich das auch noch nicht ahnen."

Sowohl der Brief als auch die Rede beweisen, daß Hitler den Kriegsbeginn bereits auffällig weit hinter sich gelassen und die einschneidenden Maßnahmen aus seinem Gedächtnis verdrängt hatte. Bald konnte er den Wandel seines physischen und psy-

* Vgl. Hitler, u.a. S. 154 und 742. So heißt es S. 154: „Wollte man in Europa Grund und Boden, dann konnte dies im großen und ganzen nur auf Kosten Rußlands geschehen, dann müßte sich das neue Reich wieder auf der Straße der einstigen Ordensritter in Marsch setzen . . . um mit dem deutschen Schwert dem deutschen Pflug die Scholle . . . zu geben." Und auf S. 742 schreibt Hitler: „Wir stoppen den ewigen Germanenzug nach dem Süden und Westen Europas und weisen den Blick nach dem Land im Osten . . . Wir gehen über zur Bodenpolitik der Zukunft."

chischen Persönlichkeitsbildes nicht mehr verbergen. Als er im März 1943 aus seinem Hauptquartier in Winniza in der Ukraine in die Wolfsschanze nach Ostpreußen zurückkehrte, war er ein alter und verbrauchter Mann, der zur Appetitanregung, zur Überwindung von Müdigkeit und zur Erhöhung der körperlichen Widerstandsfähigkeit die Vitamine A, D und das Glukose (Traubenzucker) enthaltende Intelan einnahm und zur Stimulierung der glatten Muskeln Tonophosphan verabreicht bekam und depressive Stimmungen mit Hilfe von Prostacrinum bekämpfte*. Seine Augen quollen hervor. Sein Blick war starr. Auf den Wangen zeigten sich rote Flecken. Infolge einer leichten Kyphose der Brustwirbelsäule war seine Körperhaltung gebeugt und durch eine schwache Skoliose (Verbiegung des Rückgrats zur Seite) nicht ganz normal. Wie nach dem Novemberputsch von 1923, so zitterten auch jetzt wieder sein linker Arm und sein linkes Bein, das er schleppend nachzog, während seine Bewegungen insgesamt sichtlich gestört erschienen. Er erregte sich leichter als vorher, reagierte jähzornig auf Einwände und Situationen, die ihm nicht paßten. Starrsinnig und verbissen hielt er an Einfällen und Vorstellungen fest, auch wenn sie seiner Umgebung zuweilen abwegig und falsch erschienen. Wenn er sprach, geschah es relativ nuancenlos. Er wiederholte sich und beschäftigte sich wie ein Greis, was er in erschreckendem Maße bereits war, auffällig gern mit seiner Kindheit und politischen Frühzeit; aber sein Bewußtseinsstand blieb nach wie vor normal. Nach wie vor kamen seine Antworten auf Fragen rasch wie ehedem[90].

Eineinhalb Jahre nach seinem Brief an Sven Hedin waren weder der schwerkranke und dahinsiechende „Greis" Hitler[91] noch sein von Feinden besetztes und zum großen Teil zerstörtes Reich mit den Bildern von 1933 vergleichbar. Im Bunker der von Albert Speer erbauten Reichskanzlei, mit der Außenwelt nur noch durch die Technik verbunden, entschloß er sich am 29. April 1945, Eva Braun zu heiraten und sich danach mit ihr gemeinsam das Leben zu nehmen. Kurz nach 1 Uhr früh begann der rasch herbeigeholte, mit einer Volkssturmuniform bekleidete Berliner Stadtrat Walter Wagner als Standesbeamter mit der Zeremonie im Kartenzimmer des Führerbunkers. Dr. Goebbels und Martin Bormann fungierten als Trauzeugen. Eva Braun, die seit mindestens einem Jahrzehnt von ihrer Hochzeit mit Hitler träumte, war infolge der Umstände so erregt, daß sie auch ihren neuen Namen wie üblich mit einem großen B begann, das sie dann durchstrich und danach als „Eva Hitler geb. Braun" unterschrieb. Auch Wagner, der Eva Braun fragte, ob sie gewillt sei, die Ehe „mit meinem Führer Adolf Hitler einzugehen", muß sehr erregt gewesen sein: er schrieb sogar seinen eigenen Namen falsch – Waagner, statt Wagner**.

* Vgl. Maser, *Adolf Hitler* . . .; u. a. S. 339. Prostacrinum: Extrakt aus Samenbläschen und Prostata-Drüsen. Vgl. ebenda und S. 359.

** Wie viele Dokumente über und von Hitler, so wird selbst die Trauungsurkunde meist falsch zitiert. Vgl. z.B. das hier abgebildete Dokument und die Übertragung bei Domarus, Bd. II/4, S. 2234. Das Dokument wurde beim heimlichen Bergen aus dem Führerbunker durch Wassereinwirkung beschädigt.

Adolf Hitler sechs Wochen vor seiner Hochzeit und dem Selbstmord in der Reichskanzlei. Er ist ein Greis geworden und kann sich ohne fremde Hilfe nur noch mühsam fortbewegen. Am 20. März 1945 zeichnet er Angehörige der „Hitler-Jugend", noch schulpflichtige Kinder, mit dem Eisernen Kreuz aus.

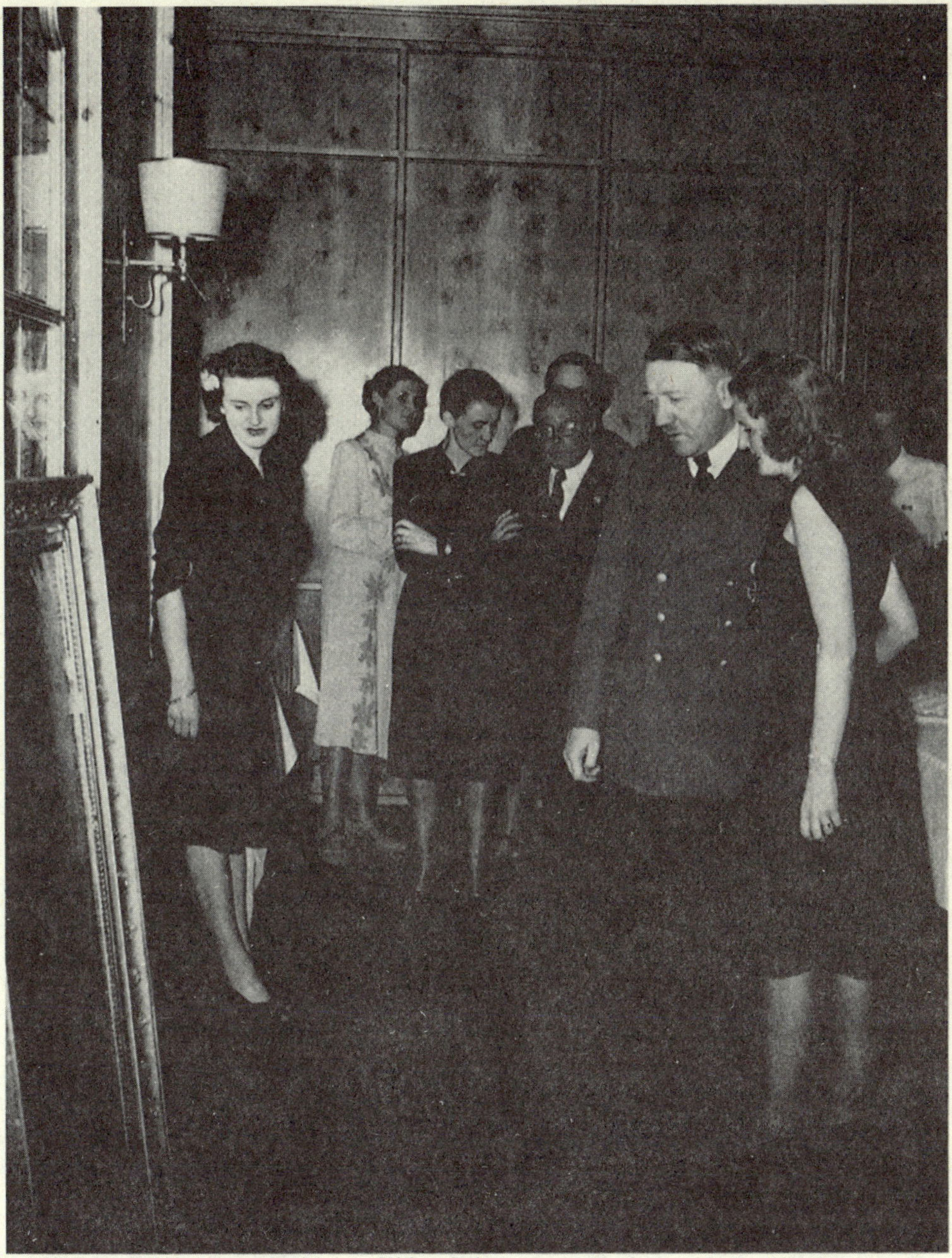

Adolf Hitler und Eva Braun besichtigen Hitlers Geburtstagsgeschenke am 20. April 1942.

3669 PS

Der Oberbürgermeister
der Reichshauptstadt

Vor ~~dem Oberbürgermeister der Reichshauptstadt Berlin als Standesbeamten von Berlin~~ ... dem [redacted]

... Wagner

als Standesbeamten der Reichshauptstadt, vom Oberbürgermeister beauftragt - sind zum Zwecke der sofortigen Eheschliessung erschienen

1. [redacted]

geb. [redacted]

wohnhaft: Berlin, Reichskanzlei

Vater:

Mutter:

[redacted]

2.

... Braun

geb. ...

wohnhaft: ...

Vater: ...

[redacted]

ausgewiesen durch: Sonderausweis ... 59 des Chef der Deutschen Polizei

3.

als Zeuge: [redacted] Goebbels, Joseph

geb. [redacted]

wohnhaft: [redacted] ...

ausgewiesen durch: [redacted] bekannt.

4.

als Zeuge: [redacted] Bormann

geb. 17.6.00 in Halberstadt

wohnhaft: Obersalzberg.

ausgewiesen durch: ... persönlich bekannt.

Der Oberbürgermeister
der Reichshauptstadt

Vor dem Stadtrat
Walter Wagner
als Standesbeamten der Reichshauptstadt, vom Oberbürgermeister beauftragt – sind zum Zwecke der sofortigen Eheschließung erschienen

1. Adolf Hitler
geb. 20. April 1889 in Braunau
wohnhaft: Berlin, Reichskanzlei
Vater:
Mutter:
Eheschließung der Eltern:
ausgewiesen durch: von (unleserlich) bekannt

2. Fräulein Eva Braun
geb. in: München Wasserburger Str. 12
wohnhaft:
Vater: Friedrich Braun
Mutter: Franziska Braun geb. Kranburger
Eheschließung der Eltern:
ausgewiesen durch: Sonderausweis (unleserlich) des Chefs der Deutschen Polizei

3.
als Zeuge: Reichsminister Dr. Goebbels, Joseph
geb. 28. Oktober 1897 in Rheydt
wohnhaft: Berlin, Hermann Göringstr. 20
ausgewiesen durch: von (unleserlich) bekannt

4.
als Zeuge: Reichsleiter Martin Bormann
geb. 17. 6. 00 in Halberstadt
wohnhaft: Obersalzberg
ausgewiesen durch: von (unleserlich) bekannt

Die Erschienenen zu 1 und 2 erklären, daß sie rein arischer Abstammung und mit keiner die Eheschließung ausschließenden Erbkrankheiten befallen sind. Sie beantragen mit Rücksicht auf die Kriegsereignisse wegen außerordentlicher Umstände die Kriegstrauung und beantragen weiter das Aufgebot mündlich entgegenzunehmen und von sämtlichen Fristen Abstand zu nehmen.

Den Anträgen wird stattgegeben. Das mündlich abgegebene Aufgebot ist geprüft und für ordnungsgemäß befunden worden.

Ich komme nunmehr zum feierlichen Akt der Eheschließung. In Gegenwart der obengenannten Zeugen zu 3 und 4 frage ich Sie,

Mein Führer Adolf Hitler

ob Sie gewillt sind, die Ehe mit

Fräulein Eva Braun

einzugehen. In diesem Falle bitte ich Sie mit „ja" zu antworten.

Nunmehr frage ich Sie, Fräulein Eva Braun,
ob Sie gewillt sind, die Ehe mit

Meinem Führer Adolf Hitler

einzugehen. In diesem Falle bitte ich auch Sie mit „ja" zu antworten.

Nachdem nunmehr beide Verlobte die Erklärung abgegeben haben die Ehe einzugehen, erkläre ich die Ehe vor dem Gesetz rechtmäßig für geschlossen.

Berlin, am 29. April 1945

Vorgelesen und unterschrieben:

1.) Ehemann: Adolf Hitler
2.) Ehefrau: Eva B (durchgestrichen) Hitler geb. Braun
3.) Zeuge zu 1: Dr. Joseph Goebbels
4.) Zeuge zu 2: Bormann
5.) Wagner
als Standesbeamter

2569 PS

- 2 -

Die Erschienenen zu 1 und 2 erklären, daß sie rein arischer Abstammung und mit keiner die Eheschliessung ausschließenden Erbkrankheiten befallen sind. Sie beantragen mit Rücksicht auf die Kriegsereignisse wegen außerordentlicher Umstände die Kriegstrauung und beantragen weiter das Aufgebot mündlich entgegenzunehmen und von sämtlichen Fristen Abstand zu nehmen.

Den Anträgen wird stattgegeben. Das mündlich abgegebene Aufgebot ist geprüft und für ordnungsgemäß befunden worden.

Ich komme nunmehr zum feierlichen Akt der Eheschliessung. In Gegenwart der obengenannten Zeugen zu 3 und 4 frage ich Sie,

[illegible] Adolf Hitler

ob Sie gewillt sind, die Ehe mit

[illegible]

einzugehen. In diesem Falle bitte ich Sie, mit "ja" zu antworten.

Nunmehr frage ich Sie, [illegible]

ob Sie gewillt sind, die Ehe mit

[illegible] Adolf Hitler

einzugehen. In diesem Falle bitte ich auch Sie mit "ja" zu antworten.

Nachdem nunmehr beide Verlobte die Erklärung abgegeben haben die Ehe einzugehen, erkläre ich die Ehe vor dem Gesetz rechtmäßig für geschlossen.

Berlin, am [illegible] April 1945

Vorgelesen und unterschrieben:

1.) Ehemann: A H

2.) Ehefrau: Eva Hitler geb. Braun

3.) Zeuge zu 1: Dr. [illegible]

4.) Zeuge zu 2: [illegible]

5.) Wagner

als Standesbeamter

Hitler, der nicht wenige seiner politischen Erfolge Frauen verdankte[92] und seine Ehelosigkeit verschieden begründete, hat die Eheschließung buchstäblich bis zum letzten Tage seines Lebens hinausgeschoben. Erst als er total am Ende war, heiratete er. Im Oktober 1920, an der Schwelle seiner Karriere, hatte er seinem Jugendfreunde Lauböck geschrieben, daß er, „der Rädelsführer von einst", „auch als Rädelsführer von heute für die zärtlichen Gebundenheiten des Lebens noch nicht genug abgeschliffen" sei, weshalb er Junggeselle bliebe.

„Lieber Fritz!
Mit unendlicher Freude erhielt ich gestern Deine lieben Zeilen, die mich an die sonnige Lausbubenzeit erinnerten, die wir beide im Verein mit anderen damals verbrochen haben.
Ich war erst neulich in Linz und bin dabei durch all die alten Strassen und Gässchen vorbei an unserem alten Grabenhaus auch durch die Ge..ennerstr und habe zufällig auch dabei an Dich gedacht. Das . . . Ereignis, dass Du nur (?) noch lebst, und in Graz bist, und mir schriebst hätte ich im . . . dort nicht erwartet, denn eine ganze Reihe der Kameraden sind ja unterdess dem Krieg zum Opfer gefallen. Was meine Familie betrifft, so besteht sie zunächst nur aus einem wundervollen deutschen Schäferhund. Zu Höherem hab ich's noch nicht gebracht. Der Rädelsführer von einst ist auch als Rädelsführer von heute für die zärtlichen Gebundenheiten des Lebens noch nicht genug zugeschliffen.
Ich grüsse Dich auf das Herzlichste und bitte Dich, mir wieder zu schreiben.

Dein alter Freund
Adolf Hitler"[93]

Acht Jahre später, im Mai 1928, nannte er andere Gründe. In einem Brief an eine Bekannte schrieb er, daß sein unstetes Leben, die Unsicherheit sowohl seines augenblicklichen Daseins als auch seiner Zukunft ihn hinderten, sich zu einer Heirat zu entschließen*.

In seinem letzten privaten Testament, das er seiner Sekretärin Gertrud Junge unmittelbar nach der Trauungszeremonie diktierte, erklärte er, daß er in den Jahren des Kampfes und seiner „Arbeit im Dienste meines Volkes", wie er sich ausdrückte, geglaubt habe, „es nicht verantworten zu können", eine Ehe einzugehen, die er nun „vor Beendigung dieser irdischen Laufbahn" geschlossen habe, um mit Eva Braun wenigstens im Tode vereint zu sein.

* Vgl. S. 124f.

ADOLF HITLER

Mein privates Testament.

Da ich in den Jahren des Kampfes glaubte, es nicht verantworten zu können, eine Ehe zu gründen, habe ich mich nunmehr vor Beendigung dieser irdischen Laufbahn entschlossen, jenes Mädchen zur Frau zu nehmen, das nach langen Jahren treuer Freundschaft aus freiem Willen in die schon fast belagerte Stadt hereinkam, um ihr Schicksal mit dem meinen zu teilen. Sie geht auf ihren Wunsch als meine Gattin mit mir in den Tod. Er wird uns das ersetzen, was meine Arbeit im Dienst meines Volkes uns beiden raubte.

Was ich besitze, gehört – soweit es überhaupt von Wert ist – der Partei. Sollte diese nicht mehr existieren, dem Staat, sollte

5

- 2 -

auch der Staat vernichtet werden, ist eine Weitere Entscheidung von mir nicht mehr notwendig.

Ich habe meine Gemälde in den von mir im Laufe der Jahre angekauften Sammlungen niemals für private Zwecke, sondern stets nur für den Ausbau einer Galerie in meiner Heimatstadt Linz a.d.Donau gesammelt.

Dass dieses Vermächtnis vollzogen wird, wäre mein herzlichster Wunsch.

Zum Testamentsvollstrecker ernenne ich meinen treuesten Parteigenossen

Martin B o r m a n n .

Er ist berechtigt, alle Entscheidungen endgültig und rechtsgültig zu treffen. Es ist ihm gestattet, alles das, was persönlichen Erinnerungswert besitzt, oder zur Erhaltung eines kleinen bürgerlichen Lebens notwendig ist, meinen Geschwistern abzutrennen, ebenso vor allem der Mutter meiner Frau und meinen, ihm genau bekannten treuen Mitarbeitern und Mit-

Mein privates Testament.

Da ich in den Jahren des Kampfes glaubte, es nicht verantworten zu können, eine Ehe zu gründen, habe ich mich nunmehr vor Beendigung dieser irdischen Laufbahn entschlossen, jenes Mädchen zur Frau zu nehmen, das nach langen Jahren treuer Freundschaft aus freiem Willen in die schon fast belagerte Stadt hereinkam, um ihr Schicksal mit dem meinen zu teilen. Sie geht auf ihren Wunsch als meine Gattin mit mir in den Tod. Er wird uns das ersetzen, was meine Arbeit im Dienst meines Volkes uns beiden raubte.

Was ich besitze, gehört – soweit es überhaupt von Wert ist – der Partei. Sollte diese nicht mehr existieren, dem Staat, sollte auch der Staat vernichtet werden, ist eine weitere Entscheidung von mir nicht mehr notwendig.

Ich habe meine Gemälde in den von mir im Laufe der Jahre angekauften Sammlungen niemals für private Zwecke, sondern stets nur für den Ausbau einer Galerie in meiner Heimatstadt Linz a. d. Donau gesammelt.

Dass dieses Vermächtnis vollzogen wird, wäre mein herzlichster Wunsch.

Zum Testamentsvollstrecker ernenne ich meinen treuesten Parteigenossen

Martin Bormann.

Er ist berechtigt, alle Entscheidungen endgültig und rechtsgültig zu treffen. Es ist ihm gestattet, alles das, was persönlichen Erinnerungswert besitzt, oder zur Erhaltung eines kleinen bürgerlichen Lebens notwendig ist, meinen Geschwistern abzutrennen, ebenso vor allem der Mutter meiner Frau und meinen, ihm genau bekannten treuen Mitarbeitern und Mitarbeiterinnen, an der Spitze meinen alten Sekretären, Sekretärinnen, Frau Winter, usw., die mich jahrelang durch ihre Arbeit unterstützten.

Ich selbst und meine Gattin wählen, um der Schande des Absetzens oder der Kapitulation zu entgehen, den Tod. Es ist unser Wille, sofort an der Stelle verbrannt zu werden, an der ich den grössten Teil meiner täglichen Arbeit im Laufe eines zwölfjährigen Dienstes an meinem Volke geleistet habe.

Gegeben zu Berlin, den 29. April 1945, 4.00 Uhr

als Zeugen:

Martin

als Zeuge:

Nicolaus von Below

Dr.

arbeiterinnen, an der Spitze meinen alten Sekretären, Sekretärinnen, Frau Winter, usw., die mich jahrelang durch ihre Arbeit unterstützten.

Ich selbst und meine Gattin wählen, um der Schande des Absetzens oder der Kapitulation zu entgehen, den Tod. Es ist unser Wille, sofort an der Stelle verbrannt zu werden, an der ich den größten Teil meiner täglichen Arbeit im Laufe eines zwölfjährigen Dienstes an meinem Volke geleistet habe.

Gegeben zu Berlin, den 29. April 1945, 4.00 Uhr

Adolf Hitler

als Zeugen:
Martin Bormann
Dr. Goebbels

als Zeuge:
Nicolaus von Below

Dieses Testament, in dem Hitler Martin Bormann als seinen „treuesten Parteigenossen" bezeichnet, ist weniger heroisch gefärbt als das politische Testament. Hitler gibt zu, sich getäuscht zu haben und gescheitert zu sein. Während er am 26. April 1942 in einer Rede im Gegensatz zu seiner Einsicht, daß der Krieg für ihn bereits verloren war, noch gesagt hatte, „Wenn die Götter nur jene lieben, die Unmögliches von ihnen fordern" und der „Herrgott seinen Segen . . . nur dem" gebe, „der im Unmöglichen standhaft"[94] bliebe, gestand er nun, am 29. April 1945, macht- und hilflos ein, total am Ende zu sein und weder zu wissen, ob seine Partei oder das Reich nach seinem Selbstmord überhaupt noch weiterhin existieren würden.

Was Hitler unmittelbar vor seinem Selbstmord eingestand, ahnte er spätestens bereits Anfang 1942. Dennoch hatte er am 30. Mai 1942 in einer Rede propagandistisch effektvoll gesagt: „Ich zweifle keine Sekunde, wir werden ihn (den Kampf) gewinnen. Das Schicksal hat mich nicht umsonst diesen langen Weg gehen lassen von dem unbekannten Soldaten des Weltkrieges zum Führer der deutschen Nation, zum Führer der deutschen Wehrmacht. Er hat das nicht getan, um plötzlich wie zum Spaß oder zum Spiel nun im letzten Augenblick wieder das zu nehmen, was so schwer erkämpft werden mußte."[95]

Und auch am 5. Juli 1944, 299 Tage vor seinem Ende, beschwor er noch die gleichen Bilder. „Die Götter lieben den“, erklärte er, „von dem sie, der von ihnen Unmögliches verlangt. – Doch wenn wir das Unmögliche schaffen, dann werden wir damit die Zustimmung der Vorsehung wohl bekommen. Ich bin vielleicht kein sogenanntes Kirchenlicht, ein Frömmling – das bin ich nicht. Aber im tiefsten Innern bin ich doch ein frommer Mensch, d. h. ich glaube, daß, wer den Naturgesetzen, die ein Gott geschaffen hat, entsprechend auf dieser Welt tapfer kämpft und nie kapituliert, daß er dann auch von dem Gesetzgeber nicht im Stich gelassen wird, sondern daß endlich er doch den Segen der Vorsehung bekommt.“[96]

Der Beginn: Hitler spricht während einer Fahnen- und Standartenweihe in München am 28. Januar 1923. Noch zu dieser Zeit fehlt eine Reihe der extrem radikalen Akzente und typischen Hitlerismen in Hitlers Weltanschauung, die nach ihrer „endgültigen“ Formulierung in Landsberg am Lech eine Voraussetzung zur Katastrophe bildete.

Der gescheiterte Hitler in den letzten Wochen seines Lebens.

II. TEIL

DIE GENESIS DER WELTANSCHAUUNG

6. Kapitel

Der Antisemitismus

Während seiner rund einjährigen Festungshaft in Landsberg am Lech hatte Hitler als Text für seine „Rechtfertigungsschrift“, wie er das am 18. Juli 1925 unter dem Titel „Mein Kampf“ erstmals veröffentlichte Manuskript des ersten Bandes seines „schriftstellerischen“ Werkes in Briefen an Bekannte gelegentlich nannte[97], in die Maschine diktiert: „Wien . . . war und blieb für mich die . . . gründlichste Schule meines Lebens . . . Ich erhielt in ihr die Grundlagen für eine Weltanschauung in großen und eine politische Betrachtungsweise im kleinen, die ich später nur noch im einzelnen zu ergänzen brauchte, die mich aber nie mehr verließen . . .[98] In dieser Zeit bildete sich mir ein Weltbild und eine Weltanschauung, die zum granitenen Fundament meines derzeitigen Handelns wurden. Ich habe zu dem, was ich mir so einst schuf, nur wenig hinzulernen müssen, zu ändern brauchte ich nichts.“[99] Wieweit dies tatsächlich zutrifft, bezeugen sowohl seine Notizen aus der ersten Nachkriegszeit als auch die Briefe, in denen er sich über politische und weltanschauliche Fragen äußerte.

Am 10. September 1919, Hitler war noch Soldat*, lebte in München in der Kaserne und führte militärische Befehle aus, wurde er unter der militärisch ungewöhnlichen Anrede „Sehr verehrter Herr Hitler“ von seinem Vorgesetzten, dem Hauptmann (im Generalstab) Karl Mayr, um seine Meinung über die Haltung der Mehrheitssozialisten gegenüber dem Judentum gebeten[100]. Hitler kam diesem Befehl seiner Dienststelle nach, die faktisch die vollziehende Gewalt in Bayern in ihren Händen vereinigte, und schrieb am 16. September 1919:

Wenn die Gefahr die das Judentum für unser Volk heute bildet seinen Ausdruck findet in einer nicht wegzuleugnenden Abneigung grosser Teile unseres Volkes, so ist die Ursache dieser Abneigung meist nicht zu suchen in der klaren Erkenntnis des bewusst oder unbewusst planmässig verderblichen Wirkens der Juden als Gesamtheit

* Hitler schied im März 1920 aus der Armee aus.

auf unsere Nation, sondern sie entsteht meist durch den persönlichen Verkehr, unter dem Eindruck, den der Jude als Einzelner zurück lässt und der fast stets ein ungünstiger ist. Dadurch erhält der Antisemitismus nur zu leicht den Charakter einer blossen Gefühlserscheinung. Und doch ist dies unrichtig. Der Antisemitismus als politische Bewegung darf nicht und kann nicht bestimmt werden durch Momente des Gefühls, sondern durch die Erkenntnis von Tatsachen. Tatsachen aber sind:

Zunächst ist das Judentum unbedingt eine Rasse und nicht Religionsgenossenschaft. Und der Jude selbst bezeichnet sich nie als jüdischen Deutschen, jüdischen Polen oder etwa jüdischen Amerikaner, sondern stets als deutschen, polnischen oder amerikanischen Juden. Noch nie hat der Jude von fremden Völkern in deren Mitte er lebt viel mehr angenommen als die Sprache. Und so wenig ein Deutscher der in Frankreich gezwungen ist sich der franz. Sprache zu bedienen, in Italien der italienischen und in China der chinesischen, dadurch zum Franzosen, Italiener oder gar Chinesen wird, so wenig kann man einen Juden, der nunmal unter uns lebt und, dadurch gezwungen, sich der deutschen Sprache bedient, deshalb einen Deutschen nennen. Und selbst der mosaische Glaube kann, so gross auch seine Bedeutung für die Erhaltung dieser Rasse sein mag, nicht als ausschliesslich bestimmend für die Frage, ob Jude oder Nichtjude gelten. Es gibt kaum eine Rasse, deren Mitglieder ausnahmslos einer einzigen bestimmten Religion angehören.

Durch tausendjährige Innzucht, häufig vorgenommen in engstem Kreise, hat der Jude im allgemeinen seine Rasse und ihre Eigenarten schärfer bewahrt, als zahlreiche der Völker, unter denen er lebt. Und damit ergibt sich die Tatsache, daß zwischen uns eine nichtdeutsche fremde Rasse lebt, nicht gewillt und auch nicht im Stande, ihre Rasseneigenarten zu opfern, ihr eigenes Fühlen, Denken und Streben zu verleugnen, und die dennoch politisch alle Rechte besitzt wie wir selber. Bewegt sich schon das Gefühl des Juden im rein Materiellen, so noch mehr sein Denken und Streben. Der Tanz ums goldene Kalb wird zum erbarmungslosen Kampf um alle jene Güter, die nach unserm inneren Gefühl nicht die Höchsten und einzig erstrebenswerten auf dieser Erde sein sollen.

Der Wert des Einzelnen wird nicht mehr bestimmt durch seinen Charakter, der Bedeutung seiner Leistungen für die Gesamtheit, sondern ausschließlich durch die Grösse seines Vermögens, durch sein Geld.

Die Höhe der Nation soll nicht mehr gemessen werden nach der Summe ihrer sittlichen und geistigen Kräfte, sondern nur mehr nach dem Reichtum ihrer materiellen Güter.

Aus diesem Fühlen ergibt sich jenes Denken und Streben nach Geld, und Macht, die dieses schützt, das den Juden skrupellos werden lässt in der Wahl der Mittel, erbarmungslos in ihrer Verwendung zu diesem Zweck. Er winselt im autokratisch regierten Staat um die Gunst der „Majestät" des Fürsten, und missbraucht sie als Blutegel an seinen Völkern.

Er buhlt in der Demokratie um die Gunst der Masse, kriecht vor der „Majestät des Volkes" und kennt doch nur die Majestät des Geldes.

Er zerstört den Charakter des Fürsten durch byzantinische Schmeichelei, den nationalen Stolz, die Kraft eines Volkes, durch Spott und schamloses Erziehen zum Laster. Sein Mittel zum Kampf ist jene öffentliche Meinung, die nie ausgedrückt wird durch die Presse, wohl aber immer durch sie geführt und gefälscht wird. Seine Macht ist die Macht des Geldes, das sich in Form des Zinses in seinen Händen mühe – und endlos vermehrt, und den Völkern jenes gefährlichste Joch aufzwingt, dass sie seines anfänglichen goldigen Schimmers wegen so schwer in seinen späteren traurigen Folgen zu erkennen vermögen. Alles was Menschen zu Höherem streben lässt, sei es Religion, Sozialismus, Demokratie, es ist ihm alles nur Mittel zum Zweck, Geld und Herrschgier zu befriedigen.

Sein Wirken wird in seinen Folgen zur Rassentuberkulose der Völker.

Und daraus ergibt sich folgendes: Der Antisemitismus aus rein gefühlsmäßigen Gründen wird seinen letzten Ausdruck finden in der Form von Progromen. Der Antisemitismus der Vernunft jedoch muss führen zur planmässigen gesetzlichen Bekämpfung und Beseitigung der Vorrechte des Juden die er zum Unterschied der anderen zwischen uns lebenden Fremden besitzt. (Fremdengesetzgebung). Sein letztes Ziel aber muss unverrückbar die Entfernung der Juden überhaupt sein. Zu Beidem ist nur fähig eine Regierung nationaler Kraft und niemals eine Regierung nationaler Ohnmacht.

Die Republik in Deutschland verdankt ihre Geburt nicht dem einheitlichen nationalen Willen unseres Volkes, sondern der schlauen Verwertung einer Reihe von Umständen, die man zusammengefasst

sich in tiefer allgemeiner Unzufriedenheit äusserten. Diese Umstände jedoch waren unabhängig von der Staatsform und sind auch heute noch wirksam. Ja mehr noch als früher. So erkennt denn auch schon ein grosser Teil unseres Volkes, dass nicht die geänderte Staatsform als solche unsere Lage zu ändern und bessern vermag sondern nur eine Wiedergeburt der sittlichen und geistigen Kräfte der Nation.

Und diese Wiedergeburt wird nicht in die Wege geleitet durch eine Staatsführung unverantwortlicher Majoritäten unter dem Einfluss bestimmter Parteidogmen, einer unverantwortlichen Presse, durch Phrasen und Schlagwörter internationaler Prägung, sondern nur durch rücksichtslosen Einsatz nationalgesinnter Führerpersönlichkeiten mit innerlichem Verantwortungsgefühl.

Diese Tatsache jedoch raubt der Repulbik die innere Unterstützung der vor allem so nötigen geistigen Kräfte der Nation. Und so sind die heutigen Führer des Staates gezwungen, sich Unterstützung zu suchen bei jenen, die ausschließlich Nutzen aus der Neubildung der deutschen Verhältnisse zogen und ziehen, und die aus diesem Grunde ja auch die treibenden Kräfte der Revolution waren, den Juden. Ohne Rücksicht auf die auch von den heutigen Führern sicher erkannte Gefahr des Judentums (Beweis dafür sind verschiedene Aussprüche derzeitig leitender Persönlichkeiten) sind sie gezwungen, die ihnen zum eigenen Vorteil von den Juden bereitwillig gewährte Unterstützung anzunehmen, und damit auch die geforderte Gegenleistung zu bringen. Und dieser Gegendienst besteht nicht nur in jeder möglichen Förderung des Judentums überhaupt, sondern vor allem in der Verhinderung des Kampfes des betrogenen Volkes gegen seine Betrüger, in der Unterbindung der antisemitischen Bewegung.

Mit vorzüglicher Hochachtung
Adolf Hitler.

Dieses „Gutachten“, Hitlers erstes politisches Dokument[101], zeigt zwar deutlich, daß seine „Weltanschauung“ im September 1919, als er Mitglied der Deutschen Arbeiter-Partei* wurde, im Hinblick auf den Antisemitismus mehr als nur umrißhaft ausgeformt war; aber das „Gutachten“ verrät auch, daß zu der Zeit noch die grauen-

* Aus der Deutschen Arbeiter-Partei (DAP) ging im Februar 1920 die Nationalsozialistische Deutsche Arbeiter-Partei (NSDAP) hervor.

haft pervertierten Vorstellungen in seinem Weltbild fehlten, die seine späteren Entscheidungen maßgeblich beeinflußten. Noch zur Zeit seiner „Ernennung" zum diktatorisch herrschenden „Führer" der NSDAP im Juli 1921 hielt er sich weithin sowohl an das traditionelle Konzept als auch an die Formulierungen der deutschen und österreichischen Alldeutschen*, deren Begriffsreservoir, antisemitischen Argumente und Programme ihm bereits seit der Linzer Schulzeit vertraut waren. So entwarf er beispielsweise noch kurz vor dem 20. Februar 1920 eine Rede, deren Konzept als Grundlage für sein Juden-„Gutachten" gedient haben könnte. Nicht etwa, daß er womöglich befürchtete, von dem zu der Zeit in Bayern regierenden sozialdemokratischen Kabinett Johannes Hoffmann an die Zügel genommen werden zu können, hinderte ihn, radikalere Forderungen und Beschuldigungen zu formulieren, sondern der noch auf traditionelle Argumente angewiesene Stand seiner Vorstellungen.

Auch nach dem 16. März 1920, nach dem Sturz der Regierung Hoffmann und dem Beginn der „Herrschaft" der Bayerischen Volkspartei mit Gustav von Kahr als Regierungschef, der Hitlers politischen Vorstellungen bis Ende 1923 durchaus gewogen war, änderten sich nicht gleich Hitlers Argumente noch Vorstellungsinhalte. Zudem hatte sich innerhalb weniger Monate herausgestellt, daß es ihm gelungen war, den Antisemitismus zum nahezu ausschließlichen Kapital einer jungen Bewegung zu machen. Daher propagierte er weiterhin seinen traditionellen Antisemitismus und führte „lediglich" alle negativen politischen Tagesereignisse auf relativ wenige und einprägsame Ursachen zurück, um sie als unheilvolle Folgen der Existenz des Judentums zu interpretieren. So hielt er beispielsweise vom 13. März 1919 bis zum 24. November 1920 auf Veranstaltungen der DAP und NSDAP folgende Reden: zwei über den Frieden von Brest-Litowsk und drei über den Frieden von Versailles, zwei über das Programm seiner Partei, drei „über die politische Lage", je eine über „Deutschland vor seiner tiefsten Erniedrigung", „Über die politischen Vorgänge", „Über das Alltagsleben", „Über das Finanzwesen", über „Spaa und Moskau", über „Deutschland als Freistaat", „Über die früheren Verhältnisse Deutschlands", über „Macht und Recht", „Versöhnung oder Gewalt", „Internationale Solidarität oder Selbsthilfe", „Volkswohl und Nationalgedanke" und über das „Kriegsende 1918". Daß Hitler, über den die SPD-Zeitung „Münchner Post" am 14. August 1920 schrieb, daß er der gerissenste Hetzer sei, der „derzeit in München sein Unwesen" treibe, innerhalb dieses Jahres nur zwei Reden hielt, die bereits im Titel seinen Judenhaß verrieten, beweist sein demagogisches Geschick schon in der Frühzeit[102], in der bereits alle politischen Vorstellungen antisemitisch waren.

* Da Hitler frei sprach und die Notizen gewöhnlich nur als Gedächtnisstützen gebrauchte, ging er während seiner Reden nicht selten über die Entwurfstexte hinaus, was besonders der Fall war, wenn er sich – wie bei Ausführungen über „die Juden" immer – emotionell engagierte.

1.)

1.) Entwicklung in Deutschland –
Elend in Deutschland
der Zeit ist Schuld

2.)

a.) wirtschaftl. –

Kriegsende. Versailles –
Wiedergutmachung
folge Finanz Katastrophe
folge Bankherrschaft.
Vernichtung jeder Eigenwirtschaft
Ende der nationalen Wirtschaft
Eisenbahn.
Anderes folgt nach bis
Deutschland Kolonie.

b.) moralisch –

c.) politisch. –

Deutschland als Kolonie

Wer ist der Herr? Wem untertan?
Die Weltbörse. –

Finanz Kapital

Der Kampf gegen das Kapital seit 50. Jahren.
Erfolg?

Ende der nationalen Wirtschaft.

Warum?
Wie wird die Börse bekämpft?
Warum?

Der Jude

wirtschaftlich Unterjochung der Nation

moralisch Verseuchung

politisch Zersetzung und Entmannung durch den
Parlamentarismus.

1.) Entwicklung in Deutschland –
Elend in Deutschland
der Jude ist schuld

Kriegsende – Versailles –
„Wiedergutmachung"
Folge Finanzkatastrophe

Folge Bankherrschaft

a.) wirtschaftlich. –
Vernichtung jeder Eigenrichtung
Ende der nationalen
b.) moralisch –
Wirtschaft
Eisenbahn
c.) politisch. –
anderes folgt nach
bis
Deutschland
Deutschland als Kolonie
Kolonie (ist)

Wer ist der Herr? Wem nützt es?
Die Weltbörse.

Finanzkapital
Der Kampf gegen das Kapital seit 50 Jahren
Erfolg?

Ende der nationalen Wirtschaft

Warum?
Nie wurde die Börse bekämpft?
Warum?
Der Jude
Wirtschaftliche Unterjochung der Nation
moralische Aushöhlung
politische Zerfressung und Versklavung durch den
Parlamentarismus

2,

Bestehen heute irgendwelche Hoffnungen ?
des nationalen Wiederaufstiegs ? u. s. w. ?

Was ist die heutige deutsche Innenpolitik ?

Was soll (innere) Politik sein. | Ordnung der wirtschaftlichen kulturellen und gesellschaftlichen Beziehungen der einzelnen Stände bezw. Klassen u. s. w. im Staat unter einander so daß sich daraus die Möglichkeit einer Führung der Gesamtheit zum Volkswohl ergibt.

Innere Politik.

Die Ordnung der Verhältnisse der Staaten nach außen (der Staaten untereinander —

Äussere Politik.

Es kann nur eine gesunde Politik geben
Volkspolitik.
zum Unterschied von
Klassenpolitik.
Parteipolitik

Warum. — ist Klassen oder Parteipolitik immer volksschädlich

Die nationale Wirtschaft eines Volkes
ist unmöglich
bei Klassen, oder Parteipolitischer Behandlung aller
Fragen.

Bestehen heute irgendwelche Hoffnungen?
des nationalen Wiederaufstiegs? u.s.w.?
Was ist die heutige deutsche Innenpolitik?
Was soll (innere) Politik sein.
Ordnung der wirtschaftlichen –
kulturellen und gesellschaftlichen
Beziehungen der einzelnen Stände
Berufe Klassen u.s.w. im Staate
unter einander so daß
sich daraus die Möglichkeit
einer Führung der Gesamtheit
zum Wohl Aller ergibt.

Innere Politik
Die Ordnung des Verhältnisses des
Staates nach außen – (der Staaten
untereinander –

Äußere Politik.

Es kann nur eine gesunde Politik geben
Volkspolitik.
zum Unterschied von
Klassenpolitik.

Parteipolitik
Warum. – ist Klassen oder Parteipolitik immer volksschädlich
Die nationale Wirtschaft eines Volkes
ist unmöglich
bei Klassen oder Parteipolitischer Behandlung aller
Fragen

Hitler stellt schon an den Beginn seiner Notizen die apodiktische Behauptung „der Jude ist schuld" und benutzt das für Deutschland unglückliche und jedermann gegenwärtige Kriegsende, die harten Bedingungen des Vertrages von Versailles und die unmittelbaren Nachkriegsfolgen als Vehikel für seine programmatischen Theorien. Die Feststellung, daß der Parlamentarismus die Nation versklave und Deutschland eine Kolonie zu werden drohe, mußte die Emotionen, die er stets meisterhaft anzusprechen verstand, ebenso auslösen und die Bereitschaft der Anhänger zum Engagement herausfordern wie die „Einleitung".

3

Jede Schwächung des Staates im Innern
bedeutet —
Entwertung nach Außen
Lebensmöglichkeit großer Staaten aber nur möglich durch
Teilnahme am internationalen Weltmarkt.
(Welthandel.)
das heißt nur durch kräftige Staaten.

Kann Deutschland heute sich wieder erheben.
(Hinweisung auf den Friedensverträgen.) Nein, warum nicht?

1. Weil die Moral des ganzen Volkes verloren ging
zunächst die materielle —. Von woher kommt das?
Der Staat der Schieber und Wucherer.
Wer hat das Schiebertum begonnen.
1914. — das damalige Volk. — die Armee.
15 — 16 — 17 — 18 — 19 — 20 —
Wer hat begonnen? Der Jude.
sittliche Moral.
vernichtet warum —
durch wen?
Presse — Literatur — Kunst — Bühne — Theater —
Wissenschaft — (Hirschfeld.)
Verhöhnung des national Gedankens — National Freude der nationalen Kunst — —

Jede Schwächung des Staates im Innern
bedeutet –
Entwertung nach Außen
Lebensmöglichkeit gewisser Staaten aber nur erreichbar durch
Teilnahme am internationalen Weltmarkt
(Welthandel)
Das heißt nur durch freie kräftige Staaten.
Kann Deutschland sich heute wieder erheben.
Nein; warum nicht?
Befreiung aus den
Friedensverträgen.)
1. Weil die Moral des ganzen Volkes verloren gieng

zunächst rein materiell. – Von woher kommt das?

Der Staat des Schieber und Wuchertums
Wie hat das Schieberunwesen begonnen.
1914. – Das damalige Volk. – die Armee
15 – 16 – 17 – 18 – 19 – 20 –
Wer hat begonnen? Der Jude
sittliche Moral.
vernichtet warum –
durch wen?
Presse – Literatur – Kunst – Kino – Theater –
Wissenschaft – (Hirschfeld)
Verhöhnung des national Gedankens – – Nationale Heroen
der nationalen Kunst. –

Allgemeinplätze und Binsenweisheiten werden mit Selbstverständlichkeiten verquickt und als Einführung in eine Denkweise benutzt, die als alles andere als gesetzmäßig bezeichnet werden muß. So zwingt beispielsweise das, was er als Exponent einer politischen „Bewegung“, die sich erst seit 1924 an Wahlen beteiligte, als Stichwörter für Ausführungen über Innenpolitik formuliert, keineswegs zu der unausweichlichen Konsequenz, daß „Parteipolitik immer volksschädlich“ sein müsse.
So selbstverständlich und richtig die ersten Stichwörter sind, so unsinnig ist die Behauptung, daß sich Deutschland „heute (nicht) wieder erheben“ könne, weil „die Moral des ganzen Volkes“ von Schiebern und Wucherern nicht nur nach jüdischem Vorbild, sondern auch unter jüdischer Regie untergraben worden und schließlich verlorengegangen sei.

4.)

Unerhörte Verschärfung der Klassengegensätze.

Proletariat	—	Bourgeois
besitzlos?		besitzend?
Handarbeiter?		Geistesarbeiter?
Ausgebeutete?		Ausbeuter?

alles falsch

Klasseneindrücke zur

letzten Zersetzung des eigenen Volkes

Bürgerkrieg u. Klassenkampf.

und warum das alles?

Es hat sich im Staat ein neuer Staat gebildet

Der Jude.

Die Rasse ohne Heimat — und mit der ganzen Welt

Israel

das einzige jüdische Ziel — Weltherrschaft.

Der demütige Jude
der zudringliche Jude
der freche Jude
der herrschende Jude } Werk von Jahrtausenden.

Warum hatte der Jude nie einen eigenen Staat?

Der Jude und die Arbeit.

Egoismus — idealismus -
mammonismus — idealismus.

Unerhörte Verschärfung der Klassengegensätze.
Proletarier Bourgeois –
Besitzlose? Besitzende?
Handarbeiter? Geistesarbeiter?
Ausgebeutete? Ausbeuter?
alles falsch
Klassenausdrücke zur
letzten Zerreißung des eigenen Volkes

Bürgerkrieg – Klassenkampf

und warum das alles?

Es hat sich im Staat ein neuer Staat gebildet

Der Jude
Die Rasse ohne Grund – und mit der ganzen Welt

Jahve

das ewige jüdische Ziel. – Weltherrschaft.
Der demüthige Jude
der zudringliche Jude Werk von Jahrtausenden
der freche Jude –
der herrschende Jude –

Warum hatte der Jude nie einen eigenen Staat?

Der Jude und die Arbeit.
Egoismuß socialismuß
mamonismuß sozialismuß.

Während Hitler sich im September 1919 noch darauf beschränkt hatte, von einer „nichtdeutschen fremden Rasse" zu reden, die „zwischen uns" lebe[103], ging er jetzt bereits so weit, von einem jüdischen „Staat" im Staat zu sprechen und zu behaupten, daß „der Jude nie einen eigenen Staat" gehabt hätte. Die Tatsache beispielsweise, daß Saul im 11. Jahrhundert v. Chr. der erste vom Volk berufene König war und die seit Josuas Tod gespaltenen 12 israelitischen Stämme wieder vereinigte und König

5.)

Da er nicht selber arbeitet — benützt er die Arbeitskraft anderer Völker.

Der Zins.

als Mittel zur Wegnahme der nationalen Erdschätze der Nation und Vernichtung ihrer Produktionskraft.

Das Eindringen in die Völker.

Erst harmlos.

sucht Einfluß auf öffentliche Meinung (der Jude als Wohltäter)

durch Presse — Literatur — Kunst —

Zerstörung der nationalen Kraft durch:

1. Entsittlichung der Moral
2. Vernichtung der Ehrlichkeit.
3. Religion

Der Jude als Arzt.

5. Der Jude als Richter und Rechtsanwalt.

Geldgeber — Goldnehmer —

Langsames Erdrosseln der Völker.

Beginnender Widerstand der Völker

Er wird unmenschlich und besticht die Fürsten.

Widerstand der besten Geister im Innern eines Volkes.

Der Jude wird erkannt

Da er nicht selber arbeitet pachtet er die Arbeitskraft
anderer Völker
Der Zins
als Mittel zur Wegnahme der
nationalen Bodenschätze der Nationen
und Verpflichtung ihrer Produktionskraft

Das Eindringen in die Völker.
Erst harmlos.
sucht Einfluß auf öffentliche Meinung
(der Jude als Wohltäter)
durch Presse – Literatur – Kunst
Zerstörung der nationalen Kraft, durch
1. Entsittlichung der Moral
2. Vernichtung der Ehrlichkeit
3. Religion
Der Jude als Arzt
5. Der Jude als Richter und Rechtsanwalt
Geldgeber – Goldnehmer. –
Langsames Erdrosseln des Volkes
Beginnender Widerstand der Völker
Er umschmeichelt und besticht die Fürsten.

Widerstand der besten Geister und
Führer eines Volkes.
Der Jude wird erkannt.

David das Großreich Israel begründete, das mit Jerusalem als Mittelpunkt ganz Palästina umfaßte, klammerte er wider besseres Wissen[104] aus seinem ideologisch verbrämten Gesichtskreis aus, weil sie ihm nicht ins Bild paßte.
Hitlers Behauptung, daß die Juden „nicht selber" arbeiteten, ist absurd. Bereits die alttestamentlichen Juden besaßen ein Arbeitsethos, das in der alten Geschichte ohne Beispiel ist. Schon die rabbinische Theologie hebt ausdrücklich hervor, daß sich der Mensch mühen und mit den Händen arbeiten müsse, damit Gott seinen Segen spende. Neunmal wird im Pentateuch kategorisch festgestellt, daß der Mensch arbeiten müsse. Die berühmten jüdischen Schriftgelehrten bestritten ihren Lebensunterhalt vornehmlich als Handwerker. Von mehr als 100 im Talmud genannten Rabbinern ist bekannt, welches Handwerk sie ausübten. Propheten, Könige, Richter, Schreiber und Lehrer erscheinen im Alten Testament als „Knechte", „Diener" und

6

Der Jude bringt die

Demokratie.

und erdrückt damit die

Vernunft.

Demokratie = Mehrheitswillen =

öffentliche Meinung = Presse = Kapital = Jude.

Germanische Demokratie – durch Vernunft die Mehrheit überzeugen

Jüdische Demokratie – durch die Mehrheit die Vernunft totschlagen.

Die Demokratie zur Lähmung des Volkswiderstandes

Zu seiner Sicherung: Abschaffung der Todesstrafe.

Letztes Ziel aber ist Zerstörung der Völker

daher

Demokratie ← → Diktatur des Proletariats

Klassenkampf.

Letzter Widerstand nationale Intelligenz

muß umgebracht werden

der Jude als Blutegel

Der Jude bringt die
Demokratie.
und erdrückt damit die
Vernunft.
Demokratie = Mehrheitswillen =
öffentliche Meinung = Presse = Kapital = Jude.

Germanische Demokratie. – durch Vernunft die Mehrheit
überzeugen.
Jüdische Demokratie – durch die Mehrheit die Vernunft
totschlagen.

Die Demokratie zur Lösung des
Volkswiederstandes
Zu seiner Sicherung = Abschaffung der Todesstrafe
Letztes Ziel aber ist Berrschung der
Völker

daher

Demokratie Diktatur des Proletariats.

Letzter Widerstand Klassenkampf
nationale Intelligenz.
muß ausgerottet werden
der Jude als Blutengel

„Arbeiter" Gottes, Mose, die Propheten und die Könige häufig als „Hirten". „Melaka", die hebräische Bezeichnung für Handwerk, meinte eine konkrete Aufgabe, die der Mensch im Auftrage Gottes und seines Heilsplanes erfüllen müßte. Hitler, der sich zur Zeit der Niederschrift dieser Notizen besonders mit dem Alten Testament beschäftigte und zu der Zeit auch bereits den Marxismus zu kennen behauptete, wußte nicht oder leugnete zu wissen, daß es weder im alten Judentum noch im Geschichtsbild von Karl Marx für den durch den Kommunismus erneuerten „wirklichen" Menschen eine Differenzierung zwischen geistiger und körperlicher Arbeit

7

Bolschewismus.

Der blutige Jude.

Das russische Leichenhaus.

Abschlachten der geistigen Führung eines Volkes.

Ein Volk ohne Geistesarbeiter ist verloren.

(Der Spiegel

X Dietrich Eckart X

Der Jude als Diktator

Und das heutige Deutschland?
schwankt zwischen

Demokratie oder Diktatur

Nein
zwischen

Jude und Germane.

Wer begreift dies?

die Linksparteien?

die Rechtsparteien?

Machtgewalt.

Bourgeois gegen Proletarier

Klasse gegen Klasse

statt

Deutsche gegen Juden

Bolschewismuß

Der blutige Jude.

Abschlachten der Geistigen
Führung eines Volkes.

Das russische Leichenhaus

Ein Volk ohne Geistesarbeiter ist
verloren.

(Der Sowjet
X Dietrich Ekart X[107])

Der Jude als Diktator

Und das heutige Deutschland?
Kampf zwischen
Demokratie und Diktatur
Nein
zwischen
Jude und Germane.

Wer begreift dies?
die Linksparteien?
die Rechtsparteien?
Wahlparolle.
Bougeois gegen Proletarier
Klasse gegen Klasse
statt
Deutsche gegen Juden.

gibt, was er selbst auch für verwirklichungswert hielt.
In „Mein Kampf" ging Hitler auch in dieser Hinsicht über seine Vorstellungen aus der Zeit bis 1921 hinaus*. „Wären die Juden in dieser Welt allein", behauptete er dort, „würden sie ebensosehr in Schmutz und Unrat ersticken wie im haßerfüllten Kampf sich gegenseitig . . . auszurotten versuchen"[105]. Daß die von ihm seit 1919 ununterbrochen beschuldigten Juden seit altersher infolge ihres Glaubens nicht nur zur konsequenten Arbeit, sondern ebenso streng auch zur Nächstenhilfe verpflichtet

* Vgl. dazu und zu den weiteren Notizen auf dieser Seite Hitlers Juden-„Gutachten", S. 223ff.

8.

~~[illegible]~~ Gibt es auch heute antisemitische Parteien

Nein. — Schlafend vor der Sache.

Und warum nicht?

Keine Erkenntnis.

Keine Ahnung von dem ungeheuren Ernst dieser Frage.

Größte) D.n.V.P. Bay. V.P. Deutsch. V.P. D.V.P.

Linksparteien. P. 1. 2. 3. 4. 5.

Ruhe. 1

Unsere Partei ist gewillt die Frage zu lösen.

Kritisch zu sein.

Juden aus Deutschland hinaus.

Gibt es auch heute
Antisemitische Parteien
Nein. –
Höchstens vor den Wahlen.
Und warum nicht?
Keine Konsequenz.
Keine Ahnung von dem ungeheueren Ernst
dieser Frage.
Gräfe)* D. n. V.P. Bay. V.P. Auch V.P. D.A.P.

Linksparteien – P. 1. 2. 3. 4. 5.

Rechts.

Unsere Partei** ist gewillt die Frage zu lösen –
Deutsche zu uns
Juden aus Deutschland hinaus.

sind, verkehrte Hitler ins Gegenteil, obwohl er zweifellos wußte[106], daß es in der von gläubigen Juden bestimmten Arbeits- und Erlebniswelt niemals Verhältnisse gegeben hat, wie sie in der Antike im Zusammenhang mit der Ausnutzung von Mitmenschen herrschten. Im alten Babylon, in Griechenland und in Rom wurden Menschen wie Vieh auf Märkten verkauft, an Ketten gelegt und rücksichtslos ausgebeutet. Hitler interpretiert den Klassenkampf als Folge der Existenz des Judentums, das er beschuldigt, die Demokratie zu „bringen" und sich des Klassenkampfes zur „letzten Zerreißung" des Volkes zu bedienen, um seine angebliche Macht als „Staat" im Staate leichter nutzen zu können.

Wieweit Hitler zu der Zeit noch von dem Konzept entfernt war, das er in „Mein Kampf" formulierte, läßt die vorletzte Notizseite besonders deutlich werden. Zwar erscheinen als Stichwörter und Denkanstöße „Das russische Leichenhaus", „Abschlachten der geistigen Führung eines Volkes" und der Gegensatz von „Jude und Germane", doch die in „Mein Kampf" entwickelten Konsequenzen sind hinter diesen Notizen noch nicht einmal zu ahnen. Daß Hitlers Antisemitismus im Chor der Antisemiten und Judenhasser deutscher Zunge in jenen Tagen noch synchron

* Zu Graefe vgl. S. 244, Fußnote *.
** Mit „Unsere Partei" meint Hitler die NSDAP, die er in den ersten zwanziger Jahren allerdings oft noch routinemäßig als „DAP" (Deutsche Arbeiter-Partei) bezeichnete.

klang**, erscheint als eine Tatsache, die auch die von ihm seit 1919 ununterbrochen propagierte Forderung „Juden aus Deutschland hinaus“[108] nicht widerlegt. „Das Schicksal, das Rußland dem Bolschewismus überantwortete“, heißt es in „Mein Kampf“, „raubte dem russischen Volke jene Intelligenz, die bisher dessen staatlichen Bestand herbeiführte und garantierte. Denn die Organisation eines russischen Staatsgebildes war nicht das Ergebnis der staatspolitischen Fähigkeiten des Slawentums in Rußland, sondern vielmehr nur ein wundervolles Beispiel für die staatenbildende Wirksamkeit des germanischen Elementes in einer minderwertigen Rasse ... Seit Jahrhunderten zehrte Rußland von diesem germanischen Kern seiner oberen leitenden Schichten. Er kann heute als fast restlos ausgerottet ... angesehen werden. An seine Stelle ist der Jude getreten. So unmöglich es dem Russen an sich ist, aus eigener Kraft das Joch des Juden abzuschütteln, so unmöglich ist es dem Juden, das mächtige Reich auf die Dauer zu erhalten. Er selbst ist kein Element der Organisation, sondern ein Ferment der Dekomposition. Das Riesenreich im Osten ist reif zum Zusammenbruch. Und das Ende der Judenherrschaft in Rußland wird auch das Ende Rußlands als Staat sein.“[109] Welche Konsequenzen er daraus zog, erklärte er 1925 nach seiner Haftentlassung. „Der Grund und Boden, auf dem dereinst deutsche Bauerngeschlechter kraftvolle Söhne zeugen können“, lehrte er dann offen, „wird die Billigung des Einsatzes der Söhne von heute zulassen, die verantwortlichen Staatsmänner aber, wenn auch von der Gegenwart verfolgt, dereinst freisprechen von Blutschuld und Volksopferung.“[110] So konnte er denn auch gleichzeitig schreiben: „... wir Nationalsozialisten ... stoppen den ewigen Germanenzug nach dem Süden und Westen Europas und weisen den Blick nach dem Land im Osten. Wir schließen endlich ab die Kolonial- und Handelspolitik der Vorkriegszeit und gehen über zur Bodenpolitik der Zukunft. Wenn wir aber heute in Europa von neuem Grund und Boden reden, können wir in erster Linie nur an Rußland und die ihm untertanen Randstaaten denken.“[111]

* Albrecht von Graefe, zunächst Vorsitzender der 1922 entstandenen Deutschvölkischen Freiheitspartei, war bis zum Hitler-Putsch im November 1923 Mitglied der NSDAP, 1929 dann Gegner in einem von Hitler angestrengten Beleidigungsprozeß, der im Februar 1930 mit einem Vergleich endete.

** Schon Ende 1918 gaben die Antisemiten „den Juden“ die Schuld, Deutschland durch „Herrsch- und Geldgier ... in der ganzen Welt unbeliebt gemacht“, während des Krieges bei Heereslieferungen und durch die Kriegswirtschaft Milliarden verdient, Deutschland systematisch zermürbt, auf die „Judenherrschaft“ vorbereitet und die Revolution lediglich zur Ablenkung von der Entdeckung dieser angeblichen Tatsachen inszeniert zu haben. Vgl. Flugblatt des Deutschvölkischen Bundes: Von der Hohenzollern- zur Judenherrschaft, Dezember 1918. Zit. nach Jochmann, S. 6.

Im Führerhauptquartier 1943. Hitler im Gespräch mit Bormann und Hermann Göring (nicht auf dem Bild zu sehen).

3.)

Wann trifft die „Preisteuerung"
nur bestimmte „Kreise".
(Arbeitende Schaffende.) (Arier, Deutsche, Russen.)

wen nicht?

Drohnen und Spekulanten.
(Juden.)

Der Hunger im Dienste des Judentums
„Weisen von Zion"

Niemand, nicht jeder Jude wird dies wissen!

Was der Weise geistig begreift
tut der gewöhnliche aus Instinkt.

Hat dies bisher stattgefunden.?
Ja.

Der Hunger im Frieden
(Preistreuerung.) durch
Börse, u. Spekulation!
Lebensbedürfnis usw. !
wem nützt es?

den Juden. (Preiskonzentration und Not im Kriege)

Wen trifft die „Preisteuerung“
nur bestimmte „Kreise“
Arbeitende Schaffende. (Arier, Deutsche
Russen)
wenn nicht?
Drohnen und Spekulanten,
(Juden.)

Der Hunger im Dienste des Judentums
„Weisen von Zion“

Einwand „nicht jeder Jude wird dies wissen“
Was der Weise geistig
begreift
tut der gewöhnliche aus
Instinkt.

Hat dies bisher
stattgefunden?
Ja.
Der Hunger im Frieden
(Preisteuerung.) durch
Börse und Spekulation?
Luxusbedürfnis
u.s.w.
wem nützt es?
Dem Juden (Sozialdemokratie und Not im Frieden)

Diese Notizen enthalten in knappster Form Hitlers antisemitische Vorstellungen aus der Zeit vor der Formulierung seiner „endgültigen“ Weltanschauung, in der die „Protokolle“ der „Weisen von Zion“ zunächst eine maßgebliche Rolle spielten. Hitler unterstellt den Juden, nicht zu arbeiten, zu spekulieren, Börsengeschäfte zu treiben, dem Luxus zu frönen, Hunger unter der Bevölkerung zu erzeugen und die Weltherrschaft im Sinne der „Protokolle“ der „Weisen von Zion“ anzustreben. Um keinen Juden auszunehmen, behauptet er: „Was der Weise begreift, tut der gewöhnliche aus Instinkt“.

o Beseitigung jeder völkischen Veranlagung

Rassenselbstmord

Vorbedingung dazu ist
Massenverseuchung
kann erzeugt werden
durch Massennot – Hunger.

der Hunger als Kampfmittel
zu allen Zeiten.

der Hunger im Dienste der Juden.

Zerstört Körperkraft und Geschwächter
verliert den Widerstand.

---

planmäßige Volksaushungerung
durch Teuerung.

1.) In Deutschland vor dem Kriege.

2.) Während des Krieges.

Beseitigung jeder völkischen
Inteligenz
Rassenselbstmord
Vorbereitung hiezu ist
Massenwahnsinn
kann erzeugt werden

durch Massennot – Hunger,

der Hunger als Kampfmittel
zu allen Zeiten.
der Hunger im Dienste der Juden.

Zerstört Körperkraft und Gesundheit
verwirrt den Verstand

Planmäßige Volksaushungerung
durch Teuerung.

1.) In Deutschland vor dem Kriege.

2.) Während des Krieges.

Den von Hitler erwähnten „Protokollen" der „Weisen von Zion" zufolge, die Hitler nach 1919 vor allem über den „Russen" Alfred Rosenberg kennenlernte, der erst am 19. Februar 1923 in München eingebürgert wurde, hat das systematisch zusammenarbeitende „Weltjudentum" nach geheimen Vereinbarungen, deren Mitschrift die „Protokolle" darstellen sollten, seit der Jahrhundertwende die jüdische Weltherrschaft angestrebt und auf Kosten anderer Völker zu verwirklichen gesucht. Obwohl diese Behauptungen und die Angaben über die Geschichte der „Protokolle" aus Rußland um 1890, als aus dem Jahre 1901 stammende Protokolle jüdischer geheimer Vereinbarungen in Frankreich, als Protokolle von Geheimsitzungen während des 1. Zionistischen Kongresses im Jahre 1897 in Basel, als schriftlich fixierte Ziele des 1807 von Napoleon I. erneuerten jüdischen Gerichtshofes Sanhedrin (Hoher Rat, IV. Mose 11,16), aber auch als ein 1864 auf Kaiser Napoleon III. gemünztes satirisches Zwiegespräch zwischen Machiavelli und Montesquieu in der Hölle und als Teil eines im Jahre 1868 unter dem Titel *Biaritz* erschienenen deut-

Judenherrschaft u. Volksaussaugung 3.)

Juden unter sich arm.
(Gedeihen nur in fremden Körpern)

(Wie Ranke denn nur bei einem Schlinggewächs)

Staat im Staat zu allen Zeiten
Altertum – Mittelalter – Neuzeit –

Immer verfolgt

Immer gleich gehaßt.

Nicht weil die Völker schlecht waren sondern aus
Notwehr.

Wirtschaftl. Parasitentum ist gleich mit
beherrschen

Keine dauernde wirtschaftliche Versklavung
ohne politische Beherrschung.

daraus folgt: Drang zur Weltherrschaft.
der Jude als Weltfaktor = i = Macht

Jahwe Prophezeiung ist nur der
Ausdruck für das [illegible], Drang u. Ziel

Judenherrschaft und Volksaushungerung

Juden unter sich arm.
(Gedeihen nur in Fremdkörpern)

(Wirkung dann wie bei einem Schlinggewächs)

Staat im Staat zu allen Zeiten
Altertum – Mittelalter – Neuzeit –
Immer verfolgt
Immer gleich gehaßt.
Nicht weil die Völker schlecht waren sondern aus Notwehr.

Wirtschaftl. Parasitentum ist gleich mit beherrschen.

Keine dauernde wirtschaftliche Versklavung ohne „politische Beherrschung"

Darin liegt „Trieb zur Weltherrschaft".

Der Jude als „Weltfaktor" = u = Macht
Jahwe Prophezeiung ist nur der
Ausdruck für das selbstverständliche Ende und Ziel

schen Romans bezeichnet wurden und bereits bei ihrem Auftauchen unglaubwürdig erschienen, wurden sie nicht nur von Hitler und den meisten deutschen Antisemiten ernst genommen.

1934/35, als die Herkunft der „Protokolle" infolge einer Strafanzeige des Schweizerischen Israelischen Gemeindebundes und der Israelischen Kultusgemeinde von Bern gegen die Antisemiten Theodor Fischer und Silvio Schnell gerichtlich untersucht und dabei festgestellt wurde, daß es sich bei diesen angeblichen Mitschriften um raffinierte Fälschungen handelte, die im Büro der russischen politischen Polizei (Ochrana) in Paris als wahrscheinliche Handhabe für die zaristische Regierung gegen die liberalen Kräfte in Rußland hergestellt worden waren, war Hitler bereits Reichskanzler und brauchte die Protokolle der „Weisen von Zion" nicht mehr

4.)

Notwendige Folge der Veranlagung der Juden.

Keine Herrschaft oder alle

daher alle Judenschöpfungen Mittel zur Weltherrschaft.

Wie führt er den Kampf um diese.

wirtschaftlich und politisch

Rein geistige Vorarbeit,

Mitleid als Mittel.

im Einzelnen und im Großen.

Wirtschaftlich.

I. Aufsaugen der Wirtschaft des Landes)

Börsendiktatur – Preisbildung

Rohstoffmonopol

Nicht Bodenbesitz sondern Kontrolle.

(Bodenzüchter) (Kurz Osten)

Mittelalter Kontrolle der gesammten Produktion

Notwendige Folge der Veranlagung des
Juden*

Keine Herrschaft oder alle
Daher alle Juden Schöpfungen Mittel zur
Weltherrschaft.

Wie führt er den Kampf um diese.
wirtschaftlich und politisch

Rein geistige Vorarbeit,
Mitleid als Mittel.
im Einzelnen und im Großen

Wirtschaftlich
I. Auffressen der Wirtschaft, des Handels
Börsendiktatur —— Preisbildung

Rohstoffmonopol

Nicht Bodenbesitz sondern Kontrolle.
(Bodenpächter) (Buch Esther)
Mittelalter Kontrolle der gesamten Produktion

zur Verhetzung des Volkes. In der „Kampfzeit", besonders unmittelbar nach dem verlorenen Krieg[112], bildeten sie jedoch ein wichtiges „Fakten"-Arsenal bei der propagandistischen „Beweisführung" für die von Hitler und seinen Anhängern eifrig verfochtenen Behauptung, daß „das Judentum" die Herrschaft über die Völker der Welt anstrebe[113].

* In der Frühzeit folgte Hitler im Zusammenhang mit seiner Analyse „des Judentums" durchaus nicht nur den traditionellen altdeutschen Vorstellungen, sondern auch Karl Marx, der 1843/44 in den Deutsch-französischen Jahrbüchern geschrieben hatte: „Welches ist der weltliche Grund des Judentums? Das praktische Bedürfnis, der Eigennutz. Welches ist der weltliche Kultus des Juden? Der Schacher. Welches ist sein weltlicher Gott? Das Geld." (Vgl. Karl Marx, *Die Frühschriften*. Stuttgart 1953, S. 201.)

9

Friedensvertrag u.
Judenfrage. —

Die Macher am Weltkrieg
Die Macher der deutschen Niederlage
die Macher der Revolution
" " der Waffenstillstandes
" " des Friedensvertrages
sind die gleichen
wie die Macher
der russischen Volksvernichtung

West und Ostjude.

Das deutsche Schicksal ist
Weltschicksal.

Unsere Aufgaben

Vernichtung des
jüdischen
Kapitals und seiner Zutreiber der Volksverdummung

die Zukunft wird geschrieben nicht
durch Worte
sondern durch Widerstand.

Der nationale Generalstreik.

Deutschland erwache.

Friedensvertrag u.
Judenfrage. –

Die Macher am Weltkrieg
die Macher der deutschen Niederlage
die Macher der Revolution
die Macher des Waffenstillstandes
die Macher des Friedensvertrages
sind die gleichen
wie die Macher
des russischen Bolschewismuß
West und Ostjuden.
Das deutsche Schicksal ist
Kulturschicksal.
Unsere Aufgabe
Vernichtung des
jüdischen
Kapitals und seines Zutreibers des Bolschewismuß

der Kampf wird geführt nicht
durch Worte
sondern durch Widerstand.
der nationale Generalstreik.
Deutschland wehre dich.

In „Mein Kampf“, dessen Text Hitler im wesentlichen erst nach der Annahme des Dawesplanes* durch die Londoner Konferenz** formulierte, gebrauchte er im Zusammenhang mit „den Juden“ nicht nur Begriffe und Vorstellungen, die er offensichtlich erst 1921 durch die Lektüre des Bölsche-Buches „Vom Bazillus zum Affenmenschen“*** kennengelernt hatte, sondern lieferte zugleich auch die Kriterien zu einer bis dahin unvorstellbaren Beurteilung „der Juden“, die er nach der Verwirklichung des ersten Teiles seines „Weltmachtprogramms“ schließlich mit dem Schäd-

* Zum Dawes-Plan vgl. Anmerkung 114.
** 16.–17. 8. 1924.
*** Zu Bölsches Lehre und ihre Bedeutung für Hitlers Antisemitismus s. Anmerkung 115.

9.

Nach dem Kriege.

Ursachen der Teuerung.

Waffenstillstand.

Judenwirtschaft,

Friedensvertrag.

Koalition der Börse.
Frankfurter Zeitung

Wie kann er gelöst werden.

Lösung der Judenfrage.

Schaffung eines sozialen Staates

Unser Programm

Apostel einer neuen Wahrheit

Kampf gegen uns.
Berlin.

Deutschland wird einst frei.

Nach dem Kriege Revolution
Ursachen der Teuerung der
Waffenstillstand. Börse.
Luderwirtschaft. Frankfurterzeitung

Friedensvertrag.

Wie kann er gelöst werden.
Lösung der Judenfrage.
Schaffung eines sozialen Staates

Unser Programm
Apostel einer neuen Wahrheit
Kampf gegen uns.
Berlin.

Deutschland wird durch (fehlt wohl: uns) frei.

lingsbekämpfungsmittel Cyklon B wie Ungeziefer vernichten ließ. Neu sind in „Mein Kampf" zum Beispiel die Ausdrücke „Bazillus", „Bazillenträger", „Vampir", „Spaltpilz der Menschheit" und die Behauptung, daß die Erde „wie einst vor Jahrmillionen menschenleer durch den Äther ziehen" werde, wenn „der Jude . . . über die Völker dieser Welt"[116] siege. Der Jude „ist und bleibt", heißt es dort, „der typische Parasit, ein Schmarotzer, der wie ein schädlicher Bazillus sich immer mehr ausbreitet, sowie nur ein günstiger Nährboden dazu einlädt. Die Wirkung seines Daseins aber gleicht ebenfalls der von Schmarotzern: wo er auftritt, stirbt das Wirtsvolk nach kürzerer oder längerer Zeit ab"[117].

Auch in anderer Hinsicht weichen seine Darstellungen in „Mein Kampf" von den Auffassungen ab, die er von 1918 bis 1923 propagiert hatte. So rangieren neben der

7.

Schlagwort der Weltfriede.

braucht

Völkervermischung

Rassenschande = Folge. –

Weltbrei

Weltpresse

Weltliteratur

Weltbörse

Weltkultur

Weltsprache

Das heißt: Die Welt unter einem Herrn.

zum Weltherrn ein Stoß

die

Weltrevolution

heißt

Niederzwingung der gesamten Welt unter die Diktatur der Weltbörse und ihrer Herren.

Juden.

Schlagwort
der Weltstaat
braucht
Völkervermischung
Rassenschande = Folge –
Weltbrei
Weltpresse
Weltliteratur
Weltbörse
Weltkultur
Weltsprache

das heißt: Die Welt unter einem Herrn
zum Weltherrn ein Stoß
die
Weltrevolution
heißt
Niederzwingung der gesamten Erde unter
die Diktatur der Weltbörse und ihrer
Herren,
Juda.

antisemitischen Grundhaltung sowohl der Krieg als Raubkrieg als auch die Forderung nach der Gewinnung fremden Landes nicht nur gleichrangig neben der Einordnung des Krieges, sondern bilden zusammen mit ihr auch die kontinuierliche Einheit, die von Hitlers Seite aus bis 1945 keine Korrektur mehr erfuhr[118]. In seinem politischen Testament vom 29. April 1945, in dem er behauptete, daß der von ihm „im Jahre 1939" angeblich nicht gewollte Krieg gegen Polen „vom internationalen Judentum" propagiert worden sei, bildete das Bekenntnis zum Antisemitismus sogar den Abschluß seines letzten Willens. „Vor allem verpflichte ich die Führung der Nation und die Gefolgschaft", forderte er, „zur peinlichen Einhaltung der Rassengesetze und zum unbarmherzigen Widerstand gegen den Weltvergifter aller Völker, das internationale Judentum[119]."

Die Notizen, die Hitler zwischen 1921 und 1923 niederschrieb, lassen zwar keine Zweifel mehr daran, was er mit Äußerungen wie „Deutschland wehre Dich", „Deutschland wird durch uns frei", „Abrechnung mit der Brut der Verderber",

8,1

Die Männer des Verrats.

~~Und~~

Und jetzt sind die Folgen von

Spaa - Versailles - Brüssel - Paris - London -

zu tragen.

Nun war es aber zunächst Pflicht jeder

deutschen Bürger dies zu unterbinden.

Milchwucher } Was sollte dagegen
Getreidewucher } geschehen?

Protesten?

Nein

Todesstrafe.

Des Wucher und Schieberlebens

Was ist von Protesten unserer jetzigen
Führerschaft zu halten?

Siehe Memmingen und „Münchener
Post“

Die Männer des Verats.

Und jetzt sind die Folgen von
Spaa – Versailles – Brüssel – Paris – London –
zu tragen.

Nun wäre aber zumindest Pflicht jeden
Inneren Wucher u.s.w. zu
unterbinden

Mietwucher.
Getreidewucher

Was sollte dagegen
geschehen?

Proteste?
Nein
Todesstrafe
Der Wert eines Schieberlebens
Was ist von Protesten unserer jetzigen
Judenparteien zu halten?

Siehe Memmingen und „Münchner
Post"

„Todesstrafe" und „aufhängen"[120] meinte, aber zur Zeit der Formulierung dieser Stichwörter stand der Judenhaß noch für sich allein. Noch hatte Hitler nicht seine spezifische Lebensraumtheorie entwickelt und den Antisemitismus mit dem Krieg als notwendigen Raubkrieg verbunden und zu den tragenden Maximen und Forderungen erhoben, wie es in „Mein Kampf" der Fall ist[121]. Noch forderte er die „Schaffung eines sozialen Staates" und die „Lösung der Judenfrage" und machte dies zum entscheidenden Anliegen einer nationalsozialistisch gestellten Zukunft[122]. Wenn er den Krieg behandelte, beschwor er ihn und seine Folgen nur herauf, um „den Juden" vorwerfen zu können, während des Ersten Weltkrieges das Volk durch Teuerungen zielstrebig ausgehungert und um seine Substanz für den Kampf ums Dasein gebracht zu haben*. Zunächst sollten die Juden „nur" in ihrer beruflichen und vermögensmäßigen Bewegungsfreiheit behindert, aus Deutschland ausgewiesen und in bestimm-

* Vgl. S. 249

Wir verlangen Schutz vor den Juden.
nicht hineinkommen lassen sondern vorbeugen.

Rücksichten aufhängen.
sind
immer Juden.
Denn Recht ohne Sieg u. s. weiter.

Was wir verlangen ist
Strafe nicht der Verführten
sondern der Verführer und
der Geldhintermänner

Wir erhoffen den Tag an dem unser
Volk zu denken beginnt

Amerika soll uns heute ein Fingerzeig
sein.
den wird die bessere
menschliche Wirtschaft nur den Weg zeigt
die Sündenknechtschaft endet und das
erwachende Deutschland Abrechnung hält mit
der Brut seiner Verderber.

Wir verlangen Schutz vor den Juden.
nicht kämpfen lassen sondern vorbeugen.

Rädelsführer aufhängen.
sind
immer Juden.

Dann Ruhe ohne Siege u.s.w.

Was wir verlangen ist
Strafe nicht der Verführten
sondern den Verführern und
der Geldhintermänner

Wir ersehnen den Tag an dem unser
Volk zu denken beginnt

Amerika soll uns heute ein Fingerzeig
sein.

dan wird die (unleserliches Wort)
unerbitterliche Wahrheit uns den Weg weisen
der Bruderkampf endet und das
Erwachende Deutschland
Abrechnung hält mit
der Brut seiner Verderber.

ten Fällen als „Wucherer", „Schieber" oder „Rädelsführer" mit dem Tode bestraft werden*.

Hitler, der in der Nacht vom 3. zum 4. Februar 1942 im Kreise „alter Kämpfer" gestand, daß er erst während seiner Haft von Ende 1923 bis Ende 1924 die nötige Zeit gefunden habe, sich „über verschiedene Begriffe klarzuwerden"[123], ist ganz offensichtlich schon in Landsberg weitgehend zu der Überzeugung gelangt, daß die von ihm seitdem als „notwendig" geforderte gewaltsame Erweiterung des Lebensraumes ohne gleichzeitig konsequente Ausrottung auch der Juden[124] im Reich und in den eroberten Territorien nicht zu den erwünschten Erfolgen führen könne. Daß im

* Fußnote s. S. 264.

Rahmen der von ihm dann als Führer und Reichskanzler praktizierten Politik[125] schließlich mit den entscheidenden Kriegserklärungen von 1939 (Polen) und 1941 (Sowjetunion) Vernichtungsbefehle verknüpft waren[126], erscheint nicht nur im Spiegel der Dokumente als eine der wesentlichsten Konsequenzen, für die Hitler spätestens seit Landsberg leben zu müssen glaubte[127].

Während er bis 1923 die Juden „nur" beschuldigte, die Urheber des Ersten Weltkrieges und der deutschen Niederlage von 1918 mit all ihren Folgen auch außerhalb des Deutschen Reiches zu sein, bedauerte er in „Mein Kampf" bereits, daß zu Beginn und während des Ersten Weltkrieges versäumt worden sei, „zwölf- oder fünfzehntausend . . . hebräischer Volksverderber . . . unter Giftgas"[128] zu halten. Und am 30. Januar 1939, sechs Jahre nach seiner Machtergreifung, sieben Monate vor dem Beginn des Polenfeldzuges, folgerte er konsequent: „Wenn es dem internationalen Finanzjudentum in und außerhalb Europas gelingen sollte, die Völker noch einmal in einen Weltkrieg zu stürzen, dann wird das Ergebnis nicht . . . der Sieg des Judentums sein, sondern die Vernichtung der jüdischen Rasse in Europa."[129] Durch einen „Federstrich", ohne Gesetz, ließ er mit dem Polenfeldzug die Euthanasie, eine Vernichtungsaktion großen Ausmaßes, auslösen und 1941 schließlich, mit dem von ihm für den weitaus größten Teil der Öffentlichkeit überraschend begonnenen Rußlandfeldzug, die Ausrottung von 30 Millionen Menschen, vor allem von Juden und Slawen, unter dem Schirm des siegreich vordringenden Ostheeres zum Zwecke der Raumbeschaffung für Deutsche vorbereiten.

* Hitler befahl lediglich seinem von ihm sonst kaum in Anspruch genommenen Begleitarzt Dr. Karl Brandt und dem Reichsleiter Philip Bouhler am 1. 9. 1939: „unter Verantwortung . . . die Befugnis namentlich zu bestimmender Ärzte so zu erweitern, daß nach menschlichem Ermessen unheilbar Kranken bei kritischer Beurteilung ihres Krankheitszustandes der Gnadentod gewährt werden kann." Bundesarchiv Koblenz, LXIV B 22, fol. 1–72, S. 11. Während Hitler sich weigerte, die Euthanasie durch ein Gesetz offen zu „legitimieren", unterzeichnete er am 4. 12. 1941 immerhin u. a. eine Verordnung über die Strafrechtspflege gegen Polen und Juden in den eingegliederten Ostgebieten (Reichsgesetzblatt I, S. 759), in der es heißt: „Sie werden mit dem Tode bestraft, wenn sie gegen einen Deutschen wegen seiner Zugehörigkeit zum deutschen Volkstum eine Gewalttat begehen . . . Wenn sie zum Ungehorsam gegen eine von den deutschen Behörden erlassene Verordnung oder Anordnung auffordern oder anreizen . . . Der Reichsstatthalter (Oberpräsident) kann in den eingegliederten Ostgebieten mit Zustimmung des Reichsministers der Justiz für seinen Verwaltungsbereich oder einzelne Teile davon anordnen, daß Polen und Juden wegen schwerer Ausschreitungen gegen Deutsche sowie wegen anderer Straftaten, die das deutsche Aufbauwerk ernstlich gefährden, bis auf weiteres von Standgerichten abgeurteilt werden können . . . Als Strafe wird von den Standgerichten die Todesstrafe verhängt. Die Standgerichte können auch von Strafe absehen und statt dessen die Überweisung an die Geheime Staatspolizei aussprechen." 47 Tage danach, am 20. 1. 1942, wurde in der sogenannten „Wannsee-Konferenz" im Polizeiquartier Am Großen Wannsee 56/58 in Berlin, unter Leitung des SS-Obergruppenführers und Chefs der Sicherheitspolizei und des SD, Heydrich, die „Endlösung der Judenfrage" vorbereitet. Vgl. dazu Kempner, *Eichmann und Komplizen.*

Mussolini (rechts neben Hitler) besucht den Führer 1942 auf dem Flugplatz Uman in der Ukraine. Unmittelbar über Mussolinis Kopf ist das Gesicht des 1946 in Nürnberg hingerichteten Generalfeldmarschalls Wilhelm Keitel zu erkennen.

Der politische Zusammenbruch und die deutsche Kunst?

Wissenschaft und staatliche Größe unzertrennbar. / Geld und Wissenschaft

Behauptung, Deutschlands Bedeutung nur kulturell u. geistig

bei „Gebildeten" blöd –

beim Arbeiter – verderblich.

Von was lebt zunächst der Arbeiter?
Von – Kultur oder von Brot.

Deutschlands Entwicklung.

Vermehrung des Volkes gleich Vermehrung des Bodens

Nein.

Ist eine weitere Steigerung der Bodenerträgnisses möglich?

Nein.

Zweierlei entweder / Kolonisation –
Welthandel.
Auswanderung.

oder
Welthandel.

Der politische Zusammenbruch und die deutsche Kunst?

Wissenschaft und Staatliche Größe
unzertrennbar. Geld und Wissenschaft

Behauptung, Deutschlands Bedeutung nur
kulturell und
geistig
bei „Gebildeten“ blöde –

beim Arbeiter – verderblich

Von was lebt zunächst der Arbeiter?
Von – Kultur oder von Brot.
Deutschlands Entwicklung.
Vermehrung des Volkes gleich Vermehrung des Bodens

Nein
Ist eine ewige Steigerung
des Bodenerträgnisses möglich?
Nein.

Kolonisation
Welthandel
Zweierlei, entweder Auswanderung
oder
Welthandel

Wie unfertig und lückenhaft bis 1924 Hitlers Weltanschauung war, in deren Mittelpunkt später in kontinuierlicher und ursächlicher Verknüpfung Kampf, Raubkrieg, Ausrottung „Minderwertiger“ und der rassenideologische Antisemitismus standen, zeigen exemplarisch auch seine Notizen für eine Rede über „Arbeiter und Friedensverträge. Hitler fragt, ob eine „Vermehrung des Volkes“ zugleich auch eine „Vermehrung des Bodens“ nach sich ziehe und antwortet mit „Nein“. Ebenso verneint er „eine ewige Steigerung der Bodenerträgnisse“ und sieht als Alternativ-Lösung zur Bewältigung dieser Problematik entweder nur die Kolonisation, den Welthandel oder die Auswanderung.

Arbeiter u. Friedensverträge 4.)

Deutsche Kolonisation: 8–13 Jahrhundert –

erst – Ostmark
dann Nordostmark | ist unser Volk dazu geeignet.

Voraussetzung: Macht

Kolonialpolitik des neuen deutschen Reichs
konnte keine umfangreiche
Besiedlung mehr vornehmen –
Unsere Kolonien –

Deutsche Auswanderung:
traurig. – Aber wohin?
Wer wandert aus? / der „Kapitalist"
oder
Arbeiter.
Ihr Los?

letztes Mittel

Ernährung durch Handel und Industrie
Deutsche – Wirtschaft – zur Volksernährung
nur möglich
bei
politischer Macht. = siehe England.

Der internat. Sozialist

Arbeiter u. Friedensverträge
Deutsche Kolonisation: 8–13 Jahrhundert
erst – Ostmark — ist unser
dann Nordostmark — Volk dazu geeignet.

Voraussetzung: Macht

Kolonisation des neuen Deutschen Reichs
konnte keine umfangreiche
Besiedlung mehr vornehmen.
Unsere Kolonien –
Deutsche Auswanderung:
traurig. – denn wohin?
Wer wandert aus? — der „Kapitalist“
oder
Arbeiter

Letztes Mittel — Ihr Los?

Ernährung durch Handel und Industrie
Deutsche – Wirtschaft zur Volksernährung

nur möglich
bei
politischer Macht. = siehe England

Der internat.(ionale) Sozialist

Während der Arbeit an „Mein Kampf“ gelangte Hitler zu einer anderen Überzeugung. Seitdem lehnte er das Verlangen nach einer „Wiederherstellung der Grenzen des Jahres 1914“* ab und bezeichnete nicht nur die von ihm zuvor selbst verfochtene und seit 1918 in Deutschland weit verbreitete Forderung als anachronistischen Unsinn und „Verbrechen“, sondern erblickte in der Wiederherstellung der Grenzen von 1914 einschließlich der Kolonien ein Betteln um Almosen, das Deutschland unter gar keinen Umständen als außenpolitisches Endziel akzeptieren dürfte. Ihm schwebte seitdem nicht mehr nur der souveräne deutsche Staat mit

* Hitler, S. 736. Dort heißt es u. a.: „Die Forderung nach Wiederherstellung der Grenzen des Jahres 1914 ist ein politischer Unsinn von Ausmaßen und Folgen, die als Verbrechen erscheinen lassen.“

Arbeiter u. Friedensverträge 6.)

Wer die politische Macht der Nation beseitigt — beseitigt ihre Lebensmöglichkeit

Selbstentmannung

und

Sozialismus — lächerlich

Der Kampf um die eigene Existenz ist berechtigt

Existenz (der Einzelnen) aber zwingt zu politische Macht der Nation

Politische Macht ermöglicht Leben der Einzelnen —

daher kann der Kampf gegen die politische Macht des Staates nur bestehen in der Vernichtung ihrer Triebkraft der wirtschaftlichen Entwicklung

und der Kampf gegen die Weltwirtschaft eines Staates ist nur möglich nach Vernichtung seiner politischen Macht.

Englands Ziel } ~~Deutsch~~

Judas Ziel

das Mittel

Friedensvertrag von Versailles

Arbeiter und Friedensverträge
Wer die politische Macht der Nation
beseitigt – beseitigt ihre Lebensmöglichkeit

Selbstentmannung
und
Sozialismuß – lächerlich

Der Kampf um die eigene Existenz ist berechtigt
Existenz des Einzelnen aber zwingt zu politscher Macht der Nation
Politische Macht ermöglicht Leben des Einzelnen

Daher kann der Kampf gegen die
Politische Macht des Staates nur bestehen
in der Vernichtung ihrer Triebkraft
der wirtschaftlichen Entwicklung
und der Kampf gegen die Weltwirtschaft
eines Staates ist nur möglich nach
Vernichtung seiner politischen Macht.

Englands Ziel
Judas Ziel
das Mittel
Friedensvertrag von Versailles

„politischer Macht"[131] und Welthandelskapazitäten[130] vor, sondern – wie einigen maßgeblichen deutschen Militärs bereits zu Beginn der zwanziger Jahre – die Beherrschung großer Landflächen in einem geschlossenen Territorium. Wie überwältigend und radikal diese neue Vision auf ihn gewirkt haben muß, bestätigt nicht zuletzt die Tatsache, daß er ausgerechnet entweder Deutschland oder Rußland als diese neue Weltmacht prophezeite, obwohl gerade diese beiden Staaten zu den Verlierern gehörten und am Boden lagen.

Seit 1924 erblickte Hitler im Hunger nicht mehr den Faktor, der „den Verstand verwirrt"[132], sondern ein natürliches Mittel zur Inszenierung großer machtpolitischer Aktionen und Maßnahmen. Während er bis dahin den Juden unentwegt vorgeworfen hatte, den „Hunger als Kunstmittel" ihrer Politik zur Erringung der „Weltherrschaft" wirken zu lassen, war er nun der Auffassung, daß Hunger und Not seine eigenen Weltmachtpläne realisieren helfen könnten. Darüber hinaus fürchtete er die Überbevölkerung nicht mehr, sondern wünschte sie, um Not erzeugt zu sehen, damit das Volk gezwungen werde, „sich zu regen"[133] und fremde Nationen zu unterwerfen.

Der Hunger als Macht –
(Rußland.)

Größte Weltmacht Göttin der Not.
Völkerwanderung bis zum Beispiel Deutschland.

Not als Hunger

kann wirken

aufpeitschend — — lähmend tötend.

degenerierend

1. Körperlich — Unterernährung
Rachitis — bis Gerippe

2. geistig — Beispiel
Deutsche Revolution
in ihren
Begleiterscheinungen.

Geschwächte Körper – verwirrte Geister.

Ist die Not eine natürliche?
Kann sein. — (Mißernten)
meist durch eine vorübergehende –

Könnte auch künstlich sein, wenn es jemand gäbe der ein Interesse an ihren Folgen hätte.

Der Hunger als Macht
(Rußland.)

Größte Weltmacht Göttin der Not.
Völkerwanderung bis zur Neuzeit-Deutschland.

Not als Hunger
kann wirken

aufpeitschend | degenerierend | lähmend tötend
1. körperlich – Rachities – bis – Grippe | Unterernährung
2. geistig Deutsche Revolution in ihren Begleiterscheinungen | Beispiel

Geschwächte Körper verwirrte Geister.

Ist die Not eine natürliche?
kann sein. (Mißernten)
dann meißt nur vorübergehend –
könnte auch künstlich sein, wenn es jemand
gäbe der ein Interesse an Ihren Folgen hätte.

Wieweit Hitlers altes zentrales antisemitisches Argument diese Neukonzeption mitbestimmte, ist schwer festzustellen, da er die Quellen seiner Vorstellungen nur ausnahmsweise preisgab. Sicher ist dagegen, daß er während seiner Haft die Lehren des 1834 verstorbenen englischen Theologen und Nationalökonoms Thomas Robert Malthus kennenlernte, mit dessen „Bevölkerungsgesetz"* ihn wahrscheinlich Rudolf Hess vertraut machte, der ihn in Landsberg auch mit seinem Geopolitik-Professor, dem General Karl Haushofer, zusammenführte[134].

* Allerdings wurde Malthus von Hitler auf den Kopf gestellt. Während er die Auffassung verfochten hatte, daß die Bevölkerungszahlen schneller als die Erträge des Bodens wüchsen, so daß es zwangsläufig zur Überbevölkerung, zu Hungersnöten, Kriegen und Seuchen kommen müßte, denen nur durch die Spätehe, Bevölkerungsbeschränkung, Enthaltsamkeit und intensive Förderung der Landwirtschaft entgegengewirkt werden könnte, empfahl Hitler andere Konsequenzen. In seinem Prisma erscheint die Überbevölkerung zwar ebenfalls als ein wesentlicher Faktor; aber er sieht ihn anders als Malthus und wünscht die Überbevölkerung als Grundlage für einen Raub- und Vernichtungskrieg zur Landgewinnung.

... Judenschwindel 2.)

es ist möglich
Der Hunger als Kriegsmittel
Der Hunger als Mittel zum Zweck.
(England führt Kriege)
Amerika – Indien – Buren u. s. w.

Der Hunger unterstützt das Schwert
bei äußeren Kriegen. (zwischen Kampf)

Kampf von Staat gegen Staat.

Kampf um Weltherrschaft des
Judentums

führt: Revolutionierung der Völker.
wird erreicht durch

Geistige Zerstörung.
Gedankenverwirrung
wird unterstützt
durch
Körperliche Degenerierung
wird erreicht
durch
Hunger in
Form dauernder Preissteigerung.

Judenschwindel.

es ist möglich
Der Hunger als Kriegsmittel

Der Hunger als Mittel zum Zweck.

(England führt Kriege)
Amerika – Indien – Buren u.s.w.

Der Hunger unterstützt das Schwert

Bei äußeren Kriegen. (Arischen Kampf)

Kampf vom Staat gegen Staat.

Kampf und Weltherrschaft des
Judentums
heißt:
Revolutionierung der Völker.
wird erreicht durch

Geistige Zerstörung.
Gedankenverwirrung
wird unterstützt
durch
Körperliche Degenerierung
wird erreicht
durch

Hunger in
Form dauernder „Preisteuerung".

„Der Hunger als Kriegsmittel. Der Hunger als Mittel zum Zweck . . . Der Hunger unterstützt das Schwert bei äußeren Kriegen . . . (im) Kampf Staat gegen Staat." Diese Stichwörter sagen – ohne verwischende Zwischensätze – geradliniger als lange Ausführungen beispielsweise in „Mein Kampf", wie Hitler kurz nach dem Malthusstudium die Dinge sah.

Arbeiter u. Friedensverträge. 69

Kann nur gebrochen werden
durch politische Machtmittel
Voraussetzung ist politischer Wille.
Voraussetzung ist: " Erkenntnis.

Kennt unser Volk der Deutsche Arbeiter
die Friedensverträge?

Leider nicht.

Brest-Litowsk vom Standpunkt:
der Vertrag
I. des Rechts: (Rußland hatte den Krieg begonnen
II. der Moral.
III. des Deutschen Volkes der Arbeiter.

Lage der deutschen Zukunft i. Gegenwart.
1917–18.

Deutschland ohne Kolonien.

Brest Litowsk sollte sicherstellen: Deutsche Volksernährung durch:
I. Boden
II. Sicherung von Rohstoffen für Industrie u. Handel.

Arbeiter und Friedensverträge

Kann nur gebrochen werden
durch politische Machtmittel
Voraussetzung ist politischer Wille
Voraussetzung ist politische Erkenntniß.

Kennt unser Volk der Deutsche Arbeiter
die Friedensverträge?

Beide nicht

Brest-Litowsk vom Standpunkt

der Vertrag	I. des Rechts	Rußland hatte
	II. der Moral	den
	III. des Deutschen Volkes	Krieg begonnen.
	des Arbeiters	

Lage der deutschen Zukunft und Gegenwart
1917–18.
Deutschland ohne Kolonien
Brest Litowsk sollte sicherstellen:
Deutsche Volksernährung durch
I. Boden
II. Sicherung von Rohstoffen für
Industrie u. Handel*

* Durch den Frieden von Brest-Litowsk vom 3. März 1918, der den Krieg zwischen den Mittelmächten und Rußland beendete, mußte Rußland das Baltikum, Polen, Finnland und die Urkaine abtreten. Die vom Deutschen Reich anerkannten und nicht mehr bekämpften Bolschewiki erhielten die für sie nötige „Atempause“.

Arbeiter u. Friedensverträge. 7.

Was aber würde den deutschen Arbeiter „Brest-Litowsk" gezeigt?

Und Versailles.

der Waffenstillstand:

ursprünglich der „Frieden".

Versailles und Deutschlands Volksernährung und Existenz.

1.) Verhindert und verschlechtert die direkte Ernährung des deutschen Volkes durch Raub:

von: Land – Ost u. Westpreußen. (Posen.)

Deutsche Betriebe erlischt überhaupt.

dagegen leidet der Arbeiter in seinem Magen.

und nicht der = Kapitalist

verschlechtert durch Ablieferung von Düngestoffen unsere Felder.

Ablieferung von Vieh Kali

Verhindert jede weitere Kolonisation

Deutsche Kolonien.

Man nutzen sie und verdirbt

Arbeiter und Friedensverträge

Als was wurde dem deutschen Arbeiter
„Brest-Litowsk" gezeigt?

Und
Versailles.
der Waffenstillstand:
ungeheuerlicher „Frieden"

Versailles und Deutschlands Volksvermehrung und
Existenz.

1.) Verhindert und verschlechtert die direkte Ernährung
des deutschen Volkes durch Raub:

von: Land – Ost u. Westpreußen
(Posen)

Deutsche Gebietsverluste überhaupt.

doppelt leidet der Arbeiter und kleine Mann.

und nicht der = Kapitalist

Verschlechtert durch Ablieferung von Düngstoffen unserer Felder.
Ablieferung von Vieh Kali

Verhindert jede weitere Kolonisation

Deutsche Kolonien*.

Wem nützen sie und wodurch

* Vgl. dazu die Hinweise bei Hitler, S. VIIIff.

Arbeiter und Friedensverträge 8.)

2.) durch Vernichtung unseres Welthandels und unserer Industrie.

Kohle. ——— Eisen

(Kali für Industrie).

Zwangsweise Lieferung

Zwangsweise Lieferung.

Ausrottung unserer Erzeugungsmöglichkeit für die Entente.

Kohlenteer — Schwefelsaures Ammoniak — Benzol

Farben — Arzneimittel.

30% aller Waren.

30% aller Maschinen. usw. in den Fabriken.

Die Wiedergutmachung:

wird nicht in „Geld" bezahlt sondern in Waren

nicht vom Kapitalisten sondern vom Arbeiter

– Endlos unerfüllbar –

14 Stunden tag.

heute Utopie – morgen – Wirklichkeit

Arbeiter u. Friedensverträge

2.) durch Vernichtung unseres
Welthandels und unserer Industrie

Kohle. Eisen

(Kali für Industrie)

Grubenverlust Grubenverlust
Lieferung Lieferung

Auspressung unserer
Erzeugungsmöglichkeit
für die Entente.

Kohlenteer – Schwefelsaures Ammoniak – Benzol
Farben – Arzneimittel.

30% aller Waren.

30% aller Maschinen . auch in den Fabriken.

Die Wiedergutmachung:

wird nicht in „Geld" bezahlt sondern in Wahren

nicht vom Kapitalisten sondern vom Arbeiter

– Endlos nie erfüllbar –

14 Stunden Tag.

Heute Utopie – morgen – Wirklichkeit*

* Hitler bezieht sich hier auf die am 28. Juni 1919 von Hermann Müller und Bell unterzeichneten Forderungen des Friedensvertrages in Versailles, dessen Teil VIII die Wiedergutmachungen (Reparationen) betraf und im einleitenden Artikel 231 feststellte, „daß Deutschland und seine Verbündeten als Urheber aller Verluste und aller Schäden verantwortlich" seien, „welche die alliierten und assoziierten Regierungen und ihre Angehörigen infolge des Ihnen durch den Angriff Deutschlands und seiner Verbündeten aufgezwungenen Krieges erlitten haben".

Arbeiter u. Friedensverträge. 9.

Vernichtung des Handels.

Waffenstillstand: Eisenbahn u.s.w.

Die deutsche Handelsflotte.

Hochsee – Binnenschiffahrt

Verhinderung ihres Wiederaufbaus

Raub aller Kohlenstationen

aller Kolonien

aller Kabel

aller Überseebesitzungen

Deutschland verliert alles Kapital im Auslande

besteht nicht in Papier sondern in Anlagen, Bahnen u.s.w.

Kurz Deutschland arm u. hilflos.

3.) Um uns noch leichter zwingen zu können

Verbot der deutschen Auswanderung.

Wen trifft dies alles? Arbeiter.

Arbeiter u. Friedensverträge

Vernichtung des Handels.

Waffenstillstand: Eisenbahn u.s.w.

die deutsche Handelsflotte
Hochsee – Binnenschiffahrt

Verhinderung ihres Wiederaufbaues

Raub aller Kohlenstationen
aller Kolonien
aller Kabel
aller Überseebesitzungen

Deutschland verliert alles Kapital
im Ausland.

Besteht nicht in Papier sondern
in Anlagen Bahnen u.s.w.

Kurz Deutschland arm und hilflos

3.) Um uns noch leichter zwingen zu
können
Verbot der deutschen Auswanderung.

Wen trifft dies alles? Arbeiter

Verbrechen i. Friedensverträge. —10.)

Ziel:

Vollständige Versklavung der deutschen Arbeitskraft.

1 Internationalisierung"
Staat 1

Um das zu erreichen mußte man die politische Macht unseres Volkes vernichten.

Entwaffnung < Waffenstillstand
mit Mittel zum Zweck. und jetzt.

zu Lande. zur See. zur Luft

~~[illegible]~~ Besatzungsarmeen

und moralische Entwaffnung.

Vernichtung des „Nationalgefühls"
„ Nationalstolzes.

Auslieferung (Kriegsverbrecher)

Das deutsche Volk soll aufhören in der Geschichte der Kulturwelt zu bestehen.

Arbeiter u. Friedensverträge

Ende:
Vollständige Versklavung der deutschen
Arbeitskraft.

„Verinternationalisierung"
stimmt

Um das zu erreichen mußte man
die politische Macht unseres Volkes
vernichten.

Entwaffnung.
nur Mittel
zum Zweck

Waffenstillstand
Und jetzt.

zu Lande. zur See. zur Luft

Besatzungsarmee

Und moralische
Entwaffnung.
Vernichtung des „Nationalgefühls"
des Nationalstolzes
Auslieferung (Kriegsverbrecher)

das deutsche Volk soll aufhören in der Geschichte
als Kulturvolk zu bestehen.

11.

Und wir –

Wollen den Vertrag brechen.

Widerstand auf Widerstand

Stärke nicht Bethmänner

Die moralischen Waffen:

das Wissen und Erkennen

der Liebe – (Wagner) Glauben an Recht und Möglichkeit

der Wille

das Ziel der deutschen Arbeiterpartei.

Wenn keine Not der Welt uns unseren Willen bringt

kommt die eiserne Zeit

in der der deutsche Wille

wieder die Not zerbricht.

Und Wir.

Wollen den Vertrag brechen.
Widerstand auf Widerstand
Yorks* nicht Bethmänner

die moralische Waffe:

das Wissen und Erkennen
Liebe – (Wagner)
der Glaube an Recht und Möglichkeit

der Wille.

Das Ziel der deutschen Arbeiterpartei.

Wenn keine Not der Welt mehr unseren Willen beugt
kommt die eiserne Zeit
in der der deutsche Wille
wieder die Not zerbricht.

* Mit „York" meint Hitler Ludwig, York Graf von Wartenburg (1759–1830), der 1812 als kommandierender General des Preußischen Hilfskorps im Feldzug Napoleons gegen Rußland (in Tauroggen) mit Rußland eine Neutralitätskonvention schloß. Mit dem Stichwort „Bethmänner" ist der von 1907 bis 1917 als Reichskanzler fungierende (wie Hitler: englandfreundliche und österreich-„feindliche") Theobald von Bethmann-Hollweg (1856–1931) gemeint, der auf Veranlassung der Obersten Heeresleitung aus seinem Amt entlassen wurde.

7. Kapitel

Die „Monumentalgeschichte der Menschheit“

In Wien, der „Phäakenstadt“[135], wie Hitler die von ihm zeitlebens mehr gehaßte als geliebte Hauptstadt seines Vaterlandes 1924 verächtlich bezeichnete, hatte er sich am 16. September 1909 beim Wohnungswechsel als „Schriftsteller“[136] eingetragen, was er auch mehr als zehn Jahre später noch zuweilen gern tat, nicht nur wenn er in Hotels übernachtete[137].

In Landsberg, wo er sich schriftstellerisch betätigte, entwarf er mehrere Titelseiten für seine „Rechtfertigungsschrift“, für die er erst relativ spät den endgültigen Titel „Mein Kampf“ fand. Ob dies in Anlehnung an die Münchener Zeitung „Der Kampf“ der Unabhängigen Sozialdemokraten geschah, oder ob das 1911 erschienene Buch „Mein Kampf gegen das nihilistische und nationalsozialistische Deutschland“ des von Hitler[138] oft beschimpften Pazifisten Friedrich Wilhelm Foerster dabei Pate stand, ist weder feststellbar noch wesentlich.

Obwohl Hitler als (vorübergehend) kranker Mann aus Landsberg zurückkehrte, hatte er von seiner Haft profitiert. Er trat nicht mit leeren Händen vor die nationalsozialistische „Bewegung“, deren Ideen bis dahin nur aus „2 Worten“ bestanden hatte, aus „Adolf Hitler“, wie der Nationalsozialist Dr. Adalbert Volck im Januar 1922 auf dem Parteitag der NSDAP es formuliert hatte[139]. Seit Landsberg bekam die NSDAP eine „Weltanschauung“, die sie von den anderen Rechtsradikalen unterschied. Wie wichtig das war, bezeugt nicht zuletzt auch die Tatsache, daß Alfred Rosenberg, der philosophische Programmatiker der NSDAP, noch während Hitlers Haft eingestehen mußte: „Wenn auch die theoretischen Einsichten die neue Synthese schon mehrfach vervollkommnet und ausgearbeitet haben, so ist das Herz in der Nationalsozialistischen Bewegung doch das ausschlaggebende Moment . . . geblieben.“[140]

Von besonderer Bedeutung war für Hitler ferner, daß er nach seiner Entlassung aus Landsberg[141] nicht in die Bedeutungslosigkeit von 1918/19 zurückgestoßen wurde, was nicht nur außerhalb Bayerns erwartet wurde, sondern daß er, trotz seines blutigen Revolutionsabenteuers von 1923, zunächst mit staatlichem „Segen“ versehen, wiederkommen konnte*. Die Tatsache, daß die bayerische Regierung ihn drei Wochen später dennoch an die Zügel nahm und ihm verbot, künftig öffentlich zu reden**, so daß er nicht einmal in die Vorbereitung zur Reichspräsidentenwahl eingreifen konnte, war nach seiner Auffassung nicht geeignet, ihn loyal werden zu lassen, auch wenn er versprochen hatte, sich mit seiner NSDAP fortan ausschließlich auf legale Weise am politischen Leben zu beteiligen***. Dennoch mußten seine Kritiker bald lesen, welche neuen Vorstellungen er aus seiner „Hochschule auf Staatskosten" mitgebracht hatte. Eine von ihnen sprach jedem normal Sterblichen die Fähigkeit ab, ihn zu beurteilen. „Innerhalb einer langen Periode der Menschheit", heißt es in „Mein Kampf", „kann es einmal vorkommen, daß sich der Politiker mit dem Programmatiker vermählt. Je inniger . . . diese Verschmelzung ist, um so größer sind die Widerstände, die sich dem Wirken des Politikers dann entgegenstemmen. Er arbeitet nicht mehr für Erfordernisse, die jedem nächstbesten Spießbürger einleuchten, sondern für Ziele, die nur die wenigsten begreifen. Daher ist dann sein Leben zerrissen von Liebe und Haß. Der Protest der Gegenwart, die den Mann nicht begreift, ringt mit der Anerkennung der Nachwelt, für die er ja auch arbeitet. Denn je größer die Werke eines Menschen für die Zukunft sind, um so weniger vermag sie die Gegenwart zu erfassen . . ."[142]

Wie viele „Weltverbesserer" vor und nach ihm, war auch Hitler überzeugt, entdeckt und begriffen zu haben, was Historiker und Philosophen seit Jahrtausenden zu ergründen versuchen: den „ewigen Ablauf der Geschichte"[143]. Da er sich früh schon für ein – vor allem – politisches Genie hielt[144], andere Menschen nur als „Mittel zum Zweck" ansah und glaubte, schon als kaum 25jähriger Autodidakt den Schleier der Geschichte gelüftet und den endgültigen geistigen Standort gefunden zu haben[145], ist sein Entwurf für eine „Monumentale Menschheitsgeschichte", den er zu Beginn seiner politischen Laufbahn skizzierte[146], von außerordentlicher Bedeutung.

* Am 20. 12. 1924 wurde der zu 5 Jahren Haft verurteilte Hitler vorzeitig aus der Festung Landsberg am Lech entlassen. Bereits am 4. 1. 1925 empfing ihn der bayerische Ministerpräsident Heinrich Held von der Bayerischen Volkspartei zu einem Gespräch.

** Das Redeverbot wurde auch von anderen Ländern des Reiches übernommen und in Bayern erst wieder im März 1927 (in einigen Ländern sogar erst im September 1928) aufgehoben. Die Zeit des Redeverbots nutzte Hitler zunächst zur Fortsetzung der Arbeit am 2. Band seines Buches „Mein Kampf", den er seiner Sekretärin in der Villa „Haus Wachenfeld" auf dem Obersalzberg bei Berchtesgaden diktierte.

*** Was Hitler allerdings unter „Legalität" verstand, konnte der Ministerpräsident Held sechs Monate später im 1. Band von „Mein Kampf" (in der Ausgabe von 1939: S. 379) lesen, wo es hieß: „. . . die Bewegung (ist, der Verf.) . . . antiparlamentarisch, und selbst ihre Beteiligung an einer parlamentarischen Institution kann nur den Sinn einer Tätigkeit zu deren Zertrümmerung besitzen, zur Beseitigung einer Einrichtung, in der wir eine der schwersten Verfallserscheinungen der Menschheit zu erblicken haben."

Adolf Hitlers Entwurf für einen Buchtitel
I. Band / Die Germanische Revolution v. A. Hitler.
Bundesarchiv Koblenz, NS 26/64.

I. Einleitung. 1. Bibel – [illegible]

2. [illegible]

3. [illegible] Ritter

4. [illegible]

5. [illegible]

1. Bibel – [illegible] – Idealismus – Materialismus

Nichts ohne Ursache – Geschichte macht der Mensch – 2 Menschenarten –

Schaffende und [illegible] – Erbauer – Zerstörer – [illegible] Kinder und Menschen

[illegible] – (Lord D'Israeli) Rassengrundgesetz –

1. Folge. Reinigung der Bibel – [illegible]

2. " Kritische Prüfung des [illegible]

[illegible] Rassengesetz –

[illegible] der Geschichte –

Der Weg von der Natur dem Instinkt über halbes Wissen zur klaren bewußten gesetzmäßigen Erkenntnis

~~[illegible]~~

[illegible] der Natur — [illegible] Gehorsam seinen Gesetzen

– halbes Wissen gleichbedeutend mit [illegible]

Vermessenheit – „Der Mensch ist Herr der Natur“ [illegible] die Natur“ [illegible] frei.

[illegible]

Die Natur ist unerbittlich [illegible]

[illegible]

Der geniale die Natur erkennende Mensch [illegible]

[illegible]

Rassenreinheit Höchstes Grundgesetz –

Vermischung mit niedrigerstehender [illegible] – [illegible] des Grundgesetzes

I. Einleitung 1. Bibel
2. Der Arier
3. Sein Wirken
4. Der Jude
5. Sein Werk

– 3 unleserliche Zeilen (der Verf.) –

1. Bibel – Monumentale Menschheitsgeschichte – 2. Gesichtspunkte – Idealismus – Materialismus

Nichts ohne Ursache – Geschichte machen Menschen – 2 Menschenarten

Schaffende und Drohnen – Erbauer u. Zerstörer – – – Gotteskinder und Menschen

verworren und verwirrt – (Lord Disraeli) Rassengrundgesetz –

1. Folge. Reinigung der Bibel – was ist von Ihr unser Geist?

2. Folge Kritische Prüfung des Überrestes –

. . . . klarer Verständlichmachung des

Erste Völkergeschichte unter (Zugrundelegung des) Rassengesetzes –

Ewiger Lauf der Geschichte –

Der Weg von der Natur dem Instinkt über halbes Wissen zu klarem bringen gesetzmäßiger Erkenntnis

(hier folgen drei durchgestrichene Zeilen)

I Unbewußtes (durchgestrichen)

Folgen

Ahnungslosem (durchgestrichen) der Natur – Bewußter (durchgestrichen) Gehorsam

ihrem Gesetze

liegt

Halbes Wissen gleichbedeutend mit menschlichem Hochmut – Stolz usw.

Dummheit, aber auch Schwäche oder Grausamkeit,

Vermessenheit – „Der Mensch ist Herr der Natur"

„Er bezwingt die Natur"

Er ist frei.

Schwäche des Halben
Die Natur ist unerbittlich gerade, das heißt: Sieg des Stärkeren weil ihm infolge seiner Kraft oder seines Willens mehr Rechte auf den Sieg zukommen.

Vorrecht der Kraft der Grundlagen der gesamten Natur Voraussetzung im Bestand der Welt.

Der geniale die Natur erkennende Mensch prüft nicht diese Grundlage die auch die Ursache seiner eigenen Vorstellung auf dieser Welt ist zu verlassen sondern stellt auch sein Handeln in den Rahmen dieses Gesetzes

Der „Gebildete" das heißt künstlich zum Wissen aufgepäppelte Mensch setzt an Stelle dessen die Humanität und wird dadurch letzten Endes „grausam".

Natur ist niemals grausam
Grausamkeit ist – Freude an (durchgestrichen)
zwecklosem Leid
Versagt vor allem im Kampfe –

Rassenreinheit Höchster Grundsatz.

Vermischung mit niederstehender Art bedeutet Senkung des Gesamtniveaus (letztes Wort nicht eindeutig entzifferbar, der Verf.)

I. Vorwort:

– Der Mensch (?) — Allgemeines

Abriß der Entwicklung Geschichte der Menschheit (?)

— Antike Kulturen — Aegypten – z. B.

Athen. – Rom. – —

Der Jude Führer –

Ursachen der Untergangs (Jude Vermischung.)
(die Mittelmeerwelt)

Christentum u. Bolschewismus.

Humanität u. Inquisition

Kleine oder Staat – ?

II. – Europa. –

– Arische Entwicklung –

– Begründung – (Sprachgrenze) Ware)

III. Deutschland – Ein Ausdruck der Juden. / Entwicklung – (30 jähr. Krieg.)

– Der neue Krieg – – Der Jude ...

– Weltkrieg – Revolution –

IV.

Bibel: Erbsünde – Eine natürliche Ursache – Ihre Folgen.
Unglück – für immer

Die Bibel heißt. 2. Ursachen

I.) Alle Völker der Bibel (Klein asiatisch mesopotamisch - palästinensisch - ägyptischer Kulturkreis) sind nun nicht (durch Rassen...) zu Grunde gegangen.

Ein Volk nicht: die Juden. warum?

Nicht Kriege vernichten Rassen nur die Erbsünde – die Blutvergiftung allein.

Rassenreinheit.

II. Alle Völker hatten eigenen Staaten –
Ein Volk nicht die Juden.

Also: die andern Völker (die hatten eigene Staaten und konnten sich nicht erhalten)

Der Jude hatte keinen eigenen Staat und erhielt sich dennoch.

Nur aus dem ersten Augenblick unerklärbar – warum?

2. Rassen.

Arier:

Jude.

Der Mensch (?) – Allgemeines
Abriß der Entwicklungsgeschichte der Menschheit
– Antike Kulturen – Ägypten – usw.

I. Vorwort: Athen – Rom – ——— / Der Jude Der Arier –

Ursachen des Unterganges (Ende . . . folgen 3 unleserliche Wörter, der Verf.)

Christentum u. Bolschewismuß
Humanität u. Inquisitonen

Klasse oder Stand?

II – Europa
– Arische Entwicklung
– Verjudung – (Soziale Frage) Ware)

Ein (folgt unleserliches Wort) der Juden.

III Deutschland Entwicklung – (30jähr Krieg.)

– Das neue Reich – (unleserliche Stichwörter, der Verf.)
Weltkrieg – Revolution (unleserliche Stichwörter, der Verf.)

Bibel: Erbsünde – Eine entsetzliche Tatsache – Ihre Folgen.
Unglück für immer

Die Bibel lehrt
2. Tatsachen
I.) Alle Völker der Bibel (klare asiatische mesopotamische palästinensische ägyptische Kulturordnung)
sind an ihr (das h. Rasse . . .
zugrunde gegangen
Ein Volk nicht: die Juden. Warum?

Nicht Kriege vernichten Rassen
nur die Erbsünde –
Die Blutvergiftung allein

Rassenreinheit.
II.) Alle Völker hatten eigene Staaten –
Ein Volk nicht die Juden.

Also: die anderen Völker (Arier) hatten eigene „Staaten" und
konnten sich nicht erhalten
der Jude hatte keinen eigenen Staat und erhielt
sich dennoch.

Nur auf den ersten Augenblick unfaßbar – warum?

Arier: 2. Rassen.

Jude.

Bezeichnend für diese Notizen ist zunächst, daß Hitler – im Gegensatz zu seinen späteren Äußerungen in „Mein Kampf" – auffällig oft auf die Bibel verweist. In seinem Entwurf für eine „erste Völkergeschichte unter (Zugrundelegung des) Rassengesetzes" zwingt er die Menschheit in ein dialektisch kraß schwarzweiß malendes Schema, das nur „2 Menschenarten", „Schaffende und Drohnen", „Erbauer und Zerstörer" und „Gotteskinder und Menschenkinder" kennt und Differenzierungen nur da zuläßt, wo sie seine Deutungen und Zielsetzungen als Entdeckung des tatsächlichen Ablaufes der Geschichte erscheinen lassen. Hitler ist zu der Zeit überzeugt, daß der „wissende Mensch", das heißt, der Mensch, der die Gesetze der Natur kenne, die Geschichte tatsächlich in seinem Sinne beeinflussen könne.

Zwei Jahrzehnte später, nachdem er den Höhepunkt seiner Karriere bereits überschritten hat, bekennt er dagegen: „Tatsache ist, daß wir willenlose Geschöpfe sind, daß es eine schöpferische Kraft . . . gibt. Das leugnen zu wollen, ist Dummheit."[147] Nachdem er bereits an der Schwelle seines Grabes zu stehen glaubt, die Bitternis der ersten militärischen Niederlagen erfahren hat und zu ahnen beginnt, daß er gescheitert ist[148], weiß er, wie machtlos der Mensch in Wirklichkeit zuletzt doch nur ist. Seitdem ist er sogar überzeugt, daß das „tiefste Wissen" über „die Unzulänglichkeit des Menschen" nur durch „wirkliche Frömmigkeit" erfahren werden könne[149]. Vom jungen Hitler, der die Kirche mit Brachialgewalt, schonungslos mit „Dynamit", aus der Welt geschafft sehen wollte[150] und auch zur Zeit der Formulierung der Stichwörter für seine „monumentale Menschheitsgeschichte" noch überzeugt war, daß der „wissende" Mensch souveräner Herr der Welt sei, ist nichts mehr übriggeblieben.

Aufschlußreich ist, daß Hitler schon zu der Zeit nur schlecht auf die „Gebildeten" zu sprechen war, sie geringschätzte und im politischen Leben nahezu für überflüssig hielt. Darüber dachte er 1942, als er sich bereits auf der Talfahrt seiner Karriere befand[151], noch ebenso wie zwanzig Jahre zuvor. Diese Einstellung und Verhaltensweise, immer erneut von einigen seiner Mitarbeiter aus der engsten Umgebung wie beispielsweise Albert Speer – total falsch – als unbewußtes Eingeständnis einer Unterlegenheit gegenüber diplomierten Fachleuten gedeutet[152], läßt sich aus seinen Briefen und Notizen bis 1918 nicht feststellen. Erst nach dem Ende des Krieges warf er den „Gebildeten" vor, im naturgesetzlich vorgegebenen Kampf ums Dasein zu versagen. Er tat dies, nicht weil er womöglich meinte, ihnen unterlegen zu sein, sondern weil er ihnen grundsätzlich unterstellte, mit einseitig „falschem Wissen" aufgepäppelt" zu sein und daher nur über ein „halbes Wissen" zu verfügen und so zwangsläufig weniger Rechte auf den Sieg" im Daseinskampf zu haben als die „Wissenden". So wogen für ihn auch die rein fachlichen Ratschläge, die Ratgeber ihm vortrugen, bei seinen Entscheidungen oft nicht viel. „Bei der . . . Persönlichkeit des Führers", sagte Hermann Göring während des Nürnberger Prozesses, „war unerwünschter Rat gar nicht angebracht" . . . (er tat) „dort die Vorschläge und die Beratungen kurz ab, wo er selbst schon seine Entschlüsse . . . gefaßt" hatte oder „den Beratenden nicht zu jenem Einfluß oder zu jener einflußreichen Position . . . kommen lassen wollte."[153] In „einzelnen Fällen hat er seinen Fachberatern gegenüber ausgesprochen, was er beabsichtigte, und von diesen diesbezügliche Unterlagen und Beurteilungen eingeholt. Entschieden hat er . . . selbst."[154] Und Generaloberst Alfred Jodl, der Chef des Wehrmachtsführungsstabes im OKW, erklärte: „Hitlers Wissen und sein Intellekt, seine Rhetorik und sein Wille triumphierten letzten Endes bei jeder geistigen Auseinandersetzung gegenüber jedermann."[155] Generalfeldmarschall Wilhelm Keitel, dem Hitlers Fähigkeiten und Kenntnisse aus ständigen Zusammenkünften ebenfalls genau vertraut waren, urteilte über Hitler als Soldat: Er war über „Organisation, Bewaffnung, Führung und Ausrüstung sämtlicher Armeen und aller Flotten der Erde so unterrichtet, daß es unmöglich war, ihm auch nur einen Irrtum nachzuweisen . . . (selbst) in einfacheren alltäglichen Organisations- und sonstigen Rüstungsfragen der Wehrmacht und den betreffenden Dingen" war ich „der Belehrte . . . und nicht der Belehrende"[156]. In unvergleichlicher Weise verstand Hitler es früh schon, Ratgeber gegeneinander abzuschirmen und sie daran zu hindern, Hintergründe kennenzulernen, die in die von ihnen beherrschten Fachbereiche hineinspielten. Konsequent ließ er die Militärs spüren, daß sie „nur" Soldaten und die Industriellen, daß sie „lediglich" Wirtschaftsfachleute seien, die von der großen Politik zu wenig verstünden, um sich wirklich umfassende und abschließende Urteile erlauben zu können. So blieb er stets die koordinierende Institution, bei der alle Detailinformationen zusammenliefen und souverän ausgewertet wurden.

In der Zeit allerdings, in der er sich anschickte, die ersten Stufen seiner Karriere als Politiker zu erklimmen, waren ihm derartige Überlegungen noch fremd. Da notierte er: „Geschichte machen Menschen . . . Der geniale, die Natur erkennende Mensch . . . stellt . . . sein Handeln in den Rahmen . . . (des Natur-)Gesetzes.“ Seine – niemals revidierte – Überzeugung, daß die Humanitätsvorstellung der „zum Wissen aufgepäppelten“ und daher lebensuntüchtigen „Gebildeten“ fälschlich einen Humanitätsbegriff kultivierten, den er für grausam hielt, da er nach seiner Auffassung dem Naturgesetz zuwiderlief, hat er weder in „Mein Kampf“ noch später revidiert oder modifiziert. In seinem Entwurf für eine „monumentale Menschheitsgeschichte“ notierte er: die „Natur ist niemals grausam. Grausam ist – Freude an zwecklosem Leid“. Und auch in „Mein Kampf“ heißt es übereinstimmend: „Was die Humanität betrifft, so hat sich schon Moltke dahin geäußert, daß diese beim Kriege immer in der Kürze des Verfahrens liege, also daß ihr die schärfste Kampfesweise am meisten entspreche.“[157]

Hitler, der sein Handeln, seine Fähigkeiten und Kenntnisse als Politiker prinzipiell nicht auf die „jeweilige praktische Wirklichkeit“[158] des Tages ausrichten zu müssen meinte und auch nicht nur den Ruhm der Gegenwart zu ernten wünschte[159], wie er 1924 schrieb, war seit Beginn seiner politischen Karriere bis zum Höhepunkt seiner Macht, die sich parallel mit einem durch Krankheiten bedingten physischen Verschleißprozeß und einer von diesem Zerfall und hypochondrisch artikulierten Todesahnungen genährten, immer fanatischer werdenden eschatologischen Ungeduld entfaltete, fest überzeugt, daß er alles erzwingen könne, was anderen in bestimmten Situationen politisch weder erwägenswert noch irgendwie erreichbar erschien. Während viele Deutsche, die nach dem Ersten Weltkrieg nicht begreifen wollten, wieso Deutschland den Krieg verloren hatte und das durch die Niederlage belastete deutsche Nationalgefühl durch neurotisch artikulierte Ausflüchte von dem Vorwurf zu befreien versuchten, diese Situation zum großen Teil selbst verschuldet zu haben, klagte Hitler seit dem Hochsommer 1919[160] laut, selbstbewußt und selbstsicher an. Er warf der Presse respektlos vor, nicht eine „Kritik der Wahrheit, sondern der Feigheit“ zu verbreiten und bei der Beurteilung der politischen Lage eine „Feigheit im Denken bis zum Schluß“[161] zu offenbaren. Die politischen Parteien kritisierte er, „meistens nicht . . . Fehler“ beheben, „sondern . . . Parteivorteile herausschinden“[162] zu wollen und ließ die Gründung der neuen Linksparteien, der Unabhängigen Sozialdemokratischen Partei Deutschlands (USPD) und der Kommunistischen Partei Deutschlands (KPD), als Ausdruck der Kritik von links erscheinen[163], während er den Rechtsparteien vorwarf, zwar die „Zustände von heute“ zu kritisieren, jedoch „alles von früher“ zu loben, „alle Schuld auf nur einer Seite“ zu sehen, ohne „eiserne Logik“[164] zu sein und sich zu fürchten, „auf den Grund zu gehen“[165].

Otto von Bismarck. Ihn klammerte Hitler nach 1918 zunächst aus seiner Kritik an den deutschen Staatsmännern aus.

Charles Darwin, einer der „Lehrer“ Hitlers. Ihm folgte Hitler, soweit es sich um die Lehre vom rücksichtslosen Kampf ums Dasein handelte. Bezüglich der Entwicklungslehre wollte er – anders als Darwin – nicht wahrhaben, daß der Mensch „von Uranfängen das“ nicht war, „was er heute“ ist. Nirgendwo meinte Hitler bewiesen zu sehen, daß der Mensch sich „vom affenartigen Zustand zu dem, was er ist, fortgebildet“ habe.

Seit 1919 versuchte er ununterbrochen, seine Vorstellungen zu multiplizieren und tat, als könne er alles ins Positive wenden. „Ich war im Gegensatz zu den anderen der Überzeugung“, sagte er am 30. Mai 1942 in einer Geheimrede vor dem Offiziersnachwuchs, „daß damit (mit der Niederlage von 1918) nicht etwa die Geschichte des deutschen Volkes ihren Abschluß würde finden können, es sei denn, das deutsche Volk wollte Verzicht leisten auf seine ganze Zukunft. So habe ich ... sofort in meinem Rahmen und nach meinem Vermögen einen Kampf wieder begonnen, der ganz meiner Überzeugung entsprach, daß auch im Inneren unseres Volkes am Ende nur durch Kampf die Bewegung würde siegreich hervorgehen können, die geeignet sein konnte, das deutsche Volk auch nach außen wieder einmal zu erheben.“[166] Selbst 1924, als er sich in Haft befand, durch Gefängnisgitter auf die Trümmer seiner Partei und die miteinander rivalisierenden Prätendenten und Statthalter blickte und eigentlich nur noch Zaungast der Politik war, sah es nicht anders aus. Da formulierte er mitten unter seinen Mithäftlingen sein Buch „Mein Kampf“ und deutete nicht nur eigene bisherige Vorstellungen um, sondern interpretierte selbst auch das in Deutschland „geheiligte“ Bismarck-Wort von der Politik als „Kunst des Möglichen“ in einer Weise, die seine nächste Umgebung faszinierte. „Wohl niemals“, schrieb der nationalsozialistische Putschist und Mithäftling Hans Kallenbach, der Hitlers Reden und Theorien aus der Zeit davor genau kannte, „erhielten für Volksgenossen die Leitsätze unserer Weltanschauung so einfache und zugleich vollständige Formung, als in jenen Stunden. Selten werden je die Begriffe Rasse und Volk, Blut und Boden ähnlich leibhaftiges Leben gewinnen, als es dortmals Geist und Sprache des Führers schuf.“[167]

Während Hitler Bismarck bis dahin noch aus dem Kreis der führenden Politiker und Staatsmänner ausgeklammert hatte, denen „folgerichtiges Denken und Handeln“ gefehlt habe[168], sagte er ihm in Landsberg vorwurfsvoll nach, „die Politik überhaupt etwas bescheiden“[169] aufgefaßt zu haben. Den Nachfolgern Bismarcks, denen er bis 1924 unterstellte, weder folgerichtig zu denken noch zu handeln und mit einer solchen Politik die Geschichte der „ganzen letzten 30 Jahre“[170] zu bestimmen, warf er in „Mein Kampf“ dagegen vor, innen- und außenpolitisch „ziellos“ zu planen und immer nur jeweils das anzuvisieren, was eben gerade realisierbar sei[171].

Der am 24. Juni 1922 ermorderte Reichsaußenminister Walter Rathenau, den Hitler stets angriff.

Die Sieger von 1918, gegen die sich nach Versailles die politische Aktivität sehr vieler Deutscher richtete. (Mitte) Georges Clemenceau, (rechts) der amerikanische Präsident Woodrow Wilson.

Einigkeit in Deutschland in der Ablehnung und Unzufriedenheit.

Außer — Frankfurter Zeitung
Berliner Tageblatt
Münchener Post
u. s. w.
lobt niemand

Kritik ohne bemerkbaren Erfolg? –
warum

Keine Kritik der Wahrheit sondern der Feigheit.

Feigheit im Denken bis zum Schluß –
(Vogel Straußpolitik.)

Parteikritik — Meistens nicht um Fehler zu beheben
sondern um Parteivorteile herauszuschinden.

Parteikritik von Links: drückt sich aus — in
der Gründung neuer Parteien U.S.P. K.P.D. K.A.P.D. zum
Eintreten der Kritiker (Verstärkter Marxismus Verschärfung!)

Parteikritik von rechts
Kritisiert Zustände von heute.
lobt alles von früher
sieht innerhalb Schuld auch nur eine Seite
fürchtet sich auf den Grund zu gehen.

Einigkeit in Deutschland in der Ablehnung und Unzufriedenheit.

Außer Frankfurter Zeitung
Berliner Tageblatt
Münchner Post lobt niemand
u.s.w.

Kritik ohne bemerkbaren Erfolg?
Warum
Keine Kritik der Wahrheit sondern der Feigheit.
Feigheit im Denken bis zum Schluß —
(Vogel Strauß Politik.)

Parteikritik ——— Meistens nicht um Fehler zu beheben
sondern um Parteivorteile herauszuschinden.

Parteikritik von links: drückt sich aus ——— in
der Gründung neuer Parteien U.S.P. K.P.D. KA.P.D. zum
Einfangen der Kritiker
Verstärkter
Marxismuß
„noch zu wenig"

Parteikritik von rechts
kritisiert Zustände von heute.
lobt alles von früher
sieht auch alle Schuld auf nur einer Seite
fürchtet sich auf den Grund zu gehen.

Hitler, der bis 1922 zahlreiche Leitartikel im Völkischen Beobachter* schrieb und in ihm seitdem in zunehmendem Maße auch seine Reden** zu veröffentlichen begann, wußte genau, daß die politischen Vorstellungen, die er zu dieser Zeit verbreitete, nicht neu waren.

* „Völkischer Beobachter" (VB) lautete seit dem 9.8. 1919 (Nr. 34) der Titel der im Franz Eher-Verlag in München erscheinenden Parteizeitung der NSDAP. Hitler erwarb den im Jahre 1887 gegründeten VB im Dezember 1920 „für 120000 Papiermark und mit einer doppelt so großen Schuldenlast". Siehe dazu auch Anmerkung 172.

** Mit seiner besonderen Betonung „Partei"-Kritik im Rahmen dieser Notizen wollte Hitler die NSDAP, die er grundsätzlich „Bewegung" nannte, ganz offensichtlich von den politischen Parteien absetzen.

Deutschland erwache — 2.)

Unterschied zwischen Ursache und Wirkung.

z. Bsp. Revolution { Ursache allerdings — oder Folgeerscheinung zeitlich früherer Fehler.

Größter Mangel der Kritik am Reiche ist der Fehlen jeder — Eisernen Logik.

1 Unbarmherziges Denken der Wahrheit und Wirklichkeit, x und demgemäßes Handeln."

Die deutsche Geschichte der ganzen letzten 30 Jahre zeigt bei den leitenden Personen äußerlich einen Mangel an „folgerichtigem Denken und Handeln" der H ursächlich wäre.

1.) In der Behandlung außenpolitischer Probleme.

Welthandel – Weltherrschung ~~Weltpolitik~~ ohne Weltpolitik und Weltmacht.

Unterscheidet nie zwischen Ursache und Wirkung.

z. Bsp. Revolution

oder

Ursache alles Unglücks
Folgeerscheinung zahlreicher
früherer Fehler.

Größter Mangel der Kritik von Rechts ist das
Fehlen jeder Eisernen Logik.

„Unbarmherziges Denken der Wahrheit
und Wirklichkeit, und demgemäßes
Handeln.“

Die deutsche Geschichte der ganzen letzten
30 Jahre zeigt bei den leitenden
Personen äußerlich einen Mangel an

„folgerichtigem Denken und Handeln“
der erschrecklich wäre.

1. In der Behandlung außerpolitischer Probleme.

Welthandel — Weltkonkurenz – ohne
Weltpolitik und Weltmacht.

So mußte er sich denn auch – nicht ohne Recht – gegen die Vorwürfe und Eifersüchteleien der Alldeutschen und Völkischen wehren, mit ihren Ideen für eine Politik zu werben, mit der sie selbst sich – besonders auf Hitlers Betreiben – nicht identifizieren konnten. Während seiner Haft[173], nach der Formulierung „der neuen

Deutschland voran. 3.

Weltpolitik ~~Programm — Erhaltung des Friedens~~
~~(germanisieren und abhängig)~~ statt ~~Erhaltung unserer Freiheit~~

Weltmacht aktive } Politik und Bundesgenossen.
oder passive }

Produkt dieser Auffassung = (der Dreibund)

---

zu 1.) Wir wollen keinen Präventivkrieg!
(Bismark.)
trotzdem die Verhältnisse zum Kriege mit
England u. Frankreich
treiben mußten.

---

zu 2.) Nach was beurteilt man Bundesgenossen
Wer kommt für Deutschland
allein in Betracht?
Rußland — warum?
Deutschland industriell — Rußland agrarisch.
Hindernis: Östreich Ungarn (Bismark.)
Rußland wird zu groß.

Nur 2. Möglichkeiten: Entweder — Rücksichtslose
Politik
oder
Kriegsbereitschaft dieser
aber — Rüstung.

Deutschland erwache

Programm Erhaltung des „Friedens“

Weltpolitik gar nicht von uns abhängig) statt Erhaltung unserer Existenz,

Weltmacht oder aktive Politik und Bundesgenossen.
pasive

Produkt dieser Auffassung = der Dreibund

zu 1.) Wir wollen keinen „Präventivkrieg“
(Bismark)

trotzdem
die Verhältnisse zum Bruch mit
England u. Frankreich
treiben mußten.

zu 2.) Nach was beurteilt man Bundesgenossen

Wer kommt für Deutschland
allein in Betracht?
Rußland warum?
Deutschland industriel Rußland agrarisch.
Hinderniß: Österreich Ungarn (Bismark.)
Rußland wird zu groß.

Nur 2 Möglichkeiten. Entweder Rücksichtslose
Politik
oder
feiges Bereitsein deshalb
Abwehr Rüstung.

Lehre“[174], wie Hitler selbst ausdrücklich feststellte, rechnete er verärgert mit ihnen ab und machte sich bissig über sie lustig*, obwohl er auch da noch gelegentlich geistige Anleihen bei ihnen aufnahm[175]. „Überhaupt habe ich schon“ zu Beginn der

* In „Mein Kampf“ heißt es S. 396: „Es ist das Charakteristische dieser Naturen, daß sie von altgermanischem Heldentum, von grauer Vorzeit, Steinäxten, Ger und Schild schwärmen, in Wirklichkeit aber die größten Feiglinge sind ... Denn die gleichen Leute, die mit altdeutschen ... nachgemachten Blechschwertern in den Lüften herumfuchteln, ein präpariertes Bärenfell mit Stierhörnern über dem bärtigen Haupte, predigen ... immer nur den Kampf mit geistigen Waffen und fliehen vor jedem kommunistischen Gummiknüppel eiligst von dannen.“

Deutschland vorher. 4.)

Deutschland – Keiner von allen.

Keine { Aktionsentschlossenheit. (1900–1904!)
Bündnisse
ausreichenden Rüstungen

Folge der Krieg – 1914.

England
Frankreich } gerüstet.
Rußland

Während dem Kriege

Sein oder Nichtsein.

Eine ganze Welt gegen einen Staat — gibt es da Verständigung

Folgen einer „Verständigung" für England Frankreich u.s.w.!

Zusammenbruch.

B.) Tatsachen ließen unsere Gegner durchhalten.

1.) der Wille zum Sieg (Führer) } Zurückgegangen in Kriegsschuldfrage
2.) immer ein Ende gemacht durch } beseitigt durch Reichsführer u.s.w.
3. Aussicht auf Erfolg durch unsere „Friedensangebote"! 1916–1917 u.s.w.

Deutschland erwache

Deutschland – Keines von allem
Keine
aktive Entschlossenheit.
(1900–1904).
Bündnisse
ausreichende Rüstungen

Folge der Krieg – 1914
England
Frankreich gerüstet.
Rußland

Während dem Kriege
Sein oder Nichtsein.
Eine ganze Welt gegen einen Staat* – gibt es
da
Verständigen
Folgen einer „Verständigung" für
England Frankreich
u.s.w.
Zusammenbruch.

2) Tatsachen ließen unsere Gegner durchhalten
1.) der Wille zum Sieg (. . .)
2.) Immer neue Bundesgenossen durch
3.) Aussicht auf Erfolg durch unsere
„Friedensangebote" 1916–1917 – u.s.w.

Gräuelpropaganda in
Kriegsschuldfrage
bestätigt durch Deutsche
Förster u.s.w.

zwanziger Jahre[176], schrieb er wahrheitsgemäß in „Mein Kampf", „immer wieder vor jenen deutschvölkischen Wanderscholaren warnen müssen, deren positive Leistung immer gleich Null ist, deren Einbildung aber kaum übertroffen zu werden vermag. Die junge Bewegung mußte und muß sich von einem Zustrom an Menschen hüten, deren einzige Empfehlung zumeist in ihrer Erklärung liegt, daß sie schon dreißig oder gar vierzig Jahre lang für die gleiche Idee gekämpft hätten."[177]

* Daß Deutschland 1914 nicht ausreichend gerüstet gewesen sei, war eine der vielen Zweckbehauptungen Hitlers. Seine Feststellung, daß während des Ersten Weltkrieges „eine ganze Welt gegen einen Staat" gekämpft habe, mußte er während des Zweiten Weltkrieges durch seine Schuld schließlich ebenso auch auf sein eigenes Konto schreiben wie den Zweifrontenkrieg, den er in „Mein Kampf" als groben politischen Fehler gegeißelt hatte. Wie in „Mein Kampf" und von 1925–1945, so verfocht Hitler schon in den ersten zwanziger Jahren die Ansicht, daß der Wille und die Propaganda zu den wesentlichsten Plusfaktoren im Kriege gehörten. Mit „Förster" meinte Hitler Friedrich Wilhelm Foerster.

5.)

Deutschland erwache.

Wer von Friedensmöglichkeiten auch nur spricht
schwächt die Neigung zum Kriege, weckt die
Sehnsucht nach dem Frieden.

Außenpolitisch
Alles Fehler des alten Regiments.

Innenpolitisch:

Kein Abbau des Klassenproblems.
Demokratie und Sozialismus –
Marxismus

Nationalerziehung

Spießertum
[illegible]

Weltpolitik ohne Nationalstolz u. Kraft
unmöglich.
(siehe Seite)

Alles Fehler begangen durch
Regierung und Volk.

Größter Fehler – die
Revolution.

Deutschland erwache

Wer von Friedensmöglichkeiten auch nur spricht*
schwächt die Energie zum Kriege, erweckt die
Sehnsucht nach dem Frieden.

Außenpolitisch
Alles Fehler des alten Regiments

Innenpolitisch.

Kein Abbau des – Klassenproblems.
Demokratie und Sozialismuß –

Marxismuß
Nationalerziehung

Schiebertum
Wucherei.

Weltpolitik ohne Nationalstolz im Volk
unmöglich.

(Siehe heute)

Alles (Fehler logischen Denkens von
Regierung und Volk.

Größter Fehler – die
Revolution

Daß Hitler sich anfänglich bei propagandistischen und taktischen Problemen mehr engagierte als bei theoretischen Einzelfragen, liegt nach diesen Feststellungen auf der Hand. So hat ihn das am 20. Februar 1920 von ihm erstmals verkündete – jedoch ohne ihn zustande gekommene[178] – 25-Punkte-Programm der NSDAP, das er in zunehmendem Maße systematisch ad absurdum führte, auch niemals besonders interessiert, obwohl er gelegentlich über seine Bedeutung für die „Bewegung" redete. Von Anfang an, und seit August 1921 ganz ostentativ, sorgte er dafür, daß es hinter ihm als „Führer" zurücktrat und mit seiner zunehmenden Autorität an Bedeutung

* Der erste Satz in den Notizen stellt ein Bekenntnis dar, an das Hitler sich bis zu seinem Tode hielt. Auch die auf dieser Seite angedeuteten Auffassungen hat er niemals revidiert.

(6.)

Deutschland erwacht.

Max von Baden — Ludendorff entlassen (Eindruck auf das Ausland.)

~~Waffenstillstand~~

Mr. Wilson.

Es beginnt die Zeit in der das ganze Deutsche Volk auf alles mögliche vertraut.

Periode der Schlagworte bis heute.

Z. Beispiel.

Simons — und Gessler ein Beispiel.

Spaa.
Versailles,
Spaa.
Paris.
London.

Der Mann — siehe New Yorker Staats Zeitung.

Simons in London.

Ist das alles Unlogik.

Max von Baden. – Ludendorff entlassen (Eindruck auf das Ausland.)
Wilson.

So beginnt die Zeit in der das ganze deutsche Volk
auf alles mögliche
vertraut.

Periode der Schlagwörter bis heute.
Z. Beispl.
Simons – und Gessler*
Ein
Beispiel.

Spaa.
Versailles. Ja Nein
Spaa.
Paris. siehe New Yorker. Staats-Zeitung.
London.

Simons in London.
Ist das alles
Unlogik.

verlor. Nach 1924 bedeutete es ihm nahezu gar nichts mehr. Die NSDAP-Mitglieder, die das vor der Konzeption der „endgültigen" Weltanschauung Hitlers formulierte Programm wörtlich nahmen, erfuhren dann auch, daß sie auf ein falsches Pferd gesetzt hatten, was zu Unzufriedenheiten mit empfindlichen Folgen führte, wie beispielsweise im Jahre 1930, als der Kreis der enttäuschten „Sozialisten" aus der NSDAP ausschied, der sich um Otto Strasser gebildet hatte. Solange sich die Nationalsozialisten an die Formulierungen des Programms hielten, es für unverletzlich erklärten und selber daran glaubten, solange konnte Hitler nicht damit rechnen, daß sie sich ihm bedingungslos unterwerfen würden. Das erkannte er rasch. In sein persönliches Programm, das in der unerbittlichen Forderung nach Macht (besonders für sich selbst) gipfelte, hat er diese Erkenntnis eingeplant. An der Umsetzung dieser Erkenntnis arbeitete er unermüdlich.
Wie während des Krieges von 1939 bis 1945, so beurteilt Hitler auch hier die propagandistische Wirkung politischer Maßnahmen auf das Ausland in einer Weise, die falsch sein mußte. In diesem Punkt hat er sich zeitlebens nicht geändert. Nicht selten tat oder unterließ er als Feldherr und Stratege um der Propagandaeffekte willen, was von vornherein nur zu Scheinsiegen führen konnte.

* Unklar ist, wen Hitler mit „Gessler" meint. Vermutlich handelt es sich um den Reichswehrminister Otto Geßler.

Deutschland erwache. 7..

Es muß unterschieden werden
zwischen: Volk
Regierung

Regieren und Bestehlen.

Für unser Volk war die ganze Zeit lang
Politik Verschieben und Blödsinn
für die neuere Geschichte ist sie jedoch
Klarste Erkenntnis und
brutalster Wahnsinn.

Statt vom Gesichtspunkt des Wohles unseres Volkes
vom Gesichtspunkt ~~unserer~~ seiner
Vernichtung.

Kindliche Logik.

Vor dem Krieg.
Während dem Krieg.
Nach dem Krieg.

Deutschland erwache
Es muß unterschieden werden
zwischen Volk
Regierung

Regierern und Drahtziehern.

Für unser Volk wäre die ganze heutige
Politik Wahnsinn und Blödsinn

für die wahren Drahtzieher ist sie jedoch
klarste Berechnung und
brutalste Vernunft –

Statt vom Gesichtspunkt des Wohles unseres Volkes
vom Gesichtspunkt seiner
Vernichtung.

teuflische Logik

Vor dem Krieg –
. . . dem Krieg –
Nach dem Krieg –

Hier wiederholt Hitler seine stereotypen Vorwürfe gegen die „Drahtzieher", die er jedoch wiederum nicht als Juden bezeichnet.

Deutschlands erwachen. — 8.)

Kriegsziel unserer ~~D~~ Zerstörung.

Heutige Lage.

Oberschlesien.

trotz Abstimmung geraubt;

nur Mi.

Wehrlosmachung Deutschlands

zu ihr Verwirklichung.

Aufruhr in Mitteldeutschland.

Unterstützt von u. mit { E. W. / K. P. D.

Revolution als Mittel zur Entkräftung der Nation.

Rußland hatte daran kein Interesse.

Nur die internationale Börse die Diktatorin von Rußland.

Hörsing – Severing u. Schutzpolizei.

Entente.

Deutschland erwache
Ewiges Ziel unsere Zerstörung.

heutige Lage.

Oberschlesien

trotz Abstimmung polnisch
und Wir.

Wehrlosmachung Deutschlands.

zu ihrer Erreichung.

Aufruhr in Mitteldeutschland
Entwaffnen von
E.W.
K.P.D.

Revolution als Mittel zur Entwaffnung
der Nation.

Rußland hatte daran kein Interesse.
Nur die internationale Börse die

Diktatorin von Rußland

Hörsing – Severing und Schutzpolizei.

Entente.

Die Abstimmung in Oberschlesien fand am 20. März 1921 statt. 60 Prozent der Bevölkerung stimmten für Deutschland. Dennoch wurde durch Beschluß des Obersten Rates der Alliierten das wertvollste Industriegebiet mit Pleß, Myslowitz, Kattowitz, Königshütte, Tarnowitz, Rybnik und Lublinitz Polen zugesprochen. Auch an dieser Stelle verzichtet er darauf, Rußland anzugreifen und für kommunistische Unruhen zum Beispiel in Mitteldeutschland verantwortlich zu machen, behauptet aber, daß „die internationale Börse die Diktatorin von Rußland" sei.

Deutschland erwach. 9.)

Juden, als Träger und Lehrer
(siehe Münchener Zeitung)
der Staat im Staat.

Kampf auf Leben und Tod.

Wo bleibt da die Logik von Hess?
Vornehm – zurückhalten u. s. w.

Gleichzeitig Kampf gegen Engländer – Franzosen
Italiener Russen
gegen Polen
u. s. w.

Deutsche gegen deutsche
nur nicht
gegen Juden.

„Nur 35 Schriftleiter und 200 Kriminalisten
tun das!!

Wenn das Juden wären
Weltboykott
Kronstadt. — Ungarn

Deutschland erwache

Jude als Träger und Hetzer.
(Münchner Zeitung)
der Staat im Staat.

Kampf auf Leben und Tod.

Wo bleibt da die Logik von Rechts?

Vornehm –? zurückhalten u.s.w.

Blutiger Kampf gegen Engländer – Franzosen
Italien – Russen
gegen Polen
u.s.w.

Deutsche gegen Deutsche
nur nicht
gegen Juden.

„Nur 35 Schutzleute und 200 Kommunisten
sind tod."

Wenn das Juden wären
Weltboykott
Kronstadt – Ungarn

Erst hier, am Schluß seiner Aufzeichnungen, wendet Hitler sich den Juden zu, um sie in der für ihn damals üblichen Weise zu beschuldigen. Sein Vorwurf „Deutsche gegen Deutsche, nur nicht gegen Juden" gehörte nicht nur früh schon zu seinem politischen Redner-Vokabular, sondern bildete spätestens seit 1918 bereits auch einen der wesentlichsten Bestandteile seiner Weltanschauung, die seit seiner Schulzeit kontinuierlich eine immer negativer werdende „Entwicklung" erfuhr. So brauchte er denn auch als Staatsmann schließlich nicht womöglich Lügen oder Tatsachenverdrehungen zu verdrängen, wenn er sich gezwungen sah, die von ihm seit dem Ende des Ersten Weltkrieges unentwegt geforderten antisemitischen Maßnahmen nicht nur zu decken. Als er beispielsweise Ende Februar 1933 von Hinden-

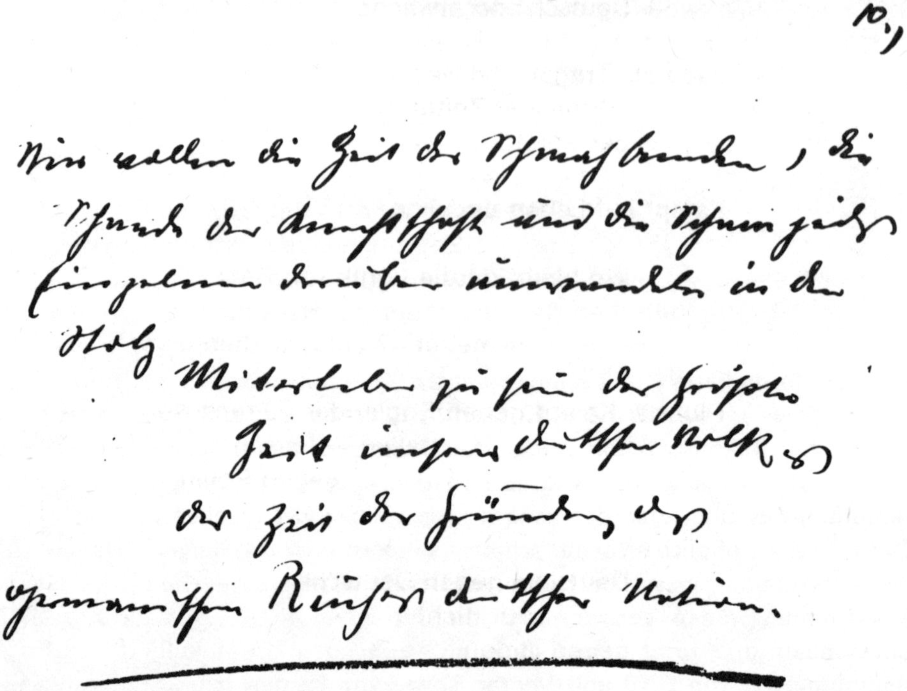

burgs Staatssekretär Dr. Meissner einen Brief erhielt, in dem er – im Auftrage des Reichspräsidenten – gebeten wurde, die schriftliche Beschwerde einer Jüdin zur Kenntnis zu nehmen, schrieb er als „Aktennotiz" auf den unteren Teil des Briefes:

„Die Behauptungen dieser Dame
sind ein Schwindel! Es ist
selbstverständlich nicht eine Aufforderung
zu einem Progrom erfolgt! H."*

* Zit. bei Bracher, Karl-Dietrich, Adolf Hitler. Bern, München und Wien 1964, S. 64. Pogrom schrieb Hitler auch 1933 noch wie 1915 (vgl. S. 225) falsch: „Progrom".

Wir wollen die Zeit der Schmach* beenden, die
Schande der Knechtschaft und die Scham jedes
Einzelnen darüber umwandeln in den

Stolz

Mitarbeiter zu sein der Größten
Zeit unseres deutschen Volkes
der Zeit der Gründung des
germanischen Reiches deutscher Nation.

Selten formulierte Hitler seine geplanten Äußerungen in den Notizen so Wort für Wort, wie es am Schluß dieses Konzepts geschehen ist. Seine Stichwörter genügen jedoch zur Rekonstruktion seiner Ausführungen, die anderswo nicht schriftlich überliefert sind. Die von V-Männern der bayerischen Armee verfaßten Versammlungsberichte, eine der ganz wenigen sonstigen Quellen aus der Zeit nach 1918, sind gewöhnlich nicht nur primitiv, sondern auch unzulänglich. Das Geschlecht der Versammlungsbesucher** und ihre Berufe werden angegeben, die Themen der Versammlungsreden genannt und die oft schwülstigen Ausführungen Hitlers phrasenhaft und nicht selten auch mißverstanden „protokolliert". „Die Versammlung war von Civil und Militär, sowie von Leuten jedes Standes und jeder Partei besucht",*** notierte beispielsweise ein V-Mann über eine Hitler-Versammlung, und in einem anderen Bericht heißt es: „Der Saal war sehr voll. Ein Mann, der den Herrn Hitler einen Affen hieß, wurde mit aller Gemütsruhe herausbefördert."*

* Die „Schmach" und „die Schande der Knechtschaft" galten nach dem Kriege in Deutschland weithin als zwangsläufige Folgen des Vertrages von Versailles, dessen Bestimmungen als unverdient hart und ehrverletzend empfunden wurden. Hitler, der in den ersten 20er Jahren gewöhnlich einen mit handschriftlichen Notizen versehenen Text des Vertrages bei sich trug, vermochte nicht nur den in allen Bevölkerungsschichten verbreiteten, neurotisch akzentuierten Ausflüchten, die Ausdruck eines schwerbelasteten Nationalgefühls waren, einprägsame Formeln zu verleihen, sondern diese Haltung zugleich auch durch unaufhörliches Wiederholen voreingenommener Behauptungen unvergleichlich zu multiplizieren.

** Vgl. z.B. V-Mann-Bericht vom 20. 9. 1920, BHStA München, Abt. II., Gruppen-Kdo. 4, Bd. 46/8. Anders verhält es sich mit den Berichten des Völkischen Beobachters über Hitlers Reden. Doch sie erfassen, wie bereits angeführt, nicht die Zeit vor 1922.

*** V-Mann-Bericht vom 10. 12. 1919, BHStA München, Abt. II., Gruppen-Kdo. 4, Bd. 46/6.

* V-Mann-Bericht vom 28. 8. 1920, BHStA München, Abt. II., Gruppen-Kdo. 4, Bd. 46/8.

Vaterland oder Kolonie. 1.)

Weltgeschichte.

Vorgeschichte von 1806 – Schwankende unentschlossene Staatsleitung

Der Zusammenbruch

Gentz 1813. – (Flugschrift.)

Haltung des Volkes jämmerlich.

(

Innerer moralischer Zusammen
(französisch.)
Mode
Dichtung u. Kunst
Der „Salon".

Beamte u. Generale.

Schulenberg: „Der König hat eine Bataille verloren Jetzt ist Ruhe des Bürgers erste Pflicht.

Minister Graf Hoym in Schlesien

~~Der preußische Geist.~~

~~Clausewitz~~

Vaterland oder Kolonie.
Weltgeschichte
Vorgeschichte von 1806 – Schwankende unentschlossene
Staatsleitung
Der Zusammenbruch

Gentz* 1819. – (Flugschrift)

Haltung des Volkes jämmerlich:
Innerer moralischer Zusammenbruch
(Französelei)
Mode
Dichtung und Kunst
Der „Salon“

Beamte und Generale.
Schulenberg. „Der König hat eine Bataille verloren
Jetzt ist Ruhe des Bürgers erste
Pflicht.

Minister Graf Hoym in Schlesien

* Mit „Gentz“ meinte Hitler den deutschen politischen Schriftsteller Friedrich von Gentz (1764–1832), der als Mitarbeiter Metternichs gegen die preußischen Führungsansprüche auftrat und für ein europäisches Gleichgewicht plädierte.

2.)

Pol. d. Kolonie.

Wer hat nun Deutschland befreit. ?

1813

Nicht die Schar der Vernunftvoll heimgehenden sondern die dicken Schädel.

Kein Simons – Wirths – Erzbergers – Rathenaus u. s. w.
sondern die
Blüchers, Scharnhorst – York u. Gneisenau –

Der Geist den Clausewitz in einem Flugblatt niederlegte:
Clausewitz – Bekenntnis.

Und heute.
Gleiche Zeit – gleiche Not – gleicher Geist.
oder besser
Gleicher Geist – gleiche Not – gleiche Zeit.

Der Gleiche Geist.

die Gleichgültigkeit
Vaterland.

Volk oder Kolonie.

Wer hat nun Deutschland befreit?

1813

Nicht die Schaar der Demutvoll Hinnehmenden
sondern die Eisenschädel.

Keine Simons-Wirts-Erzbergers-
Rathenaus usw.
sondern die
Blücher, Scharnhorst, York und Gneisenau
Der Geist den Clausewitz in einem Flugblatt
niederlegte:
Clausewitz – Bekenntnis*

Und heute.
Gleiche Zeit – gleiche Not – gleicher Geist
oder besser
Gleicher Geist – gleiche Not – gleiche Zeit

der Gleiche Geist

die Gleichgültigkeit
Vaterland.

* Mit dem Werk von Karl von Clausewitz (nicht nur mit den Bekenntnissen, sondern auch mit dem Hauptwerk „Vom Kriege") hatte Hitler sich bereits 1913/14 in München ausführlicher auseinandergesetzt. Später, 1934 und seit 1941 mehrfach, erklärte er, Clausewitz nicht nur gelesen, sondern studiert zu haben. Vgl. dazu Maser, Adolf Hitler . . ., S. 166, 196, 199, 205, 241, 242, 243, 279, 376, 379, 384, 385, 388, 417, 465, 469, 470, 485 und 486.

3.

Nationalstolz. — Ich bin ein Deutscher.
Eingebildetheit auf alles nur nicht auf das
gemeinsame Blut

Gleichgültigkeit dem Mit-Volksgenossen
gegenüber.

Wir waren nicht ein Volk von Brüdern.

Gleichgültigkeit
rechts Folge die von links.

Der Jude als Staatsbürger.
der Deutsche als solcher II ten Ranges.

Machtrecht und Wehrrecht.

hatte der Jude
nun der Deutsche

Gleichgültigkeit der geschichtlichen Erziehung
gegenüber.

Der Deutsche Arbeiter Abbe in Jena.

Gleichgültigkeit gegenüber dem Staat
rechts —— links

Kriegsgewinnler —— Arbeitsvertreiber
beiden ist es gleich in welchem
Staat sie leben.

Nationalstoltz. – Ich bin ein Deutscher
Eingebildetheit auf alles nur nicht auf das
gemeinsame Blut.

Gleichgültigkeit dem Mit-Volksgenossen
gegenüber.

Wir waren nicht ein Volk von Brüdern.
Gleichgültigkeit
rechts Folgen die von links.

Der Jude als Staatsbürger
der Deutsche als solcher IIten Ranges.

Wahlrecht und Wehrrecht

Erst der Jude
dann der Deutsche
Gleichgültigkeit der persönlichen Existenz
gegenüber.
der Deutsche Arbeiter
Abbe in Jena.

Gleichgültigkeit gegenüber dem Staat
rechts links
Kriegsgewinnler – Staatszertrümmerer
Leider ist es gleich in welchem
Staat wir leben*.

* Vgl. dazu auch Hitlers Juden-„Gutachten“ von 1919, S. 223 ff.

mangelnder Nationalstolz –

|

folgt

Kriechertum

Wilson

Vertrauen in Feindbund. –

Verrat –

Leichtgläubige Dummheit

Müssen guten Willen zeigen.

Kindische Hoffnungen

Müssen den guten Willen zeigen | Kultur u. Solidarität

sie werden einsehen

Können uns nicht zugrunde richten wollen.

Ein großes Volk kann überhaupt nicht zugrunde gehen.

Die sogenannte Klugheit.

der Klügere fügt sich.

In der Stille wirken.

Ruhe und Besonnenheit.

mangelnder Nationalstolz –

folgt
Kriechertum
Wilson
Franzosen im Rheinland. –
Verrat

Leichtgläubige Dummheit
Müssen guten Willen zeigen.

Kindische Hoffnungen

Sie werden einsehen
Kultur
Solidarität
Können uns nicht zugrunderichten wollen
Ein großes Volk kann überhaupt
nicht zugrunde gehen.

Die sogenannte Klugheit*.

Der Kluge fügt sich.
In der Stille wirken
Ruhe und Besonnenheit.

* Vgl. dazu S. 292 ff., besonders S. 298.

5.)

Verlogene Liebe zum Volk.

Parlamentarier und Volksheiler.

Lehre der Weltgeschichte oder
Zeitungsmeinung.

Wer wird siegen.
die Wahrheit.

Wie aber ist die Wahrheit über unser
Volk?

Ich sage mich los von dem Leichtsinn
mit dem man das Schicksal unseres
Volkes dem Volk
verschweigt.

Wir haben das Vaterland geschmäht
Wir haben es verloren
Deutschland als Kolonie.

Verlogene Liebe zum Volk

Parlamentarier und Volkswille*

Lehre der Weltgeschichte oder
Zeitungsmeinung

Wer wird siegen.
die Wahrheit.

Wie aber ist die Wahrheit über unser
Volk?

Ich sage mich los von dem Leichtsinn
mit dem man das Schicksal unseres
Volks dem Volk
verschweigt.

Wir haben das Vaterland geschmäht
Wir haben verloren
Deutschland als Kolonie.

* Vgl. dazu auch Hitler, S. 57, 80, 81, 83, 84, 85, 91, 92, 262, 347 und 659.

6.)

1.) Nicht mehr Herr sondern Knecht.

Wer ist Deutschlands Souverain

Kommission ———— Reichstag oder Regierung.
(Befehlsgewalt) (Vollzugsorgan)

über:

I.) Verfassung (Raub deutscher Länder

2.) Heerwesen:

3. Nationalwirtschaft: — Lieferungen
Kohlen. — Eisen — Koks. —
Schiffe — Rohstoffe — Maschinen — Chemikalien
Tiere — usw.
Luftschiffahrt

4.) Finanzwesen. —
Finanzhoheit der Alliierten Kommission
Wiedergutmachung

5.) Steuerpolitik.
bestimmt durch Forderungen der Alliierten

1.) Nicht mehr Herr sondern Knecht.
Wer ist Deutschlands Souverain

Kommission (Befehlsgewalt)	Reichstag oder Regierung (Vollzugsorgan)

über.

I.) Verfassung (Raub deutscher Länder

2.) Heerwesen.
3. Nationalwirtschaft – Lieferungen*
Kohle. – Eisen – Kali –
Schiffe – Kunststoffe – Maschinen – Chemikalien

Tiere – u.s.w.
Luftschiffahrt

4.) Finanzwesen –
Finanzhoheit der Alliierten Kommission
Wiedergutmachung

5.) Steuerpolitik
bestimmt durch Forderungen der Alliierten.

* Vgl. dazu die ausführlicheren Aufzählungen S. 344f.

7.

6.) Äußere Politik.

Bündnisunfähig.

Völkerbund.

Ohne Schutz rechtlos — in Friedensverträgen

Also kein Friedensvertrag

Folge: Unsägliche Not.

Man zahlt dies alles. — das Volk

in seiner Arbeitskraft.

Folge Teuerung (Milch)

2.) Wir sind kein gleichberechtigtes Volk

mehr.

Neger und Deutsche.

Die nationale Entehrung.

Schuldbekenntnis. Farben — alte Armee

Unsere Fahne

Leipzig

6.) Äußere Politik
Bündnißunfähig.
Völkerbund.
Ohne Hoheitsrechte – in Handelsverträgen
Alles laut Friedensvertrag
Folge: Unsägliche Not
Wer zahlt dies alles – Das Volk
in seiner Arbeitskraft
folge Teuerung (Milch)

2.) Wir sind kein gleichberechtigtes Volk
mehr
Neger und Deutsche.

Die nationale Entehrung.
Schuldbekenntnis. Farben – Alte Armee
Unsere Führer
Leipzig*

* Mit „Leipzig" meinte Hitler die von den Alliierten geforderten „Kriegsverbrecher"-Prozesse vor dem Reichsgericht in Leipzig. Daß die deutsche Reichsregierung, die politischen Parteien (selbst die Kommunisten) und der weitaus größte Teil des deutschen Volkes die Auslieferung der zuletzt insgesamt rund 800 „Kriegsverbrecher" ablehnten, ignorierte Hitler. Ebenso „übersah" er, daß die Reichsregierung sich standhaft weigerte, ein Schuldbekenntnis abzulegen, wie die Siegermächte es erwarteten. So erklärte z. B. der deutsche Reichskanzler: „Wir legen den größten Nachdruck auf die Erklärung, daß wir den Art. 231 des Friedensvertrages, der von Deutschland fordert, sich als alleiniger Urheber des Krieges zu bekennen, nicht annehmen können und durch die Unterschrift nicht decken. Ebensowenig kann es ein Deutscher mit seiner Würde und Ehre vereinbaren, die Art. 227 bis 230 anzunehmen und auszuführen, in denen Deutschland zugemutet wird, Angehörige des deutschen Volkes . . . zur Aburteilung auszuliefern." Zit. nach Rassinier, P., zum Fall Eichmann: Was ist Wahrheit? oder Die unbelehrbaren Sieger. Leoni 1963, S. 199. Frhr. v. Lersner, der Vertreter der deutschen Friedenskommission in Paris, weigerte sich, die ihm am 2. 2. 1920 von Millerand überreichte Liste mit den Namen der „Kriegsverbrecher" an die deutsche Regierung weiterzuleiten und erklärte, daß er sich einer Beihilfe schuldig mache, wenn er der Forderung der Alliierten entspreche. Die Beschuldigten weigerten sich, vor alliierten Gerichten zu erscheinen, so daß die Entente-Mächte sich schließlich prinzipiell mit einer Aburteilung vor dem Reichsgericht in Leipzig (die erste Verhandlung fand im Januar 1921 statt) einverstanden erklärten.

8.)

Oberschlesien- und Reichsregierungs Komödie

Warum mußte das alles kommen.

Keine nationaldeutsche Führung
Kein nationales Volk.

Jüdische Führung in Deutschland.
der Jude als Staat im Staat.
der Jude im autokratischen Staat.
Fürstenknechte usw. ([illegible] [illegible])

Jetzt Schreibsklaven der Völker.

I.) der Hofjude
II.) der Finanzjude des Bürgertums
III. der demokratische Jude (Rathenau)
IV der Diktator. Rathenau

Das Parlament seine Werkstatt
Werkzeug
die Presse und Marxismus sein Instrument
das Volk sein Material.

Oberschlesien und Reichsregierungs
Komödie

Warum mußte das alles
kommen

Keine nationaldeutsche Führung
Kein nationales Volk.

Judenführung in Deutschland
der Jude als Staat im Staat
der Jude im autokratischen Staat
Fürstenkriecher einst (. . . .)
Jetzt Speichelecker des Volkes

I.) der Hofjude
II.) der humane Jude des Bürgertums
III. der Demokratische Jude (Rathenau)
IV. der Diktator. Rußland
Das Parlament seine Werkstatt

Die Presse sein Instrument
Das Volk sein Material.

9.)

der Parlamentarismus muß als
Reich- und Geschichte.

Errettung durch das Parlament
unmöglich

Änderung der Grundlagen

Das Programm einer neuen
Bewegung –

die D. A. P.

Minorität nicht Majorität macht
Weltgeschichte

Nicht Mehrheit erlöst Deutschland.

Nicht jeder Diktator
sondern
Diktatur des Genies.

S. Rom.

Heute stehen wir hier als Apostel
x Eine neue Zeit sollten wir schaffen
und hoffen daß die die wir heute hassen müssen
Ich sage mich los
Ich bekenne daß ich ein Deutscher bin.

Der Parlamentarismuß als
Beruf und Geschäft*
Errettung durch das Parlament
unmöglich

Änderung der Grundlagen
Das Programm einer neuen
Bewegung –
die D. A. P.
Minorität nicht Majorität macht
Weltgeschichte.
Nicht Mehrheit erlöst Deutschland.
Nicht Juden Diktatur
sondern
Diktatur des Genies
S.(iehe) Rom

Heute stehen wir hier als Apostel

Eine neue Zeit wollen wir schaffen
und hoffen daß, die die wir heute sagen müssen
Ich sage mich los
Ich bekenne dass ich ein Deutscher bin.

* Vgl. S. 333.

3.

Loyd George in Gemeinschaft mit Stümper gegen

Woodrow Wilson.

Der Weltbetrug in sich stets steigender Form.

1. Gegen den Imperialismus –
2., Gegen den Militarismus.
3., Gegen den Kaiserismus.
4. Für die Demokraten
5., Für die allgemeine Abrüstung
6., Für die Völkerversöhnung
" den Weltfrieden auf ewig

Für den Völkerbund
" das Selbstbestimmungsrecht der Völker
u. s. w. u. s. w.

Das war alles möglich
(Ganz unmöglich.)
möglich weil:

I. die Kriegsführung der Entente selber am grausamsten war.

Rußland – Rumänien – Sommeschlacht.
Flieger Tank und Gas

Besonders weil

Loyd George und Clemenccau als Stümper
gegen
Wodrow Wilson
Der Weltbetrug in sich stets steigender Form.

1. Gegen den Imperialismuß
2. Gegen den Militarismuß
3. Gegen den Kaiserismuß
4. für die Demokratie
5. für die allgemeine Abrüstung
6. für die Völkerversöhnung
für den Weltfrieden auf ewig
für den Völkerbund
für das Selbstbestimmungsrecht der Völker
usw. usw.
das war alles widerlich
(Ganz unarisch)
widerlich weil:

I. die Kriegsführung der Entente selber am
grausamsten war.
Rußland – Rumänien – Sommeschlacht

Flieger Tank und Gas

besonders weil

4.)

entsprechend endlich aber wird dies
frei sich Lauterkeit und Wahrheit vermählte
mit einer unerhörten Brutalität.

Deutschland muß Verfassung ändern.

Der Waffenstillstand. statt Kapitulation
Vorbedingung zum guten Ende der
Versöhnung und Verständigung.

1. Besetzung deutschen Gebiets. (des Rheins.)

2. Demobilmachung.

3.) Abrüstung { 30 000 M.G.
5 000 Kanonen
3 000 Minenwerfer u.s.w.
2 000 Flugzeuge

4.) zur See. { U. Boote. 6.
Hochseeflotte.

5. Verkehr. — { 150 000 Wagen
5 000 Lokomotiven
10 000 Lastkraftwagen

6. Handelsflotte. { Deutsche Handelsflotte.

7.. Gefangene.

Der Friedensvertrag

erschreckend widerlich aber wurde dies
seit sich Biederheit und Heuchelei vermählte
mit einer unerhörten Brutalität
Deutschland muß Verfassung ändern.
Der Waffenstillstand statt Kapitulation
Vorbedingung zum guten Frieden der
Versöhnung und Verständigung.

1. Besetzung deutscher Gebiete (der Rhein)
2. Demobilmachung
3) Abrüstung 30000 M.G.
5000 Kanonen
3000 Minenwerfer u.s.w.
2000 Flugzeuge

4) Zur See U-Boote 6.
Hochseeflotte

5. Verkehr 150000 Wagons
5000 Lokomotiven
10000 Lastkraftwagen

6. Handelsflotte Deutsche Handelsflotte
7. Gefangene

Der Friedensvertrag

5./

Der Friedensvertrag
ein Machwerk
von
Scheinheiligkeit – Hohn und brutaler Grausamkeit.

die große Frage.

Was bezweckt er ???

Sein Zweck ist die Reifmachung Deutschlands
zur Kolonie des internationalen Kapitals
die Mürbemachung unseres Volkes
zum internationalen Kulienarbeiter

kurz

die Versklavung der deutschen Arbeitskraft
die Enteignung des deutschen Bodens.

Denn.

Was war der Zweck der ganzen Hetze und
Lügenpropaganda während des Krieges
der Hungerblockade

Deutschland reif zu machen
zur
Revolution von Juden Gnaden

Der Friedensvertrag
eine Mischung
von
Scheinheiligkeit – Hohn und brutaler Grausamkeit

die große Frage
Was begehrt er???
Sein Zweck ist die Reifmachung Deutschlands
zur Kolonie des internationalen Kapitals
die Mürbemachung unseres Volkes
zum internationalen Sklavenarbeiter
kurz
die Versklavung der Deutschen Arbeitskraft
die Enteignung des Deutschen Bodens.

denn
Was war der Zweck der ganzen Heuchelei und
Lügenpropaganda während des Krieges
der Hungerblockade
Deutschland reif zu machen
zur
Revolution
von Judas Gnaden.

(61)

Zweck der Friedensverträge ist Deutschland reif zu machen zum Bolschewismus oder besser für die Judendiktatur

---

dazu gehört eine dreifache Zerstörung unseres Volkes und Deutschlands.

1. die ideelle. eine geistige Ruinierung unseres Volkes.

3.) die rein materielle.

2.) die allgemein politische.

Zweck des Friedensvertrages
ist
Deutschland reif zu machen zum
Bolschewismuß oder besser
für die Judendiktatur

Dazu gehört eine Dreifache
Zerstörung unseres Volkes
und Deutschlands

1. die ideelle, rein geistige . . . unseres Volkes.
2. die allgemeine politische.
3. die rein materielle.

7.

Geistige: / Schuldfrage am Kriege

Auslieferung

Deutsche Verfassung –

Ablieferung deutscher wertvoller Kunstwerke

(Schändung deutscher Geschichte.)

Schwarze Schande.

Dauernde Besetzung deutscher Gebiete.

Deutschland erkennt freiwillig an.

fremde Flaggen in Deutschland und die eigene Flagge wird geschändet.

Vernichtung der deutschen Ehre.

politisch. / Gebietsverluste. / Saargebiet.

Eupen. –

Ostpreußen –

Oberschlesien.

Außenpolitisch – / Das neue deutsche Heer zu Lande u. zu Wasser.

Luft.

Deutschland bündnisunfähig.

Der Völkerbund

Geistige: / Schuldfrage am Kriege
Auslieferung
Deutsche Verfassung –
Ablieferung deutscher Trophäen Kunstwerke
(Schändung deutscher Geschichte)
Schwarze Schande,
Dauernde Besetzung deutscher Gebiete –
Deutschland erkennt freiwillig an
fremde Flaggen in Deutschland und die
eigene Flagge wird geschändet.
Vernichtung des deutschen Stolzes

politisch

Gebietsverluste
Saargebiet
Eupen
Ostpreußen
Oberschlesien

außenpolitisch

Das neue Deutsche Heer zu
Lande und zu Wasser
Luft
Deutschland bündnisunfähig

der Völkerbund

8.)

materiell Kohle – Eisen – Kali

die deutsche Ernährung / Abschnürung.

Benzol –
Kohlenteer
Ammoniak –

Wiedergutmachung –

Verkehr < zur See. zu Land.

finanziell / Kolonien

Finanzielle Wiedergutmachung
was hat Deutschland gutzumachen.

M. Keynes.

Versailles –
Spaa –
Paris –

2.62. Milliarden — unmöglich
Man kann dieses Ziel haben –

Das internationale Börsenkapital

Materiell . Kohle – Eisen – Kali
die deutsche Ernährung / Viehlieferung

Benzol
Kohlenteer
Amoniak

Wiedergutmachung –

Verkehr

zur See
zu
Lande
Kolonien

finanziell

finanzielle Wiedergutmachung
was hat Deutschland gutzumachen.

M. Kennes

Versailles –
Spaa –
Paris –

262 Milliarden – unmöglich
Wer kann dieses Ziel haben –

Das internationale Börsenkapital

8. Kapitel

Das politische Testament von 1945

Während Hitler zwischen 1919 und 1924 im lauten Reigen der nationalistischen und chauvinistischen „Retter der Nation“ noch verschwommen propagandistisch formuliert hatte: „Wir wollen die Zeit der Schmach beenden . . . und die Scham jedes Einzelnen . . . umwandeln in den Stolz, Mitarbeiter zu sein und der größten Zeit unseres deutschen Volkes, der Zeit der Gründung des germanischen Reiches deutscher Nation“[179], setzte er nach seiner Entlassung aus der Haft Maßstäbe nicht nur anderen Inhalts, sondern auch anderer Dimensionen. An die Stelle seiner Forderung nach der Verwirklichung eines sozialen Staates[180], der „Lösung der Judenfrage“[181] und der Annullierung des Vertrages von Versailles und einer von ihm ständig in Folge der Voraussetzungen als irreal bezeichneten Hoffnung auf einen souveränen deutschen „Welthandel“[182], einer mit ihm verquickten „Weltpolitik“[183] und der Bündnisfähigkeit des Deutschen Reiches, waren plötzlich so aggressiv akzentuierte Ansprüche außenpolitischen Inhalts getreten, daß zu der Zeit nicht nur Andersdenkende vernünftige Beziehungen zur Wirklichkeit vermissen zu müssen meinten. So empfahl Hitler der „deutschen Nation“ in seinem „politischen Testament“, das er 1925 diktierte, nachdem die bayerische Regierung ihm verboten hatte[184], öffentlich zu reden: „Duldet niemals das Entstehen zweier Kontinentalmächte in Europa. Seht in jeglichem Versuch, an den deutschen Grenzen eine zweite Militärmacht zu organisieren, und sei es auch nur in Form der Bildung eines zur Militärmacht fähigen Staates, einen Angriff gegen Deutschland und erblickt darin nicht nur das Recht, sondern die Pflicht, mit allen Mitteln, bis zur Anwendung von Waffengewalt, die Entstehung eines solchen Staates zu verhindern, beziehungsweise einen solchen, wenn er schon entstanden, wieder zu zerschlagen. – Sorgt dafür, daß die Stärke unseres Volkes ihre Grundlagen nicht in Kolonien, sondern im Boden der Heimat in Europa erhält. Haltet das Reich nie für gesichert, wenn es nicht auf Jahrhunderte hinaus jedem Sprossen unseres Volkes sein eigenes Stück Grund und Boden zu geben vermag. Vergeßt nie, daß das heiligste Recht auf dieser Welt das Recht auf Erde ist, die man selbst bebauen will, und das heiligste Opfer das Blut, das man für diese Erde vergießt[185].“

Dieser Hitler wollte nun nicht mehr nur die Grenzen von 1914, nicht nur die alten Kolonien zurückbekommen, sondern „Boden . . . in Europa“ erobern, andere

Nationen überwachen und belauern, ständig mögliche Waffengewalt androhen und zum Zwecke der Expansion den Eroberungskrieg riskieren. Da er die Lehren, die er seit der Veröffentlichung dieses „Testaments" verfocht und nach 1933 im Laufe der Jahre – stufenweise systematisch ausgeweitet – auch konsequent zu realisieren versuchte, nicht umzusetzen vermochte, ist aufschlußreich, was er dachte, glaubte und für richtig oder falsch hielt, unmittelbar bevor er total am Ende war und sich am 30. April 1945 als gescheiterter, körperlich vergreister, starrsinnig fanatischer Führer, Reichskanzler und Oberster Befehlshaber der Wehrmacht das Leben nahm. Sein am 29. April 1945, 26 Jahre nach seinem ersten politischen Dokument, dem Juden-„Gutachten" von 1919, im Bunker der Reichskanzlei diktiertes letztes politisches Testament, das Reichsleiter Martin Bormann von seinem Adjutanten Wilhelm Zander mit einem handschriftlichen Begleitschreiben* auf Hitlers Befehl zu dem von ihm zum Reichspräsidenten ernannten Großadmiral Karl Dönitz bringen ließ, gibt die für die Nachwelt bestimmte Version wieder.

Mein politisches Testament.

Seit ich 1914 als Freiwilliger meine bescheidene Kraft im ersten, dem Reich aufgezwungenen Weltkrieg einsetzte, sind nunmehr über dreissig Jahre vergangen.

In diesen drei Jahrzehnten haben mich bei all meinem Denken, Handeln und Leben nur die Liebe und Treue zu meinem Volk bewegt. Sie gaben mir die Kraft; schwerste Entschlüsse zu fassen, wie sie bisher noch keinem Sterblichen gestellt worden sind. Ich habe meine Zeit, meine Arbeitskraft und meine Gesundheit in diesen drei Jahrzehnten verbraucht.

Es ist unwahr, dass ich oder irgendjemand anderer in Deutschland den Krieg im Jahre

* Text des Bormann-Schreibens: „Lieber Großadmiral! Da wegen Ausbleibens aller Divisionen unsere Lage hoffnungslos erscheint, diktierte der Führer in der vergangenen Nacht das anl.(iegende) politische Testament. Heil Hitler! Ihr Bormann." Original im Nationalarchiv in Washington, Kopie im Institut für Zeitgeschichte in München. Eine weitere Ausfertigung des Testaments wurde Hitlers Heeresadjutanten Willi Johannmeier (für Feldmarschall Schörner) und ein Exemplar dem Pressechef Heinz Lorenz (zur Information der Öffentlichkeit) ausgehändigt.

DOLF HITLER

Mein politisches Testament.

Seit ich 1914 als Freiwilliger meine bescheidene Kraft im ersten, dem Reich aufgezwungenen Weltkrieg einsetzte, sind nunmehr über dreissig Jahre vergangen.

In diesen drei Jahrzehnten haben mich bei all meinem Denken, Handeln und Leben nur die Liebe und Treue zu meinem Volk bewegt. Sie gaben mir die Kraft, schwerste Entschlüsse zu fassen, wie sie bisher noch keinem Sterblichen gestellt worden sind. Ich habe meine Zeit, meine Arbeitskraft und meine Gesundheit in diesen drei Jahrzehnten verbraucht.

Es ist unwahr, dass ich oder irgendjemand anderer in Deutschland den Krieg im Jahre

1939 gewollt haben. Er wurde gewollt und angestiftet ausschliesslich von jenen internationalen Staatsmännern, die entweder jüdischer Herkunft waren oder für jüdische Interessen arbeiteten. Ich habe zuviele Angebote zur Rüstungsbeschränkung und Rüstungsbegrenzung gemacht, die die Nachwelt nicht auf alle Ewigkeiten wegzuleugnen vermag, als dass die Verantwortung für den Ausbruch dieses Krieges auf mir lasten könnte. Ich habe weiter nie gewollt, dass nach dem ersten unseligen Weltkrieg ein zweiter gegen England oder gar gegen Amerika entsteht. Es werden Jahrhunderte vergehen, aber aus den Ruinen unserer Städte und Kunstdenkmäler wird sich der Hass gegen das letzten Endes verantwortliche Volk immer wieder erneuern, dem wir das alles zu verdanken haben: dem internationalen Judentum und seinen Helfern!

Ich habe noch drei Tage vor Ausbruch des deutsch-polnischen Krieges dem britischen Botschafter in Berlin eine Lösung der deutsch-polnischen Probleme vorgeschlagen - ähnlich der im Falle des Saargebietes unter internationaler Kontrolle. Auch dieses Angebot kann

1939 gewollt haben. Er wurde gewollt und angestiftet ausschliesslich von jenen internationalen Staatsmännern, die entweder jüdischer Herkunft waren oder für jüdische Interessen arbeiteten. Ich habe zuviele Angebote zur Rüstungsbeschränkung und Rüstungsbegrenzung gemacht, die die Nachwelt nicht auf alle Feigheiten wegzuleugnen vermag, als dass die Verantwortung für den Ausbruch dieses Krieges auf mir lasten könnte. Ich habe weiter nie gewollt, dass nach dem ersten unseligen Weltkrieg ein zweiter gegen England oder gar gegen Amerika entsteht. Es werden Jahrhunderte vergehen, aber aus den Ruinen unserer Städte und Kunstdenkmäler wird sich der Hass gegegen das letzten Endes verantwortliche Volk immer wieder erneuern, dem wir das alles zu verdanken haben: dem internationalen Judentum und seinen Helfern.

Ich habe noch drei Tage vor Ausbruch des deutsch-polnischen Krieges dem britischen Botschafter in Berlin eine Lösung der deutsch-polnischen Probleme vorgeschlagen* – ähnlich der im Falle des Saargebietes unter internationaler Kontrolle. Auch dieses Angebot kann nicht weggeleugnet werden. Es wurde nur

* Vgl. dazu Hitlers Brief an Sven Hedin (S. 201 ff.) und die Ausführungen S. 203 f.

verworfen, weil die massgebenden Kreise der englischen Politik den Krieg wünschten, teils der erhofften Geschäfte wegen, teils getrieben durch eine, vom internationalen Judentum veranstaltete Propaganda.

Ich habe aber auch keinen Zweifel darüber gelassen, dass, wenn die Völker Europas wieder nur als Aktienpakete dieser internationalen Geld- und Finanzverschwörer angesehen werden, dann auch jenes Volk mit zur Verantwortung gezogen werden wird, das der eigentlich Schuldige an diesem mörderischen Ringen ist: Das Judentum! Ich habe weiter keinen darüber im Unklaren gelassen, dass dieses Mal nicht nur Millionen Kinder von Europäern der arischen Völker verhungern werden, nicht nur Millionen erwachsener Männer den Tod erleiden und nicht nur Hunderttausende an Frauen und Kindern in den Städten verbrannt und zu Tode bombardiert werden dürften, ohne dass der eigentlich Schuldige, wenn auch durch humanere Mittel, seine Schuld zu büssen hat.

Nach einem sechsjährigen Kampf, der einst in die Geschichte trotz aller Rückschläge als ruhm-

verworfen, weil die massgebenden Kreise der englischen Politik den Krieg wünschten, teils der erhofften Geschäfte wegen, teils getrieben durch eine, vom internationalen Judentum veranstaltete Propaganda.

Ich habe aber auch keinen Zweifel darüber gelassen, dass, wenn die Völker Europas wieder nur als Aktienpakete dieser internationalen Geld- und Finanzverschwörer angesehen werden, dann auch jenes Volk mit zur Verantwortung gezogen werden wird, das der eigentlich Schuldige an diesem mörderischen Ringen ist: Das Judentum! Ich habe weiter keinen darüber im Unklaren gelassen, dass dieses Mal nicht nur Millionen Kinder von Europäern der arischen Völker verhungern werden, nicht nur Millionen erwachsener Männer den Tod erleiden und nicht nur Hunderttausende an Frauen und Kindern in den Städten verbrannt und zu Tode bombardiert werden dürften, ohne dass der eigentlich Schuldige, wenn auch durch humanere Mittel, seine Schuld zu büssen hat.

Nach einem sechsjährigen Kampf, der einst in die Geschichte trotz aller Rückschläge als ruhmvollste und tapferste Bekundung des Lebenswillens eines Volkes eingehen wird, kann ich mich nicht von der Stadt trennen, die die Hauptstadt dieses Reiches ist. Da die Kräfte zu gering sind, um dem feindlichen Ansturm gerade an dieser Stelle noch länger standzuhalten, der eigene Widerstand aber durch ebenso verblendete wie charakterlose Subjekte allmählich entwertet wird, möchte ich mein Schicksal mit jenem teilen, das Millionen anderer auch auf sich genommen haben, indem ich in dieser Stadt bleibe. Ausserdem will ich nicht Feinden in die Hände fallen, die zur Erlustigung ihrer verhetzten Massen ein neues, von Juden arrangiertes Schauspiel benötigen.

Ich hatte mich daher entschlossen, in Berlin zu bleiben und dort aus freien Stücken in dem Augenblick den Tod zu wählen, in dem ich glaube, dass der Sitz des Führers und Kanzlers selbst nicht mehr gehalten werden kann. Ich sterbe mit freudigem Herzen angesichts der mir bewussten unermesslichen Taten und Leistungen unserer Soldaten an der Front, unserer Frauen zuhause, den Leistungen unserer Bauern und Arbeiter und dem in der Geschichte einmaligen Einsatz unserer Jugend, die meinen Namen trägt.

vollste und tapferste Bekundung des Lebenswillens eines Volkes eingehen wird, kann ich mich nicht von der Stadt trennen, die die Hauptstadt dieses Reiches ist. Da die Kräfte zu gering sind, um dem feindlichen Ansturm gerade an dieser Stelle noch länger standzuhalten, der eigene Widerstand aber durch ebenso verblendete wie charakterlose Subjekte allmählich entwertet wird, möchte ich mein Schicksal mit jenem teilen, das Millionen anderer auch auf sich genommen haben, indem ich in dieser Stadt bleibe. Außerdem will ich nicht Feinden in die Hände fallen, die zur Erlustigung ihrer verhetzten Massen ein neues, von Juden arrangiertes Schauspiel benötigen.

Ich hatte mich daher entschlossen, in Berlin zu bleiben und dort aus freien Stücken in dem Augenblick den Tod zu wählen, in dem ich glaube, dass der Sitz des Führers und Kanzlers selbst nicht mehr gehalten werden kann. Ich sterbe mit freudigem Herzen angesichts der mir bewussten unermesslichen Taten und Leistungen unserer Soldaten an der Front, unserer Frauen zuhause, den Leistungen unserer Bauern und Arbeiter und der in der Geschichte einmaligen Einsatz unserer Jugend, die meinen Namen trägt.

Dass ich ihnen allen meinen aus tiefsten Herzen kommenden Dank ausspreche, ist ebenso selbstverständlich wie mein Wunsch, dass sie deshalb den Kampf unter keinen Umständen aufgeben mögen, sondern, ganz gleich wo immer, ihn gegen die Feinde des Vaterlandes weiterführen, getreu den Bekenntnissen eines grossen Clausewitz. Aus dem Opfer unserer Soldaten und aus meiner eigenen Verbundenheit mit ihnen bis in den Tod, wird in der deutschen Geschichte so oder so einmal wieder der Samen aufgehen zur strahlenden Wiedergeburt der nationalsozialistischen Bewegung und damit zur Verwirklichung einer wahren Volksgemeinschaft.

Viele tapferste Männer und Frauen haben sich entschlossen, ihr Leben bis zuletzt an das meine zu binden. Ich habe sie gebeten und ihnen endlich befohlen, dies nicht zu tun, sondern am weiteren Kampf der Nation teilzunehmen. Die Führer der Armeen, der Marine und der Luftwaffe bitte ich, mit äußersten Mitteln den Widerstandsgeist unserer Soldaten im nationalsozialistischen Sinne zu verstärken unter dem besonderen Hinweis darauf, dass auch ich selbst, als der Gründer und Schöpfer dieser Bewegung, den Tod dem feigen Absetzen oder gar einer Kapitulation vorgezogen habe.

\- 5 -

Dass ich ihnen allen meinen aus tiefsten Herzen kommenden Dank ausspreche, ist ebenso selbstverständlich wie mein Wunsch, dass sie deshalb den Kampf unter keinen Umständen aufgeben mögen, sondern, ganz gleich wo immer, ihn gegen die Feinde des Vaterlandes weiterführen, getreu den Bekenntnissen eines grossen Clausewitz. Aus dem Opfer unserer Soldaten und aus meiner eigenen Verbundenheit mit ihnen bis in den Tod, wird in der deutschen Geschichte so oder so einmal wieder der Samen aufgehen zur strahlenden Wiedergeburt der nationalsozialistischen Bewegung und damit zur Verwirklichung einer wahren Volksgemeinschaft.

Viele tapferste Männer und Frauen haben sich entschlossen, ihr Leben bis zuletzt an das meine zu binden. Ich habe sie gebeten und ihnen endlich befohlen, dies nicht zu tun, sondern am weiteren Kampf der Nation teilzunehmen. Die Führer der Armeen, der Marine und der Luftwaffe bitte ich, mit äussersten Mitteln den Widerstandsgeist unserer Soldaten im nationalsozialistischen Sinne zu verstärken unter dem besonderen Hinweis darauf, dass auch ich selbst, als der Gründer und Schöpfer dieser Bewegung, den Tod dem feigen Absetzen oder gar einer Kapitulation vorgezogen habe.

Möge es dereinst zum Ehrbegriff des deutschen Offiziers gehören - so wie dies in unserer Marine schon der Fall ist - dass die Übergabe einer Landschaft oder einer Stadt unmöglich ist und dass vor allem die Führer hier mit leuchtendem Beispiel voranzugehen haben in treuester Pflichterfüllung bis in den Tod.

Möge es dereinst zum Ehrbegriff des deutschen Offiziers gehören – so wie dies in unserer Marine schon der Fall ist – dass die Übergabe einer Landschaft oder einer Stadt unmöglich ist und dass vor allem die Führer hier mit leuchtendem Beispiel voranzugehen haben in treuester Pflichterfüllung bis in den Tod.

Hermann Göring und Martin Bormann besichtigen die Stätte des Stauffenberg-Attentats vom 20. Juli 1944 im Führerhauptquartier.

Das letzte Aufgebot.

Zweiter Teil des politischen Testaments.

Ich stosse vor meinem Tode den früheren Reichsmarschall Hermann Göring aus der Partei aus und entziehe ihm alle Rechte, die sich aus dem Erlass vom 29. Juni 1941 sowie aus meiner Reichstagserklärung vom 1. September 1939 ergeben könnten. Ich ernenne an Stelle dessen den Großadmiral Dönitz zum Reichspräsidenten und Obersten Befehlshaber der Wehrmacht.

Ich stosse vor meinem Tode den früheren Reichsführer-SS und Reichsminister des Innern, Heinrich Himmler aus der Partei sowie aus allen Staatsämtern aus. Ich ernenne an seiner Stelle den Gauleiter Karl Hanke zum Reichsführer-SS und Chef der deutschen Polizei und den Gauleiter Paul Giesler zum Reichsminister des Innern.

Göring und Himmler haben durch geheime Verhandlungen mit dem Feinde, die sie ohne mein Wissen und gegen meinen Willen abhielten, sowie durch den Versuch, entgegen dem Gesetz, die Macht im

Zweiter Teil des politischen Testaments.

Ich stosse vor meinem Tode den früheren Reichsmarschall Hermann G ö r i n g aus der Partei aus und entziehe ihm alle Rechte, die sich aus dem Erlass vom 29. Juni 1941 sowie aus meiner Reichstagserklärung vom 1. September 1939 ergeben könnten. Ich ernenne an Stelle dessen den Grossadmiral D ö n i t z zum Reichspräsidenten und Oberbefehlshaber der Wehrmacht.

Ich stosse vor meinem Tode den früheren Reichsführer-SS und Reichsminister des Innern, Heinrich H i m m l e r aus der Partei sowie aus allen Staatsämtern aus. Ich ernenne an seiner Stelle den Gauleiter Karl H a n k e zum Reichsführer-SS und Chef der deutschen Polizei und den Gauleiter Paul G i e s l e r zum Reichsminister des Innern.

Göring und Himmler haben durch geheime Verhandlungen mit dem Feinde, die sie ohne mein Wissen und gegen meinen Willen abhielten, sowie durch den Versuch, entgegen dem Gesetz, die Macht im

3569/3
14

Staate an sich zu reissen, dem Lande und dem gesamten Volk unabsehbaren Schaden zugefügt, gänzlich abgesehen von der Treulosigkeit gegenüber meiner Person.

Um dem deutschen Volk eine aus ehrenhaften Männern zusammengesetzte Regierung zu geben, die die Verpflichtung erfüllt, den Krieg mit allen Mitteln weiter fortzusetzen, ernenne ich als Führer der Nation folgende Mitglieder des neuen Kabinetts:

Reichspräsident: D ö n i t z
Reichskanzler: Dr. G o e b b e l s
Parteiminister: B o r m a n n
Aussenminister: S e y ß - I n q u a r t
Innenminister: Gauleiter G i e s l e r
Kriegsminister: D ö n i t z
Oberbefehlshaber des Heeres: S c h ö r n e r
Oberbefehlshaber der Kriegsmarine: D ö n i t z
Oberbefehlshaber der Luftwaffe: G r e i m
Reichsführer-SS und Chef der Deutschen Polizei:
Gauleiter H a n k e
Wirtschaft: F u n k
Landwirtschaft: B a c k e
Justiz: T h i e r a c k
Kultus: Dr. S c h e e l

Staate an sich zu reissen, dem Lande und dem gesamten Volk unabsehbaren Schaden zugefügt, gänzlich abgesehen von der Treulosigkeit gegenüber meiner Person.

Um dem deutschen Volk eine aus ehrenhaften Männern zusammengesetzte Regierung zu geben, die die Verpflichtung erfüllt, den Krieg mit allen Mitteln weiter fortzusetzen, ernenne ich als Führer der Nation folgende Mitglieder des neuen Kabinetts:

Reichspräsident: Dönitz
Reichskanzler: Dr. Goebbels
Parteiminister: Bormann
Aussenminister: Seyß-Inquart
Innenminister: Gauleiter Giesler
Kriegsminister: Dönitz
Oberbefehlshaber des Heeres: Schörner
Oberbefehlshaber der Kriegsmarine: Dönitz
Oberbefehlshaber der Luftwaffe: Greim
Reichsführer-SS und Chef der Deutschen Polizei: Gauleiter Hanke
Wirtschaft: Funk
Landwirtschaft: Backe
Justiz: Thierack
Kultus: Dr. Scheel

Propaganda: Dr. Naumann
Finanzen: Schwerin-Crossigk
Arbeit: Dr. Hupfauer
Rüstung: Saur
Leiter der Deutschen Arbeitsfront und Mitglied des Reichskabinetts: Reichsminister Dr. Ley.

Obwohl sich eine Anzahl dieser Männer, wie Martin Bormann, Dr. Goebbels usw. einschliesslich ihrer Frauen, aus freiem Willen zu mir gefunden haben und unter keinen Umständen die Hauptstadt des Reiches verlassen wollten, sondern bereit waren, mit mir hier unterzugehen, muss ich sie doch bitten, meiner Aufforderung zu gehorchen und in diesem Falle das Interesse der Nation über ihr eigenes Gefühl zu stellen. Sie werden mir durch ihre Arbeit und ihre Treue als Gefährten nach dem Tode ebenso nahestehen, wie ich hoffe, dass mein Geist unter ihnen weilen und sie stets begleiten wird. Mögen sie hart sein, aber niemals ungerecht, mögen sie vor allem nie die Furcht zum Ratgeber ihres Handelns erheben und die Ehre der Nation über alles stellen, was es auf Erden gibt. Mögen sie sich endlich dessen bewusst sein, dass unsere Aufgabe, des Ausbaus eines nationalsozialistischen Staates die Arbeit kommender Jahrhunderte darstellt, die

Propaganda: Dr. N a u m a n n

Finanzen: S c h w e r i n - C r o s s i g k

Arbeit: Dr. H u p f a u e r

Rüstung: S a u r

Leiter der Deutschen Arbeitsfront und Mitglied des Reichskabinetts: Reichsminister Dr. L e y .

Obwohl sich eine Anzahl dieser Männer, wie Martin Bormann, Dr. Goebbels usw. einschliesslich ihrer Frauen, aus freiem Willen zu mir gefunden haben und unter keinen Umständen die Hauptstadt des Reiches verlassen wollten, sondern bereit waren, mit mir hier unterzugehen, muss ich sie doch bitten, meiner Aufforderung zu gehorchen und in diesem Falle das Interesse der Nation über ihr eigenes Gefühl zu stellen. Sie werden mir durch ihre Arbeit und ihre Treue als Gefährten nach dem Tode ebenso nahestehen, wie ich hoffe, dass mein Geist unter ihnen weilen und sie stets begleiten wird. Mögen sie hart sein, aber niemals ungerecht, mögen sie vor allem nie die Furcht zum Ratgeber ihres Handelns erheben und die Ehre der Nation über alles stellen, was es auf Erden gibt. Mögen sie sich endlich dessen bewusst sein, dass unsere Aufgabe, des Ausbaus eines nationalsozialistischen Staates die Arbeit kommender Jahrhunderte darstellt, die jeden Einzelnen verpflichtet, immer dem gemeinsamen Interesse zu dienen und seine eigenen Vorteile demgegenüber zurückzustellen. Von allen Deutschen, allen Nationalsozialisten, Männern und Frauen und allen Soldaten der Wehrmacht verlange ich, daß sie der neuen Regierung und ihren Präsidenten treu und gehorsam sein werden bis in den Tod.

Vor allem verpflichte ich die Führung der Nation und die Gefolgschaft zur peinlichen Einhaltung der Rassegesetze und zum unbarmherzigen Widerstand gegen den Weltvergifter aller Völker, das internationale Judentum.

Gegeben zu Berlin, den 29. April 1945, 4.00 Uhr.

A Hitler

Als Zeuge:

Dr. Joseph Goebbels   Wilhelm Burgdorf

Martin Bormann   Hans Krebs

jeden einzelnen verpflichtet, immer dem gemeinsamen Interesse zu dienen und seine eigenen Vorteile demgegenüber zurückzustellen. Von allen Deutschen, allen Nationalsozialisten, Männern und Frauen und allen Soldaten der Wehrmacht verlange ich, daß sie der neuen Regierung und ihren Präsidenten treu und gehorsam sein werden bis in den Tod.

Vor allem verpflichte ich die Führung der Nation und die Gefolgschaft zur peinlichen Einhaltung der Rassegesetze und zum unbarmherzigen Widerstand gegen den Weltvergifter aller Völker, das internationale Judentum.

Gegeben zu Berlin, den 29. April 1945, 4.00 Uhr.
Adolf Hitler

Als Zeuge:
Dr. Joseph Goebbels
Martin Bormann
Wilhelm Burgdorf
Hans Krebs.

Hitlers Formulierung, daß ausschließlich die Liebe und Treue zu seinem Volk sein ganzes „Denken, Handeln und Leben“ bestimmt habe, ist ebenso typisch für seine Denkmalskonzeption, wie die Behauptung, daß vor ihm noch „kein Sterblicher“ vor so schwere Entschlüsse gestellt worden sei wie er. Daß er seine „Zeit ... Arbeitskraft und ... Gesundheit in diesen drei Jahrzehnten“ verbraucht habe, wie er behauptet, stimmt nur zum Teil; denn von August 1914 bis März 1920* war er Soldat, von September 1919 bis Juli 1921 einflußreicher Parteifunktionär im Rahmen der kleinen DAP und NSDAP. Von 1921 bis Ende 1923 engagierte er sich auch mit großem persönlichen Erfolg als Parteiführer; von Ende 1923 bis Ende 1924 war er nach seinem Putsch gegen die bayerische Regierung der zwar kranke, aber gehätschelte Häftling in Landsberg am Lech, wo ihn nicht nur zahlreiche Gesinnungsgenossen, Bekannte und Freunde, sondern sogar auch sein Schäferhund „besuchen“ durften**. Danach, von Ende Februar 1925 bis September 1928, war er nach außen hin zu einer Zwangspause verurteilt[186]. Von 1928 bis Februar 1932 konnte er sich voll engagieren, was er auch tat. 1932 war er (formell) Regierungsrat in Braunschweig***. Ende Januar 1933 wurde er Reichskanzler, was heißt, daß er den Verschleiß von Gesundheit und Arbeitskraft erst eigentlich seit der Zeit in „Rechnung stellen“ kann. Krank war er seit 1936, wenn zu der Zeit auch noch nicht so empfindlich, wie er sich selbst einredete[187], so daß er seine Gesundheit bestenfalls sechs Jahre strapazierte.

Wesentlicher als diese Details und die Tatsache, daß er einen Reichspräsidenten, einen Reichskanzler und die neuen Minister ernannte, wozu er nach der Verfassung nicht berechtigt war*, sind sowohl seine Behauptung, daß die „Aufgabe des Ausbaues eines nationalsozialistischen Staates die Arbeit kommender Jahrhunderte“ darstelle als auch seine „Verpflichtung“ der neuen Führung der Nation, die Rassengesetze einzuhalten und den Kampf „gegen ... das ... internationale Judentum“ fortzusetzen.

Mit einem antisemitischen Vortrag und einem kraß judenfeindlich artikulierten Dokument war Hitler erstmals politisch hervorgetreten**, mit einem antisemiti-

* Im März 1920 schied Hitler aus der Armee aus.

** So heißt es z. B. in einer vom I. Staatsanwalt beim Landgericht München I unterschriebenen Besucherlaubnis vom 3. 12. 1923 für einen Hitler-Besucher namens Matheus Müller: „Der Schäferhund des Hitler darf bei der Besprechung mitgeführt werden.“ Dok. im Bundesarchiv Koblenz, NS 26/66.

*** Vgl. S. 171 ff.

* So mußte z. B. der Reichspräsident nach Artikel 41 der Reichsverfassung durch Volksabstimmung gewählt werden. Die neuen Minister hatte der neue Reichskanzler zu ernennen.

** Vgl. sein Juden-„Gutachten“ von 1919. Durch einen scharfen antisemitischen Diskussionsbeitrag im Rahmen einer Versammlung der DAP, zu deren Beobachtung er als „Vertrauens-Mann“ (V-Mann) der Armee im September 1919 befohlen worden war, hatte er die Aufmerksamkeit der Parteiführung so nachhaltig auf sich gelenkt, daß sie ihn, ohne ihn zu fragen, als Mitglied mit der Nr. 555 in die Partei aufnahm. Vgl. dazu auch Hitler, S. 238.

schen Schwur und Dokument beschloß er sein Leben. Er war zeitlebens geblieben, was er im Prinzip schon während seiner Schulzeit gewesen war: ein Antisemit, der alle negativen geschichtlichen und politischen Ereignisse ausschließlich auf die Existenz des Judentums zurückführte. Bei sich selbst hat er nicht einmal in den letzten Wochen seines Lebens mehr als einen Hauch von Schuld für das Scheitern seiner wahnwitzigen Pläne gesucht, denen er zwei Jahrzehnte zuvor – trotz seines Scheiterns vor der Feldherrnhalle – exzentrisch selbstbewußt apodiktisch konkrete Formen und Formeln verliehen hatte.

Mehr noch als das vorletzte Schriftstück* seines Lebens offenbaren seine Äußerungen von Februar bis April 1945 im Bunker der Reichskanzlei[188].

Anders als nach 1919, in der von ihm nicht verschuldeten Situation, versuchte Hitler seiner Umgebung nun Mut und Hoffnung einzuflößen. So erklärte er am 6. Februar, daß ein Volk, das Widerstand leiste, wie das deutsche Volk es tue, nicht verzehrt, sondern zu größerer Standhaftigkeit und Unerschrockenheit zusammen„geschmiedet" werde als es je zuvor der Fall gewesen sei. Während er eineinhalb Jahrzehnte zuvor prophezeit hatte, daß die „Herrschaft des Judentums" Deutschland vernichten und zur Kolonie degradieren werde, behauptete er jetzt, daß dem deutschen Volk, das sich nicht widerstandslos ins Schlachthaus führen lasse, „ruhmvolle Tage" bevorstünden. „Nein, eine Lage ist niemals hoffnungslos", postulierte er, obwohl es zu der Zeit – im Gegensatz zu 1919 – für ihn und das von ihm geführte Reich absolut keine Hoffnung mehr geben konnte. Wenn er vor 1924 die Geschichte heraufbeschwor, geschah es meist, um anzuklagen. Jetzt suchte er sich nach Modellfällen ab, an denen er sich hochranken konnte, was ihn allerdings nicht hinderte, am 14. Februar einzugestehen: „. . . es war nicht meine Schuld, daß die Engländer und Franzosen in München alle meine Bedingungen akzeptierten**." So nährte er beispielsweise die Hoffnung, daß sich wiederholen könnte, was Friedrich den Großen 1762, am Ende des Siebenjährigen Krieges, vor der Katastrophe bewahrte: der Tod der Zarin Elisabeth, der das Ausscheiden Rußlands aus der antipreußischen Koalition – und damit Friedrichs Rettung zur Folge hatte. „Ein Churchill", dem er am 4. Februar unterstellt hatte, ein „Helfershelfer" der Juden zu sein, „kann verschwinden, und alles ändert sich." Die Not der ersten zwanziger Jahre hatte er als „Anfang vom Ende" gesehen. Kurz vor der schlimmsten Katastrophe, die Deutschland jemals über sich ergehen lassen mußte, ließ er „Not und Unglück" als einen „Umweg" zur „neuen Blüte" erscheinen. Zwischen 1919 und 1924 hatte er den Verlust der deutschen Kolonien beklagt. Jetzt, am 7. Februar 1945, erklärte er, daß „wir nie eine

* Danach diktierte er nur noch sein privates Testament.

** Und am 21. 2. 1945 erklärte er, daß die Münchener Konferenz ohnehin nur temporäre Geltung haben konnte, „denn wir durften doch nicht im Herzen Deutschlands eine, wenn auch noch so kleine, unabhängige Tschechei als Eiterbeule weiterbestehen lassen. Wir haben diese Eiterbeule dann im März 1939 aufgestochen."

wirkliche Neigung für überseeische Kolonien gehabt haben“ und wiederholte seine „Mein Kampf“-Lehre: „Nach dem Osten und immer nur nach dem Osten haben wir unseren Geburtenüberschuß zu lenken.“

Wie im Beginn seiner politischen Laufbahn, so war Hitler auch am Ende überzeugt, daß „das Verdienst des Nationalsozialismus“ darauf beruhe, „daß er zum erstenmal in realistischer Weise die jüdische Frage“ „angepackt“ und sie als „radikale Entgiftungskur“ praktiziert habe. Mit einem Bild, das seiner Bölsche-Lektüre der ersten zwanziger Jahre entstammt, schilderte er am 13. Februar: „Es kommt ein Augenblick, da sie (die „nichtjüdischen Völker“) der Ausbeutung durch den jüdischen Betrüger müde werden. Dann geraten sie in Erregung wie ein Tier, das das Ungeziefer abschüttelt.“ Doch da die Wirklichkeit ihn inzwischen gelehrt hatte, daß Bölsches Vision eben doch kein Naturgesetz war, folgerte er am 13. Februar zweifelnd: „Wenn ich diesen Krieg gewinne, setze ich der jüdischen Weltmacht ein Ende, ich versetze ihr den Todesstreich. Verliere ich diesen Krieg, dann ist der jüdische Triumph noch lange nicht berechtigt.“ Anders als in „Mein Kampf“ und in der Zeit davor war er jetzt überzeugt, daß „Geistige Rasse ... härter und dauerhafterer Art als natürliche Rasse“ sei, was er als traurigen „Beweis für die Überlegenheit des ‚Geistes‘ über das Fleisch“[189] beschrieb. Und auch die germanische „Herren“-„Elite“, an die er in Landsberg ungebrochen glaubte, sah er 1924 anders. „In Ermangelung der Elite, wie sie uns vorschwebte“, gestand er am 14. Februar, „mußten wir uns mit dem vorhandenen Menschenmaterial begnügen. Das Ergebnis sieht danach aus*!“

„Immer habe ich“, erklärte Hitler am 15. Februar 1945** mit einem besonders betonten Hinweis auf ein sorgfältiges Studium des napoleonischen Rußlandfeldzuges, „die Meinung vertreten, daß Deutschland keinen Zweifrontenkrieg führen darf.“ Nachdem er in den ersten Jahren nach dem Ersten Weltkrieg unter dem Eindruck seiner Erfahrungen von 1914 bis 1918 einen Krieg überhaupt abgelehnt und ihn erst seit Landsberg als Mittel zur Verwirklichung seiner Weltanschauung besonders prononciert herausgestellt und als einen nach Osten gerichteten Raubkrieg gefordert hatte, war seine Feststellung vom 17. Februar, „Ich hatte gehofft, diesen ganzen Krieg so zu führen, daß der Gegner niemals Gelegenheit noch Zeit hätte, uns die Kunst des modernen Blitzkrieges abzuschauen“, nur eine logische Konse-

* Am 2. April 1945 beklagte er: „Unfaßbar, daß das deutsche Volk hinfort der Auslese beraubt“ sein könnte, „die es zu heroischer Größe geführt“ habe.

** Im Rahmen dieses Gespräches – und am 2. 4. 1945 auch – gebrauchte Hitler den Begriff „Drittes Reich“, den er noch vor Kriegsbeginn verboten hatte. Vgl. u. a. Rundschreiben des Stdf. gez. M. Bormann, Nr. 127/39 vom 13. 6. 1939, zit. aus der Bekanntgabe an die Mitarbeiter der DRbg. im Rundschreiben Nr. 6/39 des Verwaltungsamtes DRbg., gez. Puttkammer, vom 26. 6. 1939, BUE 53, Bl. 0357 267. Vgl. dazu auch Bollmus, Reinhard: *Das Amt Rosenberg und seine Gegner*, Stuttgart 1970, S. 326.

quenz der „Entwicklung“ seiner Weltanschauung. Während er für Mussolini und die italienischen Faschisten 1922 geradezu schwärmte[190], gestand er am 15. Februar, daß „wir ... unsere Aufgabe nicht erfüllt ... und unseren Vorteil schlecht genutzt“ haben und auch die „Bündnistreue gegenüber Italien“ ein Fehler gewesen sei*. Daß sich seine Behauptung, „immer nur soviel versprochen“ zu haben, als er „halten konnte und auch zu halten fest entschlossen“ gewesen sei, wie er am 21. Februar behauptete, nicht mit den Tatsachen deckte, braucht hier nicht noch differenziert belegt zu werden. Der von ihm 1941 erklärte „Krieg gegen Amerika“, gegen den Erdteil, dessen Bevölkerung er vor 1924 gelegentlich Vorbildcharakter eingeräumt hatte[191], sagte er am 24. Februar, in Übereinstimmung mit Äußerungen seiner frühen Zeit, „ist eine tragische Verkettung. Ebenso vernunftswidrig wie unsinnig. Ein unglücklicher geschichtlicher Zufall hat es gefügt, daß die Machtübernahme mit dem Zeitpunkt zusammentraf, in dem der Kandidat des Weltjudentums, Roosevelt, das Steuer im Weißen Haus übernahm. Ohne die Juden und ihren Repräsentanten hätte die Geschichte einen anderen Verlauf genommen.“ „Als ich zu der Überzeugung gelangen mußte“, behauptete er am 26. Februar nicht nur wahrheitswidrig, sondern auch im Gegensatz zu seinen programmatischen Feststellungen in „Mein Kampf“, daß „eine Verständigung mit England unmöglich war, habe ich mich entschlossen, die Entscheidung im Osten mit Waffengewalt zu suchen.“ Wie Hitler vor 1924 erklärt hatte, daß Deutschland nicht von der „Schar der demutvoll Hinnehmenden“ befreit worden sei, nicht von „den Erzbergers und Rathenaus“[192], den Demokraten, sondern von den Blüchers, Scharnhorsts, Yorks und Gneisenaus, so sagte er auch am 26. Februar: „Ich bin für Europa die letzte Chance! Das neue Europa wird nicht durch parlamentarische Abstimmungen, auch nicht durch Diskussionen und Resolutionen, sondern allein mit Gewalt erzwungen.“

Völlig anders als zur Zeit der Formulierung seiner Weltanschauung belehrte er am 2. April 1945 seine wenigen Zuhörer: „Was das Ausland und unser Verhältnis zur Umwelt angeht ... ist es ganz unmöglich, feste Lehrsätze aufzustellen; denn die Voraussetzungen wechseln ständig. Ich schrieb vor zwanzig Jahren, daß es in ganz Europa für Deutschland nur zwei mögliche Bundesgenossen gebe: England und Italien. Das Schicksal hat ... mir verwehrt, die sich aus dieser Erkenntnis logischerweise ableitende Politik in die Tat umzusetzen.“ In kontinuierlicher Übereinstimmung aber erklärte er im gleichen Zusammenhang: „Das mit Füßen getretene deutsche Volk sollte sich in seiner nationalen Ohnmacht stets bemühen, die Gesetze der Rassenlehre hochzuhalten, die wir ihm gaben.“

* Am 20. Februar 1945 folgerte er verallgemeinernd: „Wir haben wirklich kein Glück mit den Romanen.“

„Hitlers Hitler“ war anders als der Hitler der Biographen, von denen ihn keiner persönlich kennengelernt hat. Wie schwierig seine Beurteilung allerdings erst recht auch für diejenigen war, die mit ihm jahrelang ständig zusammen sein mußten, bezeugt nicht zuletzt eine der letzten handschriftlichen Aufzeichnungen Alfred Jodls, des 1946 ganz gewiß zu Unrecht hingerichteten Chefs des Wehrmachtführungsstabes*, der während seiner Haft in Nürnberg notierte: „Ich kann mich nicht erinnern, je in meinem Leben in meinem Gefühlen zu einem Menschen so zerrissen gewesen zu sein wie gegenüber Hitler. Die Schwankungen in meinem Gefühl gingen von Verehrung und Bewunderung bis zum Haß. Seine zersetzende und ätzende Kritik an vielem, was mir lieb und wert war – des Generalstabes, des Bürgertums, des Adels, der Reichswehr, unserer Auffassungen von Recht und Gerechtigkeit –, all das stieß mich besonders in der zweiten Hälfte des Krieges mehr und mehr ab . . . Gegen Ende des Krieges wurde Hitler immer grausamer, ungerechter und mißtrauischer gegen jedermann und stieß alle vor den Kopf.“

* Jodl händigte die Aufzeichnungen seiner Frau Luise aus. Schriftliche Mitteilung von Frau Luise Jodl vom 5. 1. 1973. Dem Autor, der eine Jodl-Biographie vorbereitet, steht der gesamte (und bisher unveröffentlichte) Nachlaß Alfred Jodls exklusiv zur Auswertung zur Verfügung.

Anmerkungen

1 Kohl, Horst, *Bismarckbriefe 1836–1872*. Bielefeld und Leipzig 1897, S. 22.
2 Vgł. Picker, Henry, *Hitlers Tischgespräche im Führerhauptquartier 1941–1942*. Stuttgart 1965 (2. Aufl.), u.a. S. 233 und 429. Fortan zit. als Picker . . .
3 Repro. des Briefes im Besitz des Autors. Original im Besitz eines holländischen Autographensammlers.
4 Vgl. Maser, *Adolf Hitler* . . ., S. 75 ff.
5 Vgl. Kubizek, August, *Adolf Hitler – Mein Jugendfreund*. Graz und Göttingen 1953. Vgl. dazu besonders Maser, *Die Frühgeschichte der NSDAP. Hitlers Weg bis 1924*. Frankfurt und Bonn 1965, S. 8, 50, 52, 53, 55, 58, 59, 60–61, 63, 64, 65, 66, 67, 73, 74, 77, 78, 79, 81, 82, 83, 85, 86, 91, 92, 96, 97, 98, 101, 103, 105, 107, 112 und 121. Fortan zit. als Maser, *Die Frühgeschichte der NSDAP* . . .
6 Maser, *Adolf Hitler* . . ., S. 304 f.
6a Hitlers Schriftstücke werden stets zitiert, wie sie im Original vorliegen. Falls der Autor Fehler im Text korrigierte, wird an entsprechender Stelle darauf hingewiesen.
7 Vgl. Maser, *Adolf Hitler* . . ., S. 73.
8 Vgl. Maser, *Adolf Hitler* . . ., S. 84 ff.
9 Vgl. Maser, *Adolf Hitler* . . ., S. 62 f.
10 Kubizek, S. 307.
11 Ebenda.
12 Ebenda, S. 315.
13 Vgl. Hitler, S. 16 f.
14 Vgl. Maser, *Adolf Hitler* . . ., S. 80 f.
15 Vgl. ebenda.
16 Die Höhe des Betrages ist nicht feststellbar. Die 1911 verstorbene Johanna Pölzl, eine der 3 Miterbinnen, hinterließ um 3800 Kronen. Vgl. Maser, *Die Frühgeschichte der NSDAP*, S. 80f. und 482f.: Dok. des Bezirksgerichts Linz. Aktenzeichen PV 49/3–24 vom 4. Mai 1911. Der Betrag, den Klara Hitler erbte, muß sich in der gleichen Höhe bewegt haben. Vgl. Maser, *Adolf Hitler* . . ., u.a. S. 80f.
17 Original im Besitz der Hitler-Verwandten in Spital. Kopie im Besitz des Autors.
18 Vgl. Maser, *Adolf Hitler* . . ., S. 80f.
19 Aktenzeichen der Mitteilung des Bezirksgerichts Linz vom 4. 5. 1911 an Hitlers Vormund Joseph Mayerhofer in Leonding: PV 49/3–24. Veröffentlichung mit freundlicher Genehmigung der Familie Mayerhofer.
20 Vgl. Maser, *Die Frühgeschichte der NSDAP*, S. 8, 10, 68–72, 73–76, 79, 81, 113, 477, 478, 480 und 482.
21 Vgl. ebenda, S. 68f. und Maser, *Adolf Hitler* . . ., S. 88f.
22 Persönliche Mitteilung der Verwandten Hitlers (1967–1971).
23 Hitler, S. 179.
24 Ebenda, S. 138.
25 Meldezettel Mai 1913. Bundesarchiv Koblenz, NS 26/65.

26 Maser, *Adolf Hitler* . . ., S. 123 und Maser, *Die Frühgeschichte der NSDAP*, S. 121.
27 Ebenda.
28 Vgl. Maser, *Adolf Hitler* . . ., S. 123.
29 Ebenda.
30 Zitat des Schreibens bei Jetzinger, Franz, *Hitlers Jugend, Phantasien, Lügen – und die Wahrheit.* Wien 1956, S. 262ff. Fortan zit. als Jetzinger, *Hitlers Jugend* . . .
31 Abschrift der „Amtsbestätigung" der österreichischen Landesregierung im Bundesarchiv Koblenz, NS 26/17a.
32 Hitler, S. 138.
33 Hitler, S. 139.
34 Vgl. Maser, *Die Frühgeschichte der NSDAP*, S. 69.
35 Vgl. ebenda, S. 118f. und Maser, *Adolf Hitler* . . ., S. 93.
36 Hitler, S. 173ff.
37 Ebenda, S. 178f.
38 Vgl. Kriegsstammrolle der 7. Komp. I. Ers. Batl. 2. bayr. Inf. Regts., Bd. XXII (Bundesarchiv Koblenz, NS 26/12; ebenda, Blatt 249, lfd. Nr. e 7111; Kriegsstammrolle 4./I. E./2. Inf. Regts., lfd. Nr. 204, ebenda; Kriegsstammrolle 3./Res. Inf. Regts. 16, Blatt 50, lfd. Nr. 718, ebenda; Kriegsstammrolle I./Res. Inf. Regt. 16, Blatt 65, lfd. Nr. 166/148, ebenda; Verlustliste Nr. 424 der Bayer. Armee, 12. 4. 1919, S. 31288, ebenda; 2 Zählkarten der Lazarette an das Nachweisbüro des Kgl. Bayer. Kriegsministeriums, ebenda; Namentliche Verlustliste, lfd. Nr. 78, ebenda; Verlustliste Nr. 320, ebenda; Namentliche Verlustliste, lfd. Nr. 233, ebenda; Verordnungs-Blatt Nr. 51 vom 25. 11. 1916, S. 15366, ebenda.
Die Angaben über den Zeitpunkt der Verwundungen Hitlers differieren um ein bis zwei Tage. Hitler gab z.B. am 29. 11. 1921 im Rahmen einer knappen Autobiographie an, am 7. 10. 1916 und am 13./14. 10. 1918 verwundet worden zu sein (Abschrift des Hitler-Schreibens: Bundesarchiv Koblenz, NS 26/17a), was (ohne Bedeutung für die Sache) mit den Angaben in den Dokumenten nicht genau übereinstimmt.
Aufschlußreich ist in diesem Zusammenhang z.B. auch das Urteil des Landgerichts Hamburg (Z. II. 313/32, Eingangsstempel vom 10. März 1932) in Sachen Hitler gegen Heinrich Braune und Fa. Auer & Co. (Original.: Maschinenschrift). Ehemaliges Hauptarchiv der NSDAP, Bundesarchiv Koblenz, NS 26/17a).
39 Vgl. Maser, *Adolf Hitler* . . ., S. 134ff.
40 Vgl. Maser, *Adolf Hitler* . . ., S. 176.
41 Diese Bemerkung deutet auch darauf hin, daß sein von 1920 bis 1939 (subjektiv) positives Verhältnis zu England zu der Zeit, in der sein Weltbild nach späteren Äußerungen angeblich bereits „fertig" war, noch erhebliche Differenzierungen erfuhr. Vgl. Maser, *Adolf Hitler* . . ., u.a. S. 176ff.
42 Zitiert nach dem Original. Privatbesitz.
43 Da der Text der Anschriftseite nicht vollständig entziffert werden kann, wird darauf verzichtet, ihn zu übertragen. Zu Hitlers Briefwechsel mit Ernst Hepp vgl. auch S. 69, 78.
44 Hitler, S. 180f.
45 Hitler, S. 181.
46 In *Mein Kampf* (S. 226) nennt Hitler ihn fälschlich Schmiedt.
47 Vgl. Hitler, S. 221ff.
48 Abschrift im Bundesarchiv Koblenz, NS 26/14. Das Datum, an dem Hitler diesen Brief schrieb, ist nicht einwandfrei zu ermitteln.
49 Kohl, Horst; *Bismarckbriefe 1836–1872*. Bielefeld und Leipzig 1897, S. 50f.
50 Vgl. dazu auch Maser, *Die Frühgeschichte der NSDAP*, u.a. S. 8, 10, 68–72, 73–76, 79, 81, 113, 477, 478, 480 und 482 und Maser, *Adolf Hitler* . . ., S. 75, 86–91, 94, 115, 139, 281, 306 und 481. Vgl. dazu auch eine Bormann-Mitteilung von Februar 1944 an das Hauptarchiv der NSDAP. Bundesarchiv Koblenz, NS 26/64.

51 Vgl. Maser, *Hitlers Mein Kampf*. München und Esslingen 1966.
52 Vgl. Maser, *Adolf Hitler* . . ., u.a. S. 379.
53 Vgl. Maser, *Adolf Hitler* . . ., u.a. S. 120f.
54 1969 wurde diese Brieftasche in München auf einer öffentlichen Auktion versteigert.
55 Vgl. Maser, *Adolf Hitler* . . ., S. 111f.
56 Von Dr. Rudolf Wolters angefertigtes, unveröffentlichtes handschriftliches Protokoll vom 6. 11. 1937. Original im Besitz von Dr. Wolters, der an dieser Besprechung als Hauptabteilungsleiter beim Generalinspektor für die Reichshauptstadt (Speer) teilnahm.
57 Ebenda.
58 Ebenda.
59 Unveröffentlichtes Protokoll des Architekten Schelkes vom 15. 3. 1941, der an der Besprechung mit Hitler teilnahm.
60 Vgl. Maser, *Adolf Hitler* . . ., S. 98ff.
61 Schriftliche Mitteilung von Karl Dönitz vom 10. 1. 1967.
62 Protokoll-Nachschrift von Dr. Wolters vom 14. 6. 1938.
63 Protokoll-Notiz von Dr. Wolters vom 3. 12. 1938.
64 Ebenda.
65 Vgl. Maser, *Adolf Hitler* . . ., 9. Kapitel.
66 Vgl. Picker, S. 222. Dazu Maser, *Adolf Hitler* . . ., u.a. S. 327ff.
67 Vgl. Maser, *Die Frühgeschichte der NSDAP*, S. 118 und 334ff.
68 Vgl. dazu u.a. Maser, *Adolf Hitler* . . ., 9. Kapitel.
69 Dok. im Besitz von Dr. Wolters.
70 Schüssler war einer der Vorgesetzten Hitlers am Ende des Ersten Weltkrieges in München und der von Hitler für die Partei gewonnene erste (bezahlte) Geschäftsführer der NSDAP. Vgl. dazu Maser, *Die Frühgeschichte der NSDAP*, S. 43, 168, 172, 173, 176, 206, 235, 258, 272, 283 und 324 und Maser, *Adolf Hitler* . . ., S. 159.
71 Zu Max Amann, der während des Ersten Weltkrieges ebenfalls einer der Vorgesetzten Hitlers gewesen war, vgl. Maser, *Die Frühgeschichte der NSDAP*, S. 124, 125, 275, 277, 280, 284, 305, 306, 342, 357, 371, 408, 409 und 460 und Maser, *Adolf Hitler* . . ., S. 138, 192, 456 und 460.
72 Hitlers Stellvertreter bis 1941. Vgl. dazu u. a. Maser, *Die Frühgeschichte der NSDAP*, S. 25, 33, 124, 125, 282, 283, 288, 289, 304, 305, 307, 323, 350, 359, 391, 400, 445, 452 und Maser, *Adolf Hitler* . . ., S. 13, 138, 154, 192, 299, 326, 367, 409 und 464.
73 Persönliche Mitteilung von Elisabeth und Joseph Popp jun. (1966).
74 Ebenda.
75 Manchmal schrieb Hitler „Joseph", manchmal „Josef".
76 Vgl. Maser, *Adolf Hitler* . . ., S. 326ff.
77 Vgl. Maser, *Adolf Hitler* . . ., u. a. S. 80ff.
78 Vgl. Maser, *Die Frühgeschichte der NSDAP*, u. a. S. 260ff.
79 Vgl. Picker, S. 432.
80 Matthias, Erich, und Morsey, Rudolf: *Das Ende der Parteien 1933*. Düsseldorf 1960, S. XIII.
81 Die Briefe wurden erstmals im Völkischen Beobachter vom 26. 11. 1932 veröffentlicht.
83 Nationalarchiv Washington.
84 Vgl. Hitlers Weisungen für die Kriegsführung . . ., S. 237ff.
85 Vgl. Maser, *Adolf Hitler* . . ., S. 337.
86 Hedin, S. 276.
87 Vgl. ebenda, S. 274.
88 Zit. des vollständigen Textes der 16 Punkte bei Domarus II/3, S. 1291ff.
89 Vgl. dazu u. a. Schmidt, Paul, *Statist auf diplomatischer Bühne 1923–1945*. Frankfurt (Main) und Bonn 1964, S. 457ff.
90 Vgl. Maser, *Adolf Hitler* . . ., S. 337.
91 Vgl. Maser, *Adolf Hitler* . . ., S. 350ff.

92 Vgl. Maser, *Adolf Hitler* . . ., S. 305ff.
93 Übertragung aus dem Stenogramm des Sekretärs Lauböck. Bundesarchiv Koblenz, NS 26/14.
94 Domarus II/4, S. 2233.
95 Rede vom 30. 5. 1942. Vgl. Domarus II/4, S. 2233.
96 Rede vom 5. 7. 1944. Domarus II/4, S. 2233.
97 Vgl. z. B. Hitlers Brief, S. 123.
98 Hitler, S. 137.
99 Ebenda, S. 21.
100 Ein ehemaliger „V-Mann" namens Adolf Gemlich hatte Karl Mayr am 4. 9. 1919 schriftlich gebeten, ihm eine entsprechende Belehrung zukommen zu lassen. Gemlich-Brief an Mayr: HStA. München, Abt. II. Gruppen-Kdo. 4, Bd. 50/8. Der Brief von Mayr an Hitler: ebenda.
101 Das Original dieses „Gutachtens", das Hitler auf Weisung des Reichswehrgruppenkommandos 4 I b/P. verfaßte und befehlsgemäß an Adolf Gemlich nach Ulm sandte, ist nicht mehr vorhanden. Gemlich verstarb am 28. 12. 1958 in Ulm. Dieser Text stellt eine Übertragung von einem maschinenschriftlichen Durchschlag dar. HStA. München, Abt. II, Gruppen-Kdo. 4, Bd. 50/8.
102 Vgl. dazu die Dokumente im Bayerischen Hauptstaatsarchiv München, HStA München, Abt. II. Gruppen-Kdo. 4, Bd. 46/6, 46/7, 46/8, 46/9 und Deuerlein, Ernst, „Hitlers Eintritt in die Politik und die Reichswehr". Beilage zur Wochenzeitung Das Parlament vom 8. 7. 1959.
103 Vgl. S. 224.
104 Vgl. Eckart, Dietrich, *Der Bolschewismus von Moses bis Lenin. Zwiegespräche zwischen Adolf Hitler und mir.* München 1925.
105 Hitler, S. 331.
106 Ausdrücklich wird im 2. Mose 23 codifiziert: „. . . am siebten Tage sollst du ruhen, damit dein Ochse und dein Esel raste, und der Sohn deiner Magd und der Fremdling sich erhole." Und im 5. Mose 15,7 heißt es: „Wenn deiner Brüder irgend einer arm ist in irgend einer Stadt in deinem Lande . . . so sollst du dein Herz nicht verhärten noch deine Hand zuhalten gegen deinen armen Bruder."
107 Diese Notizen zeigen besonders eindrucksvoll, wie ungetrübt Hitlers Verhältnis zur Rechtschreibung war. Hier schrieb er nicht nur den Namen seines Freundes Eckart falsch, sondern auch das Wort Bourgeois, das er auf der S. 4 dieser Redenotizen richtig geschrieben hatte. Ein ähnlicher „Ausrutscher" ist seine Schreibweise „Wahlparolle" für Wahlparole.
108 Vgl. S. 223ff.
109 Hitler, S. 742f. Zur „Judenpolitik im Dritten Reich" vgl. den gleichnamigen Titel von Uwe Dietrich Adam, Düsseldorf 1972.
110 Hitler, S. 739f.
111 Ebenda, S. 742.
112 Vgl. auch einen Artikel im Völkischen Beobachter v. 10. 7. 1923.
113 Vgl. dazu Maser, *Die Frühgeschichte der NSDAP*, S. 184f.
114 Nach dem amerikanischen Finanzfachmann Charles Dawes benannter Plan („Business, not politics": Geschäft, nicht Politik), der die Rückzahlung der europäischen Schulden an die USA durch Förderung der Grundlagen der deutschen Zahlungsfähigkeit für die Reparationsschulden und der Anerkennung der Restaurierung der deutschen Volkswirtschaft sichern sollte und Maßnahmen wie beispielsweise die französisch-belgische Ruhrbesetzung (1922) ablehnte. Das Deutsche Reich (Deutschland nahm den Dawesplan am 16. 4. 1924 an. Ende August 1924 akzeptierte der Deutsche Reichstag die dem Reich auferlegten Reparationszahlungen) wurde bis einschließlich August 1927 jährlich mit einer Summe von 1 bis 1,75 Milliarden Mark belastet. Am 1. September 1928 begann nach dem Dawesplan das „Normaljahr" mit einer Belastung des deutschen Volkes von 2,5 Milliarden Mark, wobei die endgültige Höhe der vom Reich zu leistenden Kriegsentschädigungen jedoch nicht konkret fixiert wurde. Lediglich die Verzinsung und die Tilgung der Reichsbahn-Obligationen mit 600 Millionen Mark und der Industrie-Obligationen mit 300 Millionen Mark wurden auf 37 Jahre begrenzt.

115 Wilhelm Bölsches Buch „Vom Bazillus zum Affenmenschen“ war in erster Auflage 1899 erschienen. Hitler las die 1921 veröffentlichte 2. Auflage. Bölsche, der, wie Hitler auch, gegen Schulmeinungen opponierte, beschwor die Vision vom „nackten Behauptungskampf der zoologischen Spezies ‚Mensch‘ gegen ‚die niedrigste Form des organischen Lebens‘“ und prophezeite dem Menschen des 20. Jahrhunderts den „letzten Entscheidungskampf“, den Kampf gegen das „dritte Reich“ der Bazillen, den der Mensch „nach aller Wahrscheinlichkeit“ gewinnen würde. Die Vorstellung Bölsches, daß der Bazillus den Menschen gefährde, der seinen „schauerlichsten lebenden Gegner“ bis vor einigen Jahrzehnten noch gar nicht gekannt habe, bezog Hitler in seine „Weltanschauung“ ein und artikulierte den Antisemitismus von da an in der Weise, daß die Juden nicht mehr als Menschen, sondern als Ungeziefer, Bakterien und Bazillen erschienen. Vgl. dazu Maser, *Adolf Hitler* . . ., S. 252ff.

116 Hitler, S. 69. Vgl. dazu auch Maser, *Adolf Hitler* . . ., S. 252ff.

117 Hitler, S. 334.

118 Nach 1918 forderte Hitler zunächst (wie exemplarisch z.B. am 28. 8. 1920 in einer Rede im Hofbräuhaus in München) für „junge Burschen“ den Dienst in der Armee, der noch „keinem geschadet“ habe. Vgl. dazu den handschriftlichen Bericht über die Versammlung: BHStA. München, Abt. II. Gruppen-Kdo. 4. Bd. 40/8.

119 Zit. aus dem Testament; vgl. S. 375.

120 Vgl. S. 263.

121 Vgl. dazu auch Trevor-Roper. Hugh, „Hitlers Kriegsziele“. In: *Stationen der deutschen Geschichte*. Hrsg. Burghard Freudenfeld. Stuttgart 1962, S. 9ff.

122 Vgl. das Stichwortprotokoll der Hitler-Rede vom 13. 8. 1920 im Münchener „Hofbräuhaus“. Hauptarchiv der NSDAP: Gruppe I, Stück 62/–14–NSDAP/HA. 37. Hitler hat auch nach 1933 zunächst zwar offen gegen einen neuen Krieg geredet (vgl. seine Reden vom 1. und 17. Mai 1933. Zit. bei Domarus, Bd. I, S. 259ff. und S. 270ff.); aber das geschah aus taktischen Gründen. Vgl. dazu Maser, *Hitlers Mein Kampf*, S. 153f.

123 Maser, *Die Frühgeschichte der NSDAP*, S. 464, Anm. 388. Vgl. auch Shirer, William, *Aufstieg und Fall des Dritten Reiches*. München und Zürich 1963, Bd. I, S. 648, Anm. 131.

124 Die in seinem Juden-„Gutachten“ von 1919 formulierte Feststellung, daß die Aufgabe der antisemitischen Politik darin bestehen müsse, die Juden „überhaupt“ zu „entfernen“, bezieht sich (wie zahlreiche Beispiele zeigen) auf seine seit 1919 immer wieder propagierte Forderung, die Juden aus Deutschland auszuweisen.

125 Vgl. dazu besonders Adam, Uwe Dietrich, *Judenpolitik im Dritten Reich*. Düsseldorf 1972 und Kempner, Robert M. W., *Eichmann und Komplizen*, Zürich, Stuttgart und Wien 1961, S. 131ff.

126 Vgl. Hillgruber, Andreas: Die „Endlösung“ und das deutsche Ostproblem als Kernstück des rassenideologischen Programms des Nationalsozialismus, *Vierteljahrshefte für Zeitgeschichte*, H. 2/72, S. 133ff.

127 Vgl. u.a. Hitler, S. 70, wo es heißt: „So glaube ich heute im Sinne des allmächtigen Schöpfers zu handeln: Indem ich mich des Juden erwehre, kämpfe ich für das Werk des Herrn.“ Daß Hitler mit der Formulierung, sich „des Juden“ zu „erwehren“, womöglich gemeint habe, daß er nicht angreifen, sondern sich nur verteidigen wolle, hieße, die Tatsachen zu verkehren.

128 Hitler, S. 772. Dort heißt es: „Zwölf- oder fünfzehntausend . . . hebräischer Volksverderber“.

129 Zit. nach Domarus, II/3, S. 1058. Vgl. auch Hitlers Reden vom 30. 1. 1941 und vom 30. 1. 1942; ebenda S. 1663 und S. 1829.

130 Vgl. S. 244.

131 Vgl. S. 355.

132 Vgl. S. 273ff.

133 Hitler am 28. 1. 1942 in der Wolfsschanze, Picker, S. 172.

134 Haushofer besuchte seinen Assistenten Rudolf Hess und Hitler gelegentlich während der Festungshaft in Landsberg. Vgl. dazu Maser, *Hitlers Mein Kampf*, u.a. S. 152.

135 Hitler, S. 20.

136 Meldezettel für Unterparteien. Bundesarchiv Koblenz, NS 26/17a.
137 Vgl. z.B. S. 143.
138 Vgl. S. 311.
139 Vgl. Maser, *Die Frühgeschichte der NSDAP*, S. 331f.
140 Jochmann, Werner, *Nationalsozialismus und Revolution. Ursprung und Geschichte der NSDAP in Hamburg 1922–1933*. Frankfurt 1963, S. 103.
141 Vgl. dazu auch Gordon, Harold, Jr., *Hitlerputsch 1923. Machtkampf in Bayern 1923/24*. Frankfurt 1971.
142 Hitler, S. 231f.
143 Formulierung in Hitlers Notizen, vgl. S. 293.
144 Vgl. Hitler, S. 321.
145 Vgl. Hitler, S. 21 und S. 137.
146 Das genaue Datum der Niederschrift ist nicht feststellbar. Die meisten Einzelheiten sprechen dafür, daß dieses Dokument (Bundesarchiv Koblenz NS 26/50) kurz nach dem Juden-„Gutachten" entstanden ist.
147 Heim-Protokoll, zit. bei Picker, S. 149. Hitler äußerte dies im Oktober 1941, während seine Krankheiten ihn besonders plagten. Vgl. Maser, *Adolf Hitler* . . ., u.a. S. 267.
148 Seit Ende 1941 war Hitler sich bewußt, daß er den Krieg nicht als Sieger überleben werde. Vgl. Maser, *Adolf Hitler* . . ., u.a. S. 416.
149 Heim-Protokoll, zit. bei Picker, S. 148.
150 Hitler im Dezember 1941. Heim-Protokoll, zit. bei Picker, S. 154.
151 Vgl. Picker, u.a. S. 338, 248, 264f. und 305.
152 Vgl. dazu Maser, Adolf Hitler, u.a. 9. Kapitel.
153 IMT, Bd. IX, S. 413.
154 Ebenda, S. 446.
155 Ebenda, Bd. XV, S. 333.
156 Ebenda, Bd. X, S. 671f.
157 Hitler, S. 195. Vgl. dazu auch ebenda, S. 279f.
158 Hitler, S. 229.
159 Ebenda, S. 231.
160 Schon im Hochsommer 1919, noch bevor er sein Juden-„Gutachten" verfaßte, rühmten seine Kameraden und Vorgesetzten seine Kenntnisse und rednerischen Fähigkeiten. Vgl. Maser, *Die Frühgeschichte der NSDAP*, S. 139f. und *Adolf Hitler* . . ., S. 164f.
161 Vgl. S. 305.
162 Vgl. S. 305.
163 Vgl. S. 305.
164 Vgl. S. 307.
165 Vgl. S. 305.
166 Zit. nach Maser, *Adolf Hitler* . . ., S. 165f.
167 Kallenbach, Hans, *Mit Hitler auf Festung Landsberg*. München 1933, S. 194f.
168 Vgl. S. 307.
169 Hitler, S. 230.
170 Vgl. S. 307.
171 Vgl. Hitler, S. 230f.
172 Vgl. Maser, *Die Frühgeschichte der NSDAP*, S. 257f. Am 16. 11. 1921 erklärte Hitler vor dem Registergericht in München, daß er im Besitz aller Anteile des VB und des Eher-Verlages sei, obwohl sich bis zum 17. Dezember 1921 noch 56 500 Mark der Gesellschaftsanteile in anderen Händen befanden. Vgl. Sebottendorf, Rudolf v., *Bevor Hitler kam*. München 1934, S. 196, und Maser, *Die Frühgeschichte der NSDAP*, S. 260.
173 Bismarck, in „Mein Kampf" kritisiert (vgl. S. 302), wird in diesen Notizen noch aus der Kritik an den Exponenten der deutschen Geschichte ausgeklammert. Hitler setzt den Beginn der politisch verfehlten Zeit mit Bismarcks Entlassung (1890) an. Aufschlußreich sind nicht zuletzt auch seine Hin-

weise auf „Welthandel", „Weltpolitik" und „Weltmacht", die von Hitler bereits in den ersten Jahren seines parteipolitischen Engagements als Voraussetzung für einen lohnenden Außenhandel überhaupt ansah.

174 Hitler, S. 396, wo es u.a. heißt: „Im übrigen kommen alle diese Menschen nur zu einem Bruchteil in die neue Bewegung, um ihr zu dienen und der Idee der neuen Lehre zu nützen, in den meisten Fällen aber, um unter ihrem Schutze oder durch die Möglichkeiten, die sie bietet, die Menschheit noch einmal mit ihren eigenen Ideen unglücklich zu machen."

175 Vgl. z.B. Hitler, S. 421f.
So belehrte er die Völkischen z. B. am 1. 1. 1921 im VB., daß ihre Bewegung unfruchtbar und wirkungslos sei, „ohnmächtiges Wollen", da ihr fehle, worauf es ankomme. „. . . zum praktischen Wollen gehört die Macht", schrieb er und fuhr fort: „und die liegt . . . in der lebendigen Kraft der Organisation der Energie." Zahlreiche Briefe aus der Zeit bestätigen dies Verhältnis zu den Völkischen.

176 Nicht ganz klar ist, wieso Hitler in diesem Zusammenhang den Dreibund von 1882 anführt, der zwischen Österreich-Ungarn, Italien und Deutschland geschlossen wurde und den Charakter eines Verteidigungsbündnisses hatte, das bei französischen Angriffen auf Deutschland oder Italien wirksam werden sollte. Daß Rußland als einziger Bundesgenosse für das Reich in Frage gekommen, jedoch wegen Österreich-Ungarn (Hitler meint vermutlich den gegen Rußland gerichteten Orient-Dreibund) als Bündnispartner ausgeschieden sei, erfuhr 1925 (Hitler, S. 752f.) folgende Deutung: „Man konnte dem alten Deutschen Reich einen Hauptvorwurf in bezug auf seine Bündnispolitik machen: daß es sein Verhältnis zu allen verdarb . . . Allein eines konnte man ihm nicht vorwerfen, daß es das gute Verhältnis zu Rußland nicht mehr aufrechterhielt." Wenn Hitler zu der Zeit auch noch nicht einem Krieg das Wort redete, hielt er die Rüstung und das „Bereitsein" infolge seiner aggressiven Grundkonzeption und Machtvorstellungen dennoch stets für nötig.

177 Hitler, S. 395.

178 Vgl. Maser, *Die Frühgeschichte der NSDAP*, S. 205ff.

179 Vgl. S. 323.

180 Vgl. S. 315.

181 Vgl. S. 261.

182 Vgl. S. 276.

183 Vgl. S. 244.

184 Vgl. S. 355.

185 Hitler, S. 754f.

186 Vgl. Maser, *Hitlers Mein Kampf*, S. 25.

187 Vgl. Maser, *Adolf Hitler* . . ., S. 326ff.

188 Daß eine Konfrontation der programmatischen Hitler-Vorstellungen aus der Zeit bis 1924 mit seinen Reminiszenzen von Februar bis April 1945 möglich ist, ist Martin Bormann zu verdanken, der als Reichsleiter und Sekretär des Führers die letzten Äußerungen Hitlers im Bunker der Reichskanzlei mitschrieb und aus Berlin hinausschaffen ließ. Die Aufzeichnungen Bormanns gelangten in die Hände des in der Schweiz lebenden Journalisten François Genoud. Vgl. „Le Testament politique de Hitler." Notes recueillies par Martin Bormann. Préface de H. R. Trevor-Roper; Commentaires de André François-Poncet; Version française et présentation de François Genoud. Paris 1962. Zu den Angaben, die sich auf Hitlers Äußerungen in dieser Zeit beziehen, vgl. die Feststellungen unter den jeweils angegebenen Daten bei Genoud. Bislang ließ Genoud diese Bormann-Aufzeichnungen nicht in Deutschland veröffentlichen. Vgl. dazu auch: Der Spiegel, Nr. 3/1962, S. 28ff.

189 Vgl. dazu auch Hitlers Entwurf für eine monumentale Geschichte der Menschheit, S. 292ff.

190 Vgl. Maser, *Die Frühgeschichte der NSDAP*, S. 326, 341, 355, 356f., 400f., 432, 553f. und 460.

191 Vgl. S. 263.

192 Vgl. S. 327.

Quellennachweis

An dieser Stelle danke ich Mr. Richard Bauer vom US-Document Center in Berlin, Mr. Ladislas Farago, Herrn Ministerialrat a. D. Heinrich Heim („Schrift- und Bild-Kopie. Literaturbeschaffung" in München), Frau Gudrun Himmler-Burwitz, den Angehörigen der Familie Hitler, Herrn Dr. Anton Hoch vom Institut für Zeitgeschichte in München, Frau Luise Jodl, Frau Elisabeth Kinder vom Bundesarchiv in Koblenz, Frau Elisabeth Popp, dem Leopold Stocker Verlag in Graz, Dr. Robert Wolfe vom National-Archiv in Washington und Herrn Dr. Rudolf Wolters für ihre uneigennützige Unterstützung bei der Dokumentenbeschaffung.

Dr. Werner Maser

1. Kapitel

S. 14: Klischee im Besitz des Leopold Stocker Verlages, Graz
S. 15: Klischee im Besitz des Leopold Stocker Verlages, Graz
S. 16f.: Klischee im Besitz des Leopold Stocker Verlages, Graz
S. 17f.: Klischee im Besitz des Leopold Stocker Verlages, Graz
S. 18: Klischee im Besitz des Leopold Stocker Verlages, Graz
S. 19: Klischee im Besitz des Leopold Stocker Verlages, Graz
S. 20ff.: Klischee im Besitz des Leopold Stocker Verlages, Graz
S. 23ff.: Klischee im Besitz des Leopold Stocker Verlages, Graz
S. 26ff.: Klischee im Besitz des Leopold Stocker Verlages, Graz
S. 30ff.: Privatbesitz
S. 35f.: Klischee im Besitz des Leopold Stocker Verlages, Graz
S. 37: Bundesarchiv Koblenz, NS 26/65
S. 38: Bundesarchiv Koblenz, NS 26/65
S. 40ff.: Zit. bei Jetzinger, Franz, *Hitlers Jugend, Fantasien, Lügen – und die Wahrheit.* Europa Verlag, Wien 1956
S. 43: Ehemaliges Hauptarchiv der NSDAP, Neg. Nr. 213/2
S. 45 unten: Privatbesitz

2. Kapitel

S. 53ff.: „Schrift- und Bild-Kopie. Literaturbeschaffung" Heinrich Heim, München
S. 60ff.: Privatbesitz
S. 68: „Schrift- und Bild-Kopie. Literaturbeschaffung" Heinrich Heim, München
S. 69: Bundesarchiv Koblenz, NS 26/4
S. 70–77: „Schrift- und Bild-Kopie. Literaturbeschaffung" Heinrich Heim, München
S. 74 unten: Zeitgeschichtliches Bildarchiv Heinrich Hoffmann
S. 77 unten: Zeitgeschichtliches Bildarchiv Heinrich Hoffmann
S. 78ff.: Bundesarchiv Koblenz, NS 26/4
S. 103ff.: Zit. bei Maser, Werner, *Hitlers Mein Kampf* (München und Esslingen, 1966)
S. 107 oben: Bundesarchiv Koblenz, NS 26/17A

3. Kapitel

S. 110: Bundesarchiv Koblenz, NS 26/14
S. 111: Bundesarchiv Koblenz, NS 26/14
S. 112: Bundesarchiv Koblenz, NS 26/14
S. 113: Bundesarchiv Koblenz, NS 26/14
S. 114: Bundesarchiv Koblenz, NS 26/14
S. 115: Bundesarchiv Koblenz, NS 26/66
S. 116 oben: Privatbesitz
S. 116 unten: Bundesarchiv Koblenz, NS 26/14, 15
S. 117: Zit. bei Maser, Werner, *Die Frühgeschichte der NSDAP. Hitlers Weg bis 1924.* Frankfurt/M. und Bonn, 1965
S. 120 oben: Bundesarchiv Koblenz, NS 26/14, 15
S. 120f.: Bundesarchiv Koblenz, NS 26/14, 15
S. 121: Bundesarchiv Koblenz, NS 26/14, 15
S. 122f.: Reproduktion im Institut für Zeitgeschichte, 275/52, Aktenhefter Nr. 4 19/8
S. 124f.: Reproduktion im Institut für Zeitgeschichte, 275/72, Aktenhefter Nr. 4 19/8
S. 127 oben: Bundesarchiv Koblenz, NS 26/14, 15
S. 127 unten: Bundesarchiv Koblenz, NS 26/14, 15
S. 128 oben: Bundesarchiv Koblenz, NS 26/14, 15
S. 128f.: Bundesarchiv Koblenz, NS 26/14
S. 129f.: Bundesarchiv Koblenz, NS 26/14, 15
S. 131 oben: Privatbesitz
S. 131 unten: Privatbesitz
S. 132 oben: Privatbesitz
S. 132 unten: Privatbesitz
S. 134f.: Privatbesitz
S. 136f.: Privatbesitz
S. 137: Bundesarchiv Koblenz, NS 26/64
S. 138: Bundesarchiv Koblenz, NS 26/64
S. 139: Bundesarchiv Koblenz, NS 26/64
S. 140: Bundesarchiv Koblenz, NS 26/50
S. 141: Bundesarchiv Koblenz, NS 26/50
S. 142: Bundesarchiv Koblenz, NS 26/6
S. 143: Bundesarchiv Koblenz, NS 26/17A
S. 145: Privatbesitz
S. 146: Privatbesitz
S. 148: Bundesarchiv Koblenz, NS 26/14
S. 149: Privatbesitz
S. 150: Institut für Zeitgeschichte, 275/52, Aktenhefter Nr. 4 19/8
S. 151: Bundesarchiv Koblenz, NS 26/14
S. 153: Bundesarchiv Koblenz, NS 26/15
S. 154: Bundesarchiv Koblenz, NS 26/15
S. 155: Zit. bei Kubizek, August, *Adolf Hitler – Mein Jugendfreund* (Leopold Stocker Verlag, Graz 1953)
S. 157ff.: Reproduktion im Institut für Zeitgeschichte, Aktenhefter Nr. F 19/7

4. Kapitel

S. 170: Bundesarchiv Koblenz, NS 26/5

S. 171: Bundesarchiv Koblenz, NS 26/6
S. 172: Bundesarchiv Koblenz, NS 26/5
S. 173 oben: Bundesarchiv Koblenz, NS 26/6
S. 173 unten: Bundesarchiv Koblenz, NS 26/6
S. 174: Bundesarchiv Koblenz, NS 26/5
S. 178ff.: Nationalarchiv, Washington, USA
S. 183ff.: Nationalarchiv, Washington, USA
S. 186f.: Nationalarchiv, Washington, USA
S. 188ff.: Nationalarchiv, Washington, USA
S. 193f.: Nationalarchiv, Washington, USA
S. 195f.: Nationalarchiv, Washington, USA
S. 197f.: Nationalarchiv, Washington, USA

5. Kapitel

S. 201ff.: Sven Hedin, *Ohne Auftrag in Berlin*, Tübingen und Stuttgart 1950
S. 208ff.: Reproduktion im Institut für Zeitgeschichte, Aktenhefter Nr. F 19/7
S. 212: Bundesarchiv Koblenz, NS 26/14
S. 213ff.: Reproduktion im Institut für Zeitgeschichte, Aktenhefter F 19/7

6. Kapitel

S. 223ff.: Bayerisches Hauptstaatsarchiv München, Abtlg. II, Gruppen-Kdo. 4, Bd. 50/8
S. 228: Bundesarchiv Koblenz, NS 26/49
S. 230: Bundesarchiv Koblenz, NS 26/49
S. 232: Bundesarchiv Koblenz, NS 26/49
S. 234: Bundesarchiv Koblenz, NS 26/49
S. 236: Bundesarchiv Koblenz, NS 26/49
S. 238: Bundesarchiv Koblenz, NS 26/49
S. 240: Bundesarchiv Koblenz, NS 26/49
S. 242: Bundesarchiv Koblenz, NS 26/49
S. 246: Bundesarchiv Koblenz, NS 26/49
S. 248: Bundesarchiv Koblenz, NS 26/49
S. 250: Bundesarchiv Koblenz, NS 26/49
S. 252: Bundesarchiv Koblenz, NS 26/49
S. 254: Bundesarchiv Koblenz, NS 26/49
S. 256: Bundesarchiv Koblenz, NS 26/49
S. 258: Bundesarchiv Koblenz, NS 26/49
S. 260: Bundesarchiv Koblenz, NS 26/49
S. 262: Bundesarchiv Koblenz, NS 26/49
S. 266: Bundesarchiv Koblenz, NS 26/49
S. 268: Bundesarchiv Koblenz, NS 26/49
S. 270: Bundesarchiv Koblenz, NS 26/49
S. 272: Bundesarchiv Koblenz, NS 26/49
S. 274: Bundesarchiv Koblenz, NS 26/49
S. 276: Bundesarchiv Koblenz, NS 26/49
S. 278: Bundesarchiv Koblenz, NS 26/49
S. 280: Bundesarchiv Koblenz, NS 26/49

S. 282: Bundesarchiv Koblenz, NS 26/49
S. 284: Bundesarchiv Koblenz, NS 26/49
S. 286: Bundesarchiv Koblenz, NS 26/49

7. Kapitel

S. 291: Bundesarchiv Koblenz, NS 26/64
S. 292: Bundesarchiv Koblenz, NS 26/50
S. 295: Bundesarchiv Koblenz, NS 26/50
S. 304: Bundesarchiv Koblenz, NS 26/49
S. 306: Bundesarchiv Koblenz, NS 26/49
S. 308: Bundesarchiv Koblenz, NS 26/49
S. 310: Bundesarchiv Koblenz, NS 26/49
S. 312: Bundesarchiv Koblenz, NS 26/49
S. 316: Bundesarchiv Koblenz, NS 26/16
S. 318: Bundesarchiv Koblenz, NS 26/49
S. 320: Bundesarchiv Koblenz, NS 26/49
S. 322: Bundesarchiv Koblenz, NS 26/49
S. 324: Bundesarchiv Koblenz, NS 26/49
S. 326: Bundesarchiv Koblenz, NS 26/49
S. 328: Bundesarchiv Koblenz, NS 26/49
S. 330: Bundesarchiv Koblenz, NS 26/49
S. 332: Bundesarchiv Koblenz, NS 26/49
S. 334: Bundesarchiv Koblenz, NS 26/49
S. 336: Bundesarchiv Koblenz, NS 26/49
S. 338: Bundesarchiv Koblenz, NS 26/49
S. 340: Bundesarchiv Koblenz, NS 26/49
S. 342: Bundesarchiv Koblenz, NS 26/49
S. 344: Bundesarchiv Koblenz, NS 26/49
S. 346: Bundesarchiv Koblenz, NS 26/49
S. 348: Bundesarchiv Koblenz, NS 26/49
S. 350: Bundesarchiv Koblenz, NS 26/49
S. 352: Bundesarchiv Koblenz, NS 26/49

8. Kapitel

S. 357 ff.: Reproduktion im Institut für Zeitgeschichte, Aktenhefter Nr. F 19/7

Bildquellenverzeichnis

Liste der zitierten Literatur

Adam, Uwe Dietrich: *Judenpolitik im Dritten Reich.* Düsseldorf 1972.

Bollmus, Reinhard: *Das Amt Rosenberg und seine Gegner.* Stuttgart 1970.

Bölsche, Wilhelm: *Vom Bazillus zum Affenmenschen.* 1. Aufl. 1899, 2. Aufl. Jena 1921 (11.–15. Tausend).

Bracher, Karl-Dietrich: *Adolf Hitler.* Bern, München und Wien 1964.

Deuerlein, Ernst: *Hitlers Eintritt in die Politik und die Reichswehr.* In: Beilage zur Wochenzeitung *Das Parlament* vom 8. 7. 1959.

Domarus, Max: *Hitler. Reden und Proklamationen 1932–1945.* München 1965, 4 Bde.

Eckart, Dietrich: *Der Bolschewismus von Moses bis Lenin. Zwiegespräche zwischen Adolf Hitler und mir.* München 1925.

Freudenfeld, Burghard (Hrsg.): *Hitlers Kriegsziele.* Suttgart 1962.

Genoud, François: *Le Testament Politique de Hitler.* Notes recueillies par Martin Bormann. Préface de H. R. Trevor-Roper; Commentaires de André François-Poncet; Version française et présentation de François Genoud. Paris 1962.

Gun, Nerin E.: *Eva Braun – Hitler. Leben und Schicksal.* Velbert und Kettwig 1968.

Hedin, Sven: *Ohne Auftrag in Berlin.* Tübingen und Stuttgart 1950.

Hillgruber, Andreas: *Die „Endlösung" und das deutsche Ostproblem als Kernstück des rassenideologischen Programms des Nationalsozialismus.* In: Vierteljahrshefte für Zeitgeschichte, H. 2/72.

Hitler, Adolf: *Mein Kampf.* 469.–473. Aufl., München 1939.

Jetzinger, Franz: *Hitlers Jugend. Phantasien, Lügen – und die Wahrheit.* Wien 1956.

Jochmann, Werner: *Im Kampf um die Macht. Hitlers Rede vor dem Hamburger Nationalklub von 1919.* Frankfurt/M. 1960.

–, *Nationalsozialismus und Revolution. Ursprung und Geschichte der NSDAP in Hamburg 1922–1933.* Frankfurt/M. 1963.

Kallenbach, Hans: *Mit Hitler auf Festung Landsberg.* München 1933.

Kempner, Robert M. W.: *Eichmann und Komplizen.* Zürich, Stuttgart, Wien 1961.

Kohl, Horst: *Bismarckbriefe 1836–1872.* Bielefeld, Leipzig 1897.

Kubizek, August: *Adolf Hitler – Mein Jugendfreund.* Graz und Göttingen, 3. Aufl. 1966.

Maser, Werner: *Die Frühgeschichte der NSDAP. Hitlers Weg bis 1924.* Frankfurt/M. und Bonn 1965.

–, *Hitlers Mein Kampf.* München und Esslingen 1966.

–, *Adolf Hitler. Legende – Mythos – Wirklichkeit.* München und Esslingen, 4. Aufl. 1972.

Matthias, Erich, und Morsey, Rudolf: *Das Ende der Parteien 1933.* Düsseldorf 1960.

Marx, Karl: *Die Frühschriften.* Stuttgart 1953.

Picker, Henry: *Hitlers Tischgespräche im Führerhauptquartier 1941/42.* Stuttgart 1963. Benutzt wurde die 2. Aufl. dieser Ausgabe von 1965. Hrsg. Schramm, Percy Ernst.

Schmidt, Paul: *Statist auf diplomatischer Bühne 1923–1945.* Frankfurt/M. und Bonn 1964.

Schottendorf, Rudolf v.: *Bevor Hitler kam.* München 1934.

Shirer, William: *Aufstieg und Fall des Dritten Reiches.* München und Zürich 1963, Bd. 1.

Speer, Albert: *Erinnerungen.* Frankfurt/M. und Berlin 1969.

Namens- und Ortsregister

Korrektur der Übertragungsfehler vom Jahre 1973

Die buchstabengetreue Übertragung der Faksimile muß lauten:

S. 15, 1. Zeile: daß Innere, 15/4: Denkmales, 15/5: aufdruckt; S. 19/9: 50 – 60 fl; S. 20/21 (letztes Wort): nämlich; S. 22/11: herzlich; S. 25 und 26/16: ich meine; S. 26 und 27/3: dieß auch; S. 27/4: beherrsch; S. 27/8: Bronchial Chartaren; S. 32/9: soffort; S. 60 und 61/16: Dournay, 18: Dournay, 23: Großen; S. 62 und 63/20: gieng, 23: gieng; S. 64 und 65/4: zusamen, 14: gesehn; S. 66 und 67/2: hätten, 10: Strapatzen; S. 68/1: herzl., S. 68/14: dan; S. 69/7: station; S. 70 und 71/24: Infantrie; S. 72 und 73/15: anfieng; S. 74 und 75/12: Leuchtkugeln strahlen, 17: hinaus, 21: Regim.; S. 76 und 77/4: kostete, 17: Alle Sie, 18: Peggerl; S. 78 und 79/14: beispielos (und) dann, 17: Dournay, 23: Haltepausen; S. 80 und 81/8: rauchgeschwärzte, 12: Munitionskollonen, 17: dann; S. 82 und 83/5: Heeresapparat, 14: Trainkollonen, 19: Marschkollone; S. 86 und 87/6: kommt; S. 88 und 89/2: Spektakel, 8: hinnein, 15: dann; S. 90 und 91/6: großem Wassertümpfel, 7: Andern, 13: Vicefeldwebel, 23: dann immer; S. 92 und 93/3: Drat, 7: hienein, 16: us.fort; S. 94 und 95/8: bekommen, 12: Ltnt., 15: Unter Offiziere und (so springt) den, 16: zurück, 19: zurückkomme, 23: dann; S. 96 und 97/19: Wyschaete, 22: Regimentskommandeur, 23: December (und daun; S. 98 und 99/3: Wyschaete, 11: daraußen, 13: gesammten, 15: Anblick, 16: Oberst Leutnant, 20: nachmttg., 23: Packets; S. 100 und 101/2: herzlichsten, 7: wiederzusehen; S. 104/9: soffort; S. 112: auf den Freitag; S. 122 und 123/6: Zeilen us., 9: mir Rechtsanwalt, 19: Herzlichste; S. 124 und 125/6: Patenstelle; S. 150/5: Erinnerung; S. 162 und 163/7: Linge; S. 232 und 233/13: dies;

von hier ab folgen die Zeilenangaben nach dem gedruckten Text:

S, 234 und 235/14: Jahve, 22: idiealismuß, 23: momonismuß; S. 236 und 237/19: Langsammes (und) der Völker, 20: Wiederstand, 22: Wiederstand; S. 238 und 239/11: Lähmung, 18: Wiederstand; S. 242 und 243/2: Antisemitesche, 7: ungeheuren, 12: gewilt; S. 246 und 247: Wenn trift, 3: schaffende; S. 248 und 249/4: Vorbedingung; S. 252 und 253/6: dieß, 17: gesammten; S. 254 und 255/10: Bolschewismus, 11: Ostjuden, 14: Aufgaben; S. 260 und 261/8: Milchwucher, 16: Münchener Post; S. 262 und 263/6: Siege u.s.weiter; S. 266 und 267/17 und 18: Kolonisation oder Welthandel; S. 268 und 269/11: den; S. 272 und 273/8: degenerireind, 16: naturliche; S. 278 und 279/7: ungeheuerlicher der »Frieden«, 17: unser; S. 282 und 283/19: Wem; S. 284 uns 285/14: Besatzungsarmeen; S. 292 und 293/12: (Lord D'Israeli), 18: zur klaren 19: Ewigen gesetzmäßigen Erkenntniß; S. 292 und 293/37: als, 38: zum, 39: sucht, 50: Höchstes Grundgesetz; S. 295 und 296/7: Inquisitionen, 11: Marx (Klein asiatisch-mesopotamisch-ägyptischer Kulturbereich); S. /305/2: Frankfurterzeitung, 10: Straußpolitik; S. 306 und 307/1: fehlt »Deutschland erwache«; S. 308 und 309/23: Ewiges Bereitsein; S. 310 und 311/7: ausreichende Rüstungen, 21: 3) Tatsachen, 22: Gräuelpropaganda und; S. 314 und 315/1: fehlt »Deutschland erwache«; S. 320 und 321/2: Juden als Trüger, 3: Münchener Zeitung; S. 322 und 323/5: Miterleber; S. 324 und 325/7: jämerlich; S. 326 und 327/1: Vat.(erland), 9: Jork u., 12: Bekenntniß; S. 328 und 329/13: dan, 21: Beiden, 22: sie; S. 330 und 331/11: Kultur u.; S. 332 und 333/2: Volksliebe, 14: es verloren; S. 334 und 335/11: Baustoffe, 15: Allierten, 18: Allierten; S. 336 und 337/14: Schuldbekenntniß; S. 346 und 347/6: bezweckt, 17: Hungerblokade; S. 350 und 351/22: bündnißunfähig; S. 348 und 349/11 und 12: 3) die rein materielle, 2) die allgemeinpolitische; S. 352 und 353/4: Kohlenheer, 13: Finanzielle; S. 358 und 359/7: Ewigkeiten.

Urteile über Werner Maser: »Hitlers Briefe und Notizen«:

Das Historisch-Politische Buch: »... Ihm ist es gelungen, an Hand von Selbstzeugnissen von der Privatperson und dem Politiker Hitler ein überzeugendes und gleichzeitig differenziertes Bild zu zeichnen, das oft in krassem Gegensatz zu dem Bild steht, das Hitler aus propagandistischen Gründen von sich entwarf.«

Deutschland-Berichte: »Maser hat sich wie kein anderer Zeithistoriker um die dokumentarische und quellenmäßige Fundierung der Hitlerischen Biographie verdient gemacht.«

Das Parlament: »... unsere Institutionen der politischen Bildung (sollten) das Maser-Buch unters Volk bringen.«

Süddeutscher Rundfunk: »... Hitler wird gezeigt, wie er sich selbst gab. Das Resultat ist vernichtend.«

Düsseldorfer Nachrichten: »Maser präsentiert ein Werk, das über die bisherigen Biographen hinausgeht und für die Geschichte des Dritten Reiches unerläßlich bleiben wird.«

Die Zeit: »... macht pseudowissenschaftliche individuelle Psychologie im freudianischen Sinne zunichte.«

Norddeutscher Rundfunk: »Wer in Hitlers Antisemitismus, seine Vorstellung von der Monumentalgeschichte der Menschheit, die Methodik seines Denkens und in die verschiedenen Stadien seines Lebens und Scheiterns tiefer eindringen will, hier findet er was er sucht.«

ORF: »Der geradezu kriminalistisch-psychologischen Interpretation ist zu danken, daß Hitlers Weltbild entlarvend belegt wird.«

Schweizer Soldat: »Die wissenschaftlich exakte Edition der Zeugnisse für die intimere Seite Hitlers, die Maser vorlegt, erlaubt höchst interessante Rückschlüsse.«

Die Rheinfalz: »Maser widerlegt viele unzutreffende, ja absurde Urteile des ›schrecklichen Vereinfachers‹ über das Judentum, Religion, Geschichte und Kultur.«